"十二五"国家重点图书出版规划项目

21世纪先进制造技术丛书

再制造工程管理

梁秀兵　刘渤海　史佩京　郑汉东　李恩重　编著

科学出版社

北　京

内 容 简 介

　　再制造是绿色制造的重要组成部分,再制造产业是国家发展循环经济和低碳经济的支撑产业之一。本书从指导机电产品再制造行业工程管理实践的根本目的出发,首先介绍了再制造工程管理的基本理论知识,然后从战略管理、生产管理、质量管理、认证管理、物流管理、风险管理、评价体系等角度介绍了再制造工程管理相关知识,最后结合我国再制造产业发展实际,整理归纳了再制造的具体工程实践。

　　本书可供从事机电产品再制造或相关行业的工程技术人员及管理人员阅读,也可供高等院校及科研院所开展再制造研究或教学的技术人员参考。

图书在版编目(CIP)数据

再制造工程管理 / 梁秀兵等编著 . —北京:科学出版社,2019.6

("十二五"国家重点图书出版规划项目:21 世纪先进制造技术丛书)

ISBN 978-7-03-060162-9

Ⅰ.①再… Ⅱ.①梁… Ⅲ.①制造工业-工程管理 Ⅳ.①F407.4

中国版本图书馆 CIP 数据核字(2018)第 290947 号

责任编辑:张艳芬 / 责任校对:郭瑞芝
责任印制:师艳茹 / 封面设计:蓝　正

斜 学 出 版 社 出版
北京东黄城根北街 16 号
邮政编码:100717
http://www.sciencep.com

北京画中画印刷有限公司印刷
科学出版社发行　各地新华书店经销
*

2019 年 6 月第　一　版　开本:720×1000　1/16
2019 年 6 月第一次印刷　印张:15
字数:282 000

定价:120.00 元
(如有印装质量问题,我社负责调换)

《21世纪先进制造技术丛书》序

21世纪,先进制造技术呈现出精微化、数字化、信息化、智能化和网络化的显著特点,同时也代表了技术科学综合交叉融合的发展趋势。高技术领域如光电子、纳电子、机器视觉、控制理论、生物医学、航空航天等学科的发展,为先进制造技术提供了更多更好的新理论、新方法和新技术,出现了微纳制造、生物制造和电子制造等先进制造新领域。随着制造学科与信息科学、生命科学、材料科学、管理科学、纳米科技的交叉融合,产生了仿生机械学、纳米摩擦学、制造信息学、制造管理学等新兴交叉科学。21世纪地球资源和环境面临空前的严峻挑战,要求制造技术比以往任何时候都更重视环境保护、节能减排、循环制造和可持续发展,激发了产品的安全性和绿色度、产品的可拆卸性和再利用、机电装备的再制造等基础研究的开展。

《21世纪先进制造技术丛书》旨在展示先进制造领域的最新研究成果,促进多学科多领域的交叉融合,推动国际间的学术交流与合作,提升制造学科的学术水平。我们相信,有广大先进制造领域的专家、学者的积极参与和大力支持,以及编委们的共同努力,本丛书将为发展制造科学,推广先进制造技术,增强企业创新能力做出应有的贡献。

先进机器人和先进制造技术一样是多学科交叉融合的产物,在制造业中的应用范围很广,从喷漆、焊接到装配、抛光和修理,成为重要的先进制造装备。机器人操作是将机器人本体及其作业任务整合为一体的学科,已成为智能机器人和智能制造研究的焦点之一,并在机械装配、多指抓取、协调操作和工件夹持等方面取得显著进展,因此,本系列丛书也包含先进机器人的有关著作。

最后，我们衷心地感谢所有关心本丛书并为丛书出版尽力的专家们，感谢科学出版社及有关学术机构的大力支持和资助，感谢广大读者对丛书的厚爱。

熊有伦

华中科技大学
2008 年 4 月

前　　言

　　再制造是实现循环经济"减量化、再利用、资源化"的重要途径,再制造产业是一个资源利用潜力巨大、环境保护作用突出、符合可持续发展要求的新兴产业。自2009年1月1日起施行的《中华人民共和国循环经济促进法》对再制造进行了原则规定,该法的第四十条指出:"国家支持企业开展机动车零部件、工程机械、机床等产品的再制造和轮胎翻新",奠定了包括再制造在内的循环经济发展的法律基础。

　　我国作为装备生产及使用大国,设备资产规模巨大,汽车、工程机械、机床等社会保有量快速增长。其中,大量装备将被淘汰和报废,新增的到寿装备还在大量增加。再制造作为资源再利用的重要手段,具有广阔的发展前景。我国的再制造产业发展历程较短,自徐滨士院士在我国提出再制造理念至今,仅有二十年左右的发展历史。虽然受到政府部门及相关行业的认可及支持,大部分有条件开展再制造产业的企业的热情也较高,但受多方面因素的影响,再制造产业发展受到制约。对于处于产业发展初期的再制造,管理因素至关重要,良好的、有针对性的管理措施能够确保再制造产业规范发展。

　　针对我国再制造工程管理的研究已经开展,并取得了一定的成果,但相对来说比较分散,不成体系。为了促进再制造工程管理形成体系,利于再制造产业和再制造企业的应用,作者在相关研究的基础上撰写了本书。本书结合工程管理的逻辑框架,基于当前再制造产业工程管理实际,以及再制造工程管理相关理论、方法及应用进行探讨,既包含经典管理理念,又结合当前再制造产业发展的热点及应用的实践,力求保证本书的系统性、逻辑性以及理论性、实践性。

　　全书共9章。第1章介绍再制造工程管理的基本概念和基础理论,从循环经济战略、再制造产业政策、再制造智能化和军民融合角度介绍再制造工程管理的发展环境,最后给出再制造工程管理的主要内容。第2章从战略分析、战略选择、战略实施及控制的战略管理流程角度介绍我国再制造产业及企业在战略管理过程中会遇到的一些问题,并介绍可能使用的理念及方法。第3章包括再制造生产计划和再制造生产调度两方面内容,首先分析再制造生产计划的特点及影响因素,在此基础上介绍再制造生产计划制定的方法思路;其次,对再制造生产调度进行特点描述;再次,结合当前研究现状对再制造生产调度的策略和方法进行介绍;最后,加入再制造生产线建设的理解。第4章在对再制造质量管理的特殊性进行分析的基础上,提出再制造质量管理的思路。考虑再制造的特殊性,在ISO9000系列标准的框架基础上,运用过程方法建立包括管理过程、核心过程和支持过程的再制造质量管理体系。第5章提出适用于再制造的二方审核和三方认证的认证操作模式,以及认证过程中采用产品认证和体系认证相结合的模式。分析再制造产品、再制造企业资质及再制造企业管理体系的认证,提出再制造认证的基础工作以及认证的控制要求。第 6 章首先分析再制造逆向物流体系的概念及特点,提出再制造逆向物流体系的模式;然后从再制造回收模式分析的角度介绍再制造采购管理及库存控制手段;最后构建再制造闭环供应链模型。第 7 章首先结合再制造生产流程对其中的风险点进行识别,进而识别再制造生产过程中的风险,然后通过多种建模及评价方法对再制造生产过程中的风险因素权重分配进行介绍。第 8 章提出面向全寿命周期的再制造评价指标体系,建立废旧产品再制造评价模型,提出再制造经济、环境、社会效益评价方法。第 9 章结合我国再制造产业发展实践,选取汽车零部件、航空发动机、重载车辆发动机、机床、复印机等典型再制造产品作为案例进行分析,最后对我国建设再制造产业示范园区的意义和发展现状进行总结。

　　本书是在中国工程院徐滨士院士和杨善林院士指导下完成的,撰写人员包括:中国人民解放军军事科学院国防科技创新研究院梁秀兵、胡振峰、陈永雄、王浩旭、罗晓亮、涂龙、胡海韵;合肥工业大学管理学院刘渤海、郑汉东、李凯、张海咪、张顿、郭节琴、李君霞;中国人民解放军陆军装甲兵学院史佩京、李恩重、蔡志海、杜晓坤、乔玉林、张志彬、柳建、刘军。

　　在撰写本书过程中查阅并参考了大量书籍、论文、标准等资料,每章均列出了主要参考文献,在此对相关作者表示衷心的感谢。

　　再制造产业依然处于不断发展过程中,相关的理念及成果也在不断涌现,加之作者水平有限,书中难免存在不足之处,敬请读者批评指正。

目　　录

第1章　再制造工程管理概论

过去的 100 年,人类创造的物质财富超过了以往 5000 年的历史总和,但也极大消耗了地球的资源。制造业是所有产业中最大的资源使用者,也是最大的环境污染源。据统计,全世界制造业每年产生 55t 无害废弃物和 7 亿 t 有害废弃物,占全球污染物总量的 70% 以上。人类快速发展的巨大需求与地球有限的承载能力、能源资源和生态环境约束间的矛盾日益尖锐,严重威胁全球的可持续发展[1]。

生态环境、能源资源对经济的约束促使人们探寻新的经济增长模式——循环经济。循环经济与可持续发展一脉相承,始于人类对环境污染的关注,源于对人与自然关系的思考。循环经济就是一种遵循生态规律和经济规律,以提高资源能源利用效率和改善生态环境为核心,以"减量化、再制造、再利用、再循环"为原则,以资源的高效利用和循环利用为手段,使生态环境、经济与社会协调、可持续发展的经济增长方式。

再制造是循环经济的高级形式,再制造的实践形式表现为对旧的、重要的产品或零部件进行回收,经过检测,对有修复价值的零部件进行再生修复,形成与原来的新零部件具有同等功能,甚至具有更高功能的新零部件,实现了产品零部件功能再生循环利用。这一层次的循环经济,不仅节省了制造新零部件的原材料,还节省了制造新零部件的复杂过程和能源消耗,大幅降低了制造成本,因而具有较高的资源效率、生产效率、能源效率、经济效益和环境效率[2]。加快发展再制造工程是建设资源节约型、环境友好型社会的客观要求。

1.1　再制造工程管理的基本概念

再制造工程管理是再制造与工程管理的有机结合,是工程管理在再制造领域的具体应用,具有自身的特征与特色。

1.1.1　工程与工程管理

工程是应用科学知识使自然资源最佳地转化为人类使用的专门技术,一项项工程活动的开展构成了社会前进的步伐。工程塑造了人类文明,改变了人类社会的面貌,深刻地影响人类社会活动的各个方面,人类文明的存在和发展离不开工程。可以说,工程是人类文明诞生的摇篮,是人类文明存在的庇护伞,是人类文明发展的推进剂。

工程管理是对工程活动进行的决策、计划、组织、指挥、协调与控制。通过对工程进行科学的管理,能够较好地协调工程所需的人力、物力和财力等资源,实现资源的优化配置,从而能够更好地实现预期的目标。工程管理一方面要处理好人与自然的关系,合理组织生产力,发挥科学技术的作用;另一方面也受生产关系、社会制度和文化传统的影响和制约,需要处理好人与人之间的关系。高效的工程管理必须坚持以科学方法论为指导,充分运用现代工程管理方法和技术,结合具体工程实际,开展卓有成效的工作。

1.1.2 再制造

1.再制造的含义

从生产过程角度来看,再制造是对报废产品进行修复后再利用的过程。中华人民共和国国家标准《再制造 术语》(GB/T 28619—2012)指出再制造的含义:对再制造毛坯进行专业化修复或升级改造,使其质量特性不低于原型新品水平的过程(注:其中质量特性包括产品功能、技术性能、绿色性、经济性等)。中华人民共和国国家标准《机械产品再制造 通用技术要求》(GB/T 28618—2012)指出再制造流程如图 1.1 所示。

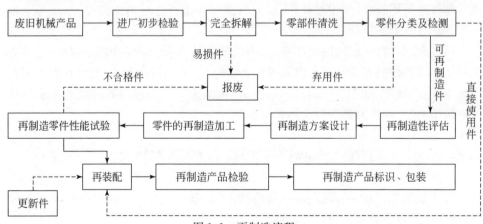

图 1.1　再制造流程

在产品达到寿命后,一部分零部件可以直接再利用;一部分零部件通过再制造加工或技术改造可以继续使用;还有一部分零部件受当前技术条件的限制无法再制造,或者进行再制造的经济性很差,则通过熔炼等方法变成原材料重新使用;最后一部分是既不能再利用、再制造,也不能进行再循环的零部件,只能进行环保处理。对废旧机电产品的再利用、再制造和再循环统称为废旧机电产品资源化。废旧机电产品资源化的目标是使再利用、再制造的部分尽量增多,使再循环的部分尽量减少,尽量避免产生需要环保处理的部分。

2. 再制造与制造和维修的区别

再制造与制造的区别主要表现在四个方面。

一是加工对象不同。制造是针对统一批量化的经过铸锻焊的毛坯材料或零件进行加工,而再制造使用的是经过长期服役而报废的各种成形零件。

二是毛坯的初始状态不同。制造的毛坯或零件初始状况相对均质、单一、清洁,而再制造的毛坯大多存在由磨损、腐蚀导致的表面失效,由疲劳导致的残余应力和内部裂纹,由震动冲击导致的零件变形,由复杂工况导致的零件污垢去除困难等问题。

三是质量控制手段不同。制造产品的零件寿命评估和质量控制已趋于成熟,而再制造产品的毛坯损伤、失效情况复杂多样,残余应力、内部裂纹和疲劳层的存在导致寿命评估与服役周期复杂难测,再制造后的零件质量控制相对困难。

四是加工工艺不同。产品制造过程中尺寸和性能易于操控,适合规模化生产;再制造是在保持废旧零部件材质和形状基本不变的前提下,采用高技术恢复原产品的尺寸标准,达到或超过原产品的性能指标,实现原产品的功能升级,同时采用规范化、规模化的加工手段,因此加工工艺更为复杂。

再制造与制造新品相比,可节能 60%,节材 70%,节约成本 50%,几乎不产生固体废物,可使大气污染物排放量降低 80% 以上。

再制造与维修的区别在于,维修是在产品的使用阶段为了保持其良好的技术状况及正常运行而采取的技术措施,常具有随机性、原位性、应急性。维修多以换件为主,辅以单个或小批量的零部件修复。再制造是将大量相似的废旧产品回收拆解后,按零部件的类型进行收集和检测,将有再制造价值的废旧产品作为再制造毛坯,利用高新技术对其进行批量化修复、性能升级,所获得的再制造产品在技术性能上达到甚至超过新品。

再制造的本质是修复,但它不是简单的维修。再制造的内核是采用制造业的方式进行维修,是一种高科技含量的修复技术,而且是一种产业化的修复,因而再制造是维修发展的高级阶段,是对传统维修概念的一种提升和改写。

3. 再制造产品种类

从产品的角度来看,再制造是一类质优价廉的绿色产品。美国是再制造产品种类最多的国家,涉及汽车及其零部件、工程机械、工业机电装备、办公设备、电子电器产品等 113 个工业产品分类。

截至 2017 年 6 月,我国共发布了 6 批《再制造产品目录》,产品涉及工程机械零部件、矿产机械零部件、汽车零部件、内燃机、办公设备等 12 个细分领域,产品类型达到 126 种。

4. 再制造技术

废旧产品的再制造工程是通过各种高新技术来实现的。在这些再制造技术中,有很多是及时吸取最新科学技术成果的关键技术,如先进表面技术、微纳米涂层及微纳米减摩自修复材料和技术、修复热处理技术、再制造毛坯快速成形技术及过时产品的性能升级技术等。再制造工程的关键技术所包含的种类十分广泛,其中主要技术是先进表面技术和复合表面技术,主要用来修复和强化废旧零件的失效表面。废旧零部件的磨损和腐蚀等失效主要发生在表面,因此各种各样的表面涂覆技术应用最多。微纳米涂层及微纳米减摩自修复技术是以微纳米材料为基础,通过特定涂覆工艺对表面进行高性能强化和改性,或应用摩擦化学等理论在摩擦损伤表面原位形成自修复膜层的技术,可以解决许多再制造中的难题,并使其性能大幅度提升。修复热处理通过恢复内部组织结构来恢复零部件整体性能。再制造毛坯快速成形技术是根据零件几何信息,采用积分堆积原理和激光同轴扫描等方法进行金属的熔融堆积。过时产品的性能升级技术不仅包括通过再制造使产品强化、延寿的各种方法,而且包括产品的改装设计,特别是引进高新技术或嵌入先进的零部件使产品性能获得升级的各种方法。除上述这些有特色的技术之外,通用的机械加工和特种加工技术也经常使用。

5. 再制造运作模式

再制造企业运作模式主要包括以下 4 种:原始设备制造商(original equipment manufacturer,OEM)再制造模式、独立再制造商模式、为 OEM 服务的承包再制造商模式及联合再制造商模式。

OEM 再制造模式是目前主流的再制造企业运作模式,OEM 通过经销商和特约维修站来回收废旧产品,交由 OEM 进行再制造加工后,通过售后服务网络进行销售。该模式下,OEM 直接从事零部件再制造工作,再制造件的质量规范由原零部件生产企业制定,与更新件相同,原零部件生产企业承担保修责任。目前,国内的典型再制造企业多运用该模式,如广西玉柴机器集团有限公司、潍柴控股集团有限公司、上汽大众汽车有限公司等,该运作模式主要有以下优点:

(1) 便于制造商对产品全生命周期进行管理,产品在设计时就会考虑其报废后的回收再制造,开展可再制造性设计。

(2) 充分发挥生产企业的技术和质量保证能力,保证再制造产品的质量一致性,避免再制造产品与新品的知识产权纠纷,保护企业品牌,进行市场共享并能树立企业良好形象。

（3）依赖企业完善的销售、售后服务网络，无须新建物流网络，同时也能够进一步落实"生产者责任制"。

独立再制造商模式指的是不用经过 OEM 授权便可以对任何品牌的产品进行再制造，可以保留原厂标，也可以有自己的再制造商标，与生产厂家和设备供应商没有任何关系。该模式的特点是再制造的品种多、批量大、规模效益高；资源利用率较高；再制造成本低，价格优势明显。但在政府管理制度及知识产权制度尚不完善的情况下，容易产生知识产权纠纷和市场混乱。

承包再制造商模式指的是再制造企业由 OEM 以外的企业进行投资，与 OEM 之间属于合同关系，再制造企业和 OEM 签订规范的供货合同，再制造企业可以同时给多个 OEM 供货，而 OEM 也可以同时选择多个再制造企业进行授权。该模式下，OEM 通过授权其他再制造企业达到间接履行生产者责任的目的。同时，OEM 不必直接投资，降低了自身投资风险，通过增加为其服务的再制造企业数量和产品种类来达到降低投资风险的目的。OEM 可以通过建立再制造技术研发企业，通过技术标准来控制产品的质量。再制造企业可以通过增加其再制造的产品种类来降低回收的不确定性并提高再制造装备的利用率。该模式需要完善的政府管理制度对其支持。

联合再制造商模式下，承包再制造商自身没有投资的再制造产品，若独立再制造企业已有规模化生产的再制造产品，则可以向其采购，通过充分的市场竞争机制，实现分工的细化，降低全社会废旧产品回收物流半径，把不确定性风险充分分散，利用社会最优势资源进行再制造的生产，以获得最佳的经济效益和社会效益。联合再制造商模式下，OEM 授权承包再制造商，而承包再制造商通过自身进行再制造生产、向独立再制造商采购再制造产品的形式来进行生产。

OEM 通过规范承包再制造的技术标准来保证再制造产品的质量和售后保证，通过责任延伸，间接分散化履行生产者责任，建立以整车厂为主导的社会化汽车再制造体系。该模式同样适合于政策环境宽松、管理制度完善、再制造产业成熟度比较高的阶段采用。

从以上讨论来看，再制造是制造与修复、回收与利用、生产与流通的有机结合。

1.1.3　再制造工程管理

1.再制造工程管理的定义

再制造工程是以产品全寿命周期设计和管理为指导，以废旧产品实现性能跨越式提升为目标，以优质、高效、节能、节材、环保为准则，以先进技术和产业化生产为手段，对废旧产品进行修复和改造的一系列技术措施或工程活动的总称。再制造工程的理论基础是产品全寿命周期理论，再制造工程的研究对象是废旧产品，再制造工程的目标是实现废旧产品性能提升和循环利用,再制造工程的手段是先进技术和产业化生产[3]。

再制造工程管理是指为实现循环经济发展,节约并有效利用资源和能源,对再制造活动所进行的决策、计划、组织、指挥、协调与控制。再制造工程管理活动包含三个层面:业务层面的再制造管理,包括再制造技术工艺、生产流程、材料加工等内容;企业层面的再制造管理,包括再制造质量控制、技术研发、回收系统、销售策略等内容;产业层面的再制造管理,包含再制造标识、认证、准入、推广、补贴等内容。

2.再制造工程管理的范畴

(1)再制造实施过程中的管理,包括规划、论证、设计、施工、运行过程的管理。
(2)复杂的再制造产品开发、制造、生产过程中的管理。
(3)重大的再制造技术革新、技术改造与转型、转轨及国际接轨中的管理。
(4)涉及再制造产品、工程、科技的重大布局,战略发展研究的管理。

3.再制造工程管理的特征

1)再制造工程管理的多学科性
废旧产品的再制造工程是通过多学科综合、交叉和复合并系统化后而形成的一门新兴学科。它包含的内容十分广泛,涉及机械工程、材料科学与工程、信息科学与工程和环境科学与工程等多个学科。再制造工程融汇上述学科的基础理论,结合再制造工程实际,逐步形成了废旧产品的失效分析理论、剩余寿命预测与评估理论、再制造产品的多寿命周期评价基础以及再制造过程的模拟与仿真等。此外,还要通过对废旧产品恢复性能时的技术、经济和环境三要素进行综合分析,完成对废旧产品或其典型零部件的再制造特性评估。

2)再制造工程管理的技术先进性
再制造是对报废的产品按照规定的标准、性能指标,通过先进技术手段进行系统加工的过程。再制造过程不但能延长产品的使用寿命,而且可以影响、反馈到产品的设计环节,最终达到多寿命周期费用最小、产生的效益最高。再制造与传统制造的重要区别在于毛坯不同。再制造的毛坯是已经加工成形并经过服役的零部件,针对这种毛坯恢复甚至提高其使用性能,有很大的难度和特殊的约束条件。在这种情况下,只有依靠科技进步才能克服再制造加工中的困难。再制造还是一个对旧机型升级改造的过程。以旧机型为基础,不断吸纳先进技术、先进部件,可以使废旧产品的某些重要性能大幅度提升,具有投入少、见效快、节能、节材、环境友好的特点,同时为下一代产品的研制积累经验。

3)再制造工程管理的复杂性
由于再制造流程的多样性,在实际制造再制造产品过程中,产品生产计划会受到多种复杂因素的影响,主要分为以下 6 方面。

(1) 回收阶段对再制造产品质量的影响。再制造回收阶段包含 4 个步骤,在再制造产品形成过程中,由于回收阶段的复杂性和多样性,有诸多因素对其质量产生影响,如运输方式的选择、拆解序列的优化等。因此,从再制造产品回收阶段的步骤出发,回收阶段与产品质量有关的主要问题有如下 3 个。

一是拆解方式的合理性。再制造拆解是回收阶段的重要环节之一,再制造拆解不是装配的逆向过程,拆解有时候比产品装配更加困难,它必须解除零部件在三维空间自由移动的某种连接,实现零件从一个整体到其组成部件或其他模块的过程。因此,为保证拆解时间成本的有效性,选择最优拆解序列对提高产品拆解效率、保证再制造产品质量具有重要意义。

二是产品全生命周期信息掌握程度。产品的全生命周期信息包括产品的使用历史、功能概况、出厂时间、产品寿命等特征数据,它对拆解序列的优化和零部件的重用具有重大影响。若产品曾经在产品生命某一周期将销连接结构改为焊接结构,则在再制造拆解过程中,显然是不能通过拆除销连接来完成拆解工作的。同时,了解产品的使用情况,也能够更有利于计算产品的残余寿命。

三是零部件表面清洗的程度。再制造产品零部件的清洗是再制造产品形成过程的重要工序,它是检测零件表面尺寸精度、几何形状精度、表面性能等指标的前提,也是零件进行再制造的基础。产品的清洁度是再制造产品一项重要的质量指标,清洁度不高不但会影响再制造加工,而且会造成产品质量下降、综合性能降低等现象。因此,再制造清洗在再制造过程中占有重要地位,应给予高度重视。

(2) 设计开发阶段对再制造产品质量的影响。再制造设计是面向再制造的全过程,通过运用科学决策方法和先进技术,最终形成最优化方案。基于并行工程的再制造设计流程主要分为三大阶段:回收设计、生产设计、市场设计,其中生产设计是再制造工程的基础,因再制造设计的特殊性和较多的约束条件,比传统设计更加具有难度。从再制造设计的过程来看,影响再制造设计中产品质量的因素具有如下两种:

一是产品多寿命周期设计。再制造产品与制造产品有很大的不同,因此在设计方面也存在很大差异。通过对再制造产品进行多寿命周期设计,能够使产品性能获得较大幅度的提升、产品寿命持续增加。提高产品的循环使用率和循环利用时间,保证产品稳健性,是实现低成本、高质量的有效方法。

二是产品质量监测设计。面向产品质量监测设计是指通过对影响质量产品的因素进行科学的设计,保证在再制造过程中,能够对这些因素加以控制,保证再制造产品的质量。

(3) 生产制造阶段对再制造产品质量的影响。再制造产品生产过程与新品生产过程有很大不同,生产过程中的质量控制是影响生产阶段的主要因素。再制造产品在生产加工过程中经常会因材料不同、生产设备复杂、生产技术存在差别等方面的因素使再制造产品质量比普通制造的产品质量具有更强的波动性。再制造产品的质量控制采用的主要方法是全面质量控制。再制造企业发动全体员工,综合运用各种现代管理技术,通过对产品全过程、全因素的控制,确保再制造产品的质量稳定性,减少质量波动。

(4)检测阶段对再制造产品质量的影响。为了迅速判断再制造产品是否存在裂痕、强应力集中点等内部缺陷,在生产制造后须采用再制造检测技术确保质量稳定性。再制造产品的检测技术分类繁多,通常包括感官检测法、测量工具检测法、无损检测法。例如,无损检测法是指利用电、磁、光、声、热等物理量,通过再制造产品所引起的变化来测定产品的内部缺陷等技术状况,这类方法不会对产品本身造成破坏和损伤,已广泛使用。

(5)销售阶段对再制造产品质量的影响。再制造产品销售使再制造产品由企业走向市场,再制造企业员工通过销售服务了解消费群体的整体质量需求,通过客户访谈、问卷调研等有效方式及时跟踪用户对产品质量的需求变化,将用户需求反映给再制造企业有关部门,并定期对用户反馈进行汇总、整理、修改、调整,达到对再制造产品质量持续改进的最终目的。

(6)售后阶段对再制造产品质量的影响。再制造产品经销售阶段到达消费者后,再制造企业通过售后服务提升消费者满意度,增强企业在用户之间的信誉和口碑。再制造售后阶段与产品质量相关的问题主要与维修技术有关。再制造产品在产品保质期内有任何质量问题都可以返厂进行维修,通过维修使得再制造产品的寿命得以延长,用户能够继续使用再制造产品。因此,维修人员必须熟练掌握维修、保养等专业技能,这对于提高再制造产品质量具有重要意义。

4)再制造工程管理的不确定性

再制造工程管理的不确定性主要体现在再制造生产过程中:一是回收产品到达的时间和数量的不确定性;二是维持回收与需求平衡的不确定性;三是产品的可拆解性及拆解时间的不确定性;四是回收产品可再制造率的不确定性;五是再制造加工路线和加工时间的不确定性;六是再制造产品的销售需求的不确定性。再制造生产过程的不确定性增加了管理的难度,因此有必要优化控制再制造生产活动的各个环节,以降低生产成本,保证产品质量,提高再制造综合效益。

1.2　再制造工程管理的基础理论

再制造工程管理涉及多个不同的学科领域,体现了不同学科领域的交叉融合,其理论基础包含产品全生命周期理论、系统工程理论、决策理论与方法等。

1.2.1　产品全生命周期理论

如同自然界生物的诞生、成长到消亡构成一个生命循环一样,产品作为一类复杂的人工系统也具有诞生、成长到消亡的过程,可称其为产品的生命周期,或寿命周期、生命循环。产品的生命周期是指产品从原材料采掘、原材料生产、设计、制造、包装储运、使用与维修,直至回收处理的全过程。目前,产品生命周期涵盖的范围大幅扩展,产品生命周期不再仅仅是经济学术语,而是涉及资源、环境、技术经济、社会等多个领域。

产品系统,实际上就是为实现一个或多个特定功能而由物质和能量联系起来的单元过程的集合。在产品系统中,系统的投入(资源与能源)既产出对应的产品,又造成资源的消耗与生态的破坏,系统的输出既对外做功(完成指定的任务),又因"三废"的排放而污染了环境。可见,产品系统与生态环境问题有密切的联系。

产品全生命周期管理是指从产品系统的原料获取、论证设计、生产制造、储藏运输、产品运行(使用)、维修到回收处理,以使用需求为牵引,进行全过程、全方位的统筹规划和科学管理。在原料获取阶段,考虑原材料的采掘、生产及其对资源环境的影响;在论证设计阶段,统筹考虑产品的服役性能、环境属性、可靠性、维修性、保障性、再制造性、回收利用,以及费用、进度等诸多方面的要求,进行科学决策;在生产制造阶段,实施全面、严格的质量控制;在产品运行(使用)、维修阶段,在正确使用产品的同时,充分发挥维修系统的作用,把握产品故障的规律特征,不断改进和提高维修保障系统的效能,保障产品以最小的耗费获得最大的效能与寿命;在回收处理阶段,使退役报废产品得到最大限度的再利用、再制造,对环境负面影响最小。这种对产品寿命周期各阶段全过程、全方位的控制管理,实现了传统产品管理的"前伸"与"后延",保证了产品服役性能的形成与发挥,满足了对产品寿命周期费用经济性及环境友好性要求,是发展循环经济和建设节约型社会的重要方面,是实现可持续发展的必然要求。

传统的产品生命周期是"研制—使用—报废",其物质流是一个开环系统;而理想的绿色产品生命周期是"研制—使用—报废—再生",其物质流是一个闭环系统,产品报废后的处理方式及再制造在产品全寿命周期的位置如图1.2所示。

1.2.2　系统工程理论

系统工程是一门工程技术,但它与机械工程、电子工程、水利工程等有着特定工程物质对象的其他工程有所不同。系统工程的研究对象可以是任何一种物质系统,而且不仅限于物质系统,也可以包括自然系统、社会经济系统、军事指挥系统和经营管理系统等。系统工程在自然科学与社会科学之间架设了一座沟通的桥梁。现代数学方法和计算机技术通过系统工程,为社会科学研究增加了极为有用的定

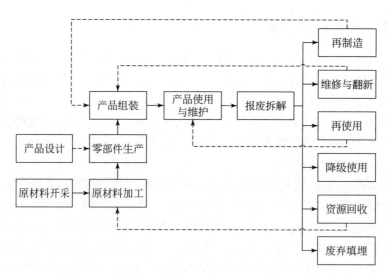

图 1.2　产品报废后的处理方式及再制造闭环形式

量分析方法。系统工程为从事自然科学的工程技术人员和从事社会科学的研究人员的相互合作开辟了广阔的道路[4]。

系统工程理论产生于 20 世纪 40 年代,经历了初创阶段、形成阶段和成熟阶段,于 20 世纪 60 年代形成了理论体系[5]。20 世纪 70 年代以来,随着计算机等现代科学技术的迅猛发展,系统工程理论不断进步,应用范围也大规模扩展。系统工程是组织管理系统的规划、研究、设计、制造、试验和使用的科学方法,是一种对所有系统都具有普遍意义的科学方法[6]。系统工程是在一般系统论、控制论、信息论、运筹学和计算机科学以及由其发展产生的自组织理论、耗散结构理论、协同学理论和突变理论的基础上发展起来的,它的研究对象一般是复杂大系统,主要用来研究这些系统的预测、规划、决策和评价等重大问题[7]。

系统工程是以大型复杂系统为研究对象,按一定目的进行设计、开发、管理与控制,以期达到总体效果最优化的理论与方法[5]。运用系统工程理论与方法来研究与解决现实系统问题时,需要从整体出发,充分考虑整体与局部的关系,按照一定的系统目的进行整体设计、合理开发、科学管理与控制协调,以期达到总体效果最优或显著改善系统性能[7]。与一般工程技术和管理方法相比,系统工程具有研究思路的整体性、研究对象的普遍性、研究方法的多样性、运用知识的综合性以及应用领域的广泛性等主要特点[5,7]。

1) 研究思路的整体性

整体性是系统工程最基本的特点。运用系统工程理论与方法研究系统问题时,坚持融合整体论的思想方法和还原论的分析方法,即在详细了解组成系统各要素间相互关系的基础上,从整体出发,研究系统与要素之间的关联关系,认识系统的整体涌现性,揭示系统的内在特征与运动规律,科学地把握全局。

2) 研究对象的普遍性

系统工程的研究对象可以是所有的现实系统,包括自然系统、社会系统、生态环境系统和组织管理系统等。

3) 研究方法的多样性

大型复杂系统作为系统工程的研究对象给研究带来了一定的复杂性,系统工程在解决这类问题时,通常采用多样化的研究方法,主要包括定性描述与定量描述相结合、整体描述与局部描述相结合、确定性描述与不确定性描述相结合、模型分析与仿真实验相结合、系统分析与系统集成相结合、系统预测与系统控制相结合、系统评价与系统设计相结合等综合方法。

4) 运用知识的综合性

系统工程是由自然科学与社会科学交叉融合所形成的边缘学科,因此在研究系统工程问题时,既要运用数学、物理、化学、生物、信息、技术等自然科学和技术科学知识,又要运用经济学、社会学、心理学、行为科学等人文学科和社会科学知识。

5) 应用领域的广泛性

系统工程的学科属性决定了它具有十分广泛的应用领域,如科技系统工程、工业系统工程、农业系统工程、交通系统工程、建设系统工程、军事系统工程、生态环境系统工程、资源系统工程、经济系统工程、社会系统工程、管理系统工程等。

1.2.3　工程管理理论

工程管理是指对工程活动所进行的决策、计划、组织、指挥、协调与控制。通过对工程进行科学的管理,能够较好地协调工程所需的人力、物力和财力等资源,协调组织中的各个部门和各个单位,从而能够更好地达到预期的目标。工程管理与其他管理一样,具有自然和社会两重属性[8]。工程管理的自然属性是指工程管理要处理人与自然的关系,要合理组织生产力,所以也可称为工程管理的生产力属性。工程管理的社会属性是指工程管理要处理人与人之间的关系,它是一定生产关系的反映,所以也可称为工程管理的生产关系属性。

工程管理理论与工程管理实践循环推进。现代工程管理过程遵循"实践—认识—再实践—再认识"的辩证路径,工程管理理论与实践不断进行交互作用,并在双向互动性重构与建构中协同发展和循环推进[7]。首先,工程管理实践是工程管理理论的现实基础,工程管理理论是在实际的工程管理实践中生发和总结出来的。其次,在工程管理实践中创立的工程管理理论,一经形成就具有了方法论的意义,它在创立磨砺中融入实践的因子,内在决定了它对未来工程管理实践的指导意义。最后,工程管理理论与工程管理实践在不断的检验、总结中螺旋式发展,循环推进。

工程管理理念与工程管理技术深度融合。工程管理活动通过有目的、有计划地同特定的客观对象发生作用,使人类能够使用并获得客观对象的效用价值,一项工程发生和发展的过程及其状态于根本在于是否具有科学的工程管理理念。工程管理理念是工程管理者思维的基本方针,它始终贯穿在工程管理的全过程,浸润于各级管理行为之中,反映和决定着工程管理的规范、模式和效果。现代科学技术的发展,特别是信息科学与技术的发展,为工程管理提供了强有力的管理技术和工具。

工程管理体系与工程管理细节协调统一。工程管理体系是指在工程管理一定的时空范围,各种要素和各个环节按照一定方式结合而成的功能整体,相应地,工程管理细节则是构成工程管理体系的各种要素和各个环节。工程管理体系和工程管理细节相互依赖,协调统一。现代工程的范围越来越广,是一个由不同层次组成的复杂系统,只有通过细节管理才能达成多维目标。

工程管理规范与工程管理创新互相促进。科学的工程管理规范是工程建设达成既定价值目标的前提和基础,是实现工程组织管理有效性的根本保障,是实现科学管理和保障现代化工程建设安全运行的基本要求。工程管理本质上应当是创新管理,工程管理的创新最终落脚点是工程管理规范的创新。

工程管理队伍与工程管理制度共同提升。工程管理是横跨自然科学和人文科学的交叉性综合学科,这一学科特质决定了工程管理人员应当既具有工程专业知识又要有管理能力。如何提升工程管理人员的综合素质,除需要不断提高工程管理教育水平之外,确立和不断完善工程管理制度也是关键所在。只有借助科学合理的工程管理制度,才能在较短的时间内培养出一批优秀的工程管理人才。

1.3　再制造工程管理的发展环境

如同任何一个领域及学科一样,再制造工程管理是一个体系的概念,它的发展离不开相关环境的影响与支持。

1.3.1　再制造与循环经济

循环经济是物质循环利用、高效利用的经济发展模式。从经济增长对资源和环境影响的角度考虑,经济增长存在两种模式:一种是传统增长模式,即"资源—产品—废弃物"的单向式直线过程,这意味着创造的财富越多,消耗的资源就越多,产生的废弃物也越多,对资源环境的负面影响就越大;另一种是循环经济模式,即"资源—产品—废弃物—再生资源"的反馈式循环过程,可以更有效地利用资源和保护环境,以尽可能小的资源消耗和环境成本,获得尽可能大的经济效益和社会效益,从而使经济系统与自然生态系统的物质循环过程相互和谐,促进资源永续利用。因此,循环经济是一种以资源的高效利用和循环利用为核心,以"减量化、再利用、再制造、再循环"为原则,以"低消耗、低排放、高效率"为基本特征,符合可持续发展理念的经济增长模式,是对"大量生产、大量消费、大量废弃"传统经济模式的根本性变革。

从广义的物资循环利用出发,再制造既可以划归为再利用,也可以划归为资源化。以循环利用过程中节能、节材、保护环境的效益来分类,再制造可划归为再利用的范畴。再制造是以废旧机电产品为对象,在保持零部件材质和形状基本不变的前提下,运用高技术进行修复、运用新的科技成果进行改造加工的过程。再制造虽然也要消耗部分能源、材料和一定的劳力投入,但是它充分挖掘了蕴涵在零件中的材料、能源和加工附加值,使经过再制造的产品性能达到或超过新品,而节约成本 50%、节能 60%、节材 70%,环保效果显著改善。

以循环利用的对象来分类,再制造可划归为资源化。再制造和再循环都是以废旧机电产品为对象,通过加工变废为宝。由于再循环(金属回炉冶炼、塑料重融、纸张溶解、贵金属化学萃取等方式)消耗的能源较多,而得到的产物只是原材料,因此再制造应是资源化中的首选途径。

物质资源和能量循环利用是循环经济的表面形式。实际上在经济活动中存在 4 个层次的循环经济。

第一层次的循环经济是废弃物资源的能源回收利用,这是循环经济的最低层次。在实践中表现为对废弃物进行回收分类,对含有能量的有机废弃物进行焚烧,回收其内部蕴涵的能量。发达国家最早采用的是这种循环经济模式,并通过不断的技术研究与开发,逐步解决了废弃物焚烧过程中产生的污染问题。

第二层次的循环经济是废弃物作为物质资源的再生利用。在物质循环利用方面,这一层次比第一层次的循环经济具有更高的效率。例如,废钢铁用于炼钢,节省了铁矿石和炼铁消耗的大量能源;废旧塑料经过分类改性,按一定比例与新塑料材料混合制造塑料产品,可以替代部分新塑料原料。但是,这种形式的资源循环利用,受到资源随再生利用次数增加而产生资源性能衰减的限制,不能无限进行下去。

第三层次的循环经济是对废弃物中含有的所有有用成分进行全面分类回收,按照每种有用成分的物理和化学性能,将其作为原材料制造各种新的产品。例如,高炉瓦斯灰作为炼铁过程中产生的废弃物,对其进行的最初级循环利用是制造建材。实践中,一些企业开发了新的技术,首先把高炉瓦斯灰中含有的所有金属成分,包括铁、锌、铟、锗、镓等十几种金属元素全部分类回收,最终剩余物才用于制造建材。这一层次的循环经济使废弃物的经济价值实现了最大化,是循环经济的高级形式。

第四层次的循环经济是废旧产品重要零部件的功能性循环,即再制造。其实践形式表现为对旧的重要零部件进行回收,经过内部探伤检测,对无内部缺陷的零部件的工作部位进行再生修复,形成与原来新零部件具有同等功能、甚至更高功能的新零部件,实现了产品零部件功能再生循环利用。这一层次的循环经济不仅节省了制造新零部件的原材料,还节省了制造新零部件的复杂过程和能源消耗,大幅降低了制造成本,因而具有最高的资源效率、生产效率、能源效率、经济效益和环境效率。因此,再制造是循环经济的最高境界。

循环经济是一种新的发展理念,一种新的生产方式,是一系列的产业形态。发展循环经济是坚持以经济建设为中心,将发展作为第一要务,用发展解决资源约束和环境污染的实现途径。

1.3.2　再制造与军民融合

当前科技革命、产业革命和新军事变革使得国防经济与社会经济、军用技术与民用技术的界限越来越模糊,结合面越来越广,融合度越来越深。军民融合已是当代高新技术发展和战争形态变化的必然要求。我国正处于军民融合发展初期向深度融合的关键时期。深度融合必须结合各地区、各领域、各产业的具体规划、机制、布局、措施、能力等资源,由自上而下的推动转变为自下而上的拉动,加快科技资源潜力的释放和成果的转化[9]。

再制造作为武器装备综合技术保障和国家循环经济发展战略的重要技术支撑,是促进再生战斗力形成的重要手段,已列入军民融合战略和国家战略性新兴产业。再制造军民融合发展不仅推进了我国军民融合的管理体制和运行机制的发展,还实现了再制造军民两用技术的商业化和产业化,发掘了企业、院校、研究机构等组织的社会资源优势。未来需要不断优化生产要素、培育创新人才、引领创新产业,努力为强国梦、强军梦的实现贡献力量。

1. 再制造与军民融合发展现状及障碍

装备维修与再制造保障军民融合是以提高装备维修保障能力和效益为目的,以军队装备维修保障力量为主体,以军工集团和装备承制单位为技术支撑与能力补充,在更大范围、更高层次、更深程度上,统筹规划计划、统筹资源配置、统筹力量建设与运用的一种维修保障模式。我军实施军民融合的装备维修保障的现状如下。一是以军为主,以民为辅,各军兵种自成体系。我军各军兵种装备均采用二级维修(基层级维修、基地级维修或小修、大修)与三级维修(基层级维修、中继级维修、基地级维修或小修、中修、大修)相结合的维修级别。二是应邀保障。各建制单位根据平时和执行重大任务时的维修保障工作需要,依托部队现有设施、设备,邀请院校、地方工业部门专家进行保障。三是协议化保障或合同化保障。部队在进行装备维修保障过程中,由于在一些方面尚不完全具备维修保障能力,因此通过签订协议的方式,利用军外保障力量来进行装备的维修保障工作。四是依托装备售后维修服务中心或装备维修中心保障。

我国国防科技工业军民融合式发展有两大目标:一是武器装备科研生产充分依托国民经济,形成全社会共同参与的格局;二是发挥军工技术的重要作用,服务国民经济发展。目前,我军正处于改革强军的转型期,再制造发展在军民融合方面存在以下方面的障碍。

1) 军民合作程度不高

军工体系独立,装备研发及配套单一,民营企业参与程度不够。当前民营企业获得了 2/3 左右的装备科研生产许可证,这些企业的产值在全国军品总产值中的占比较低。近几年来,部分军工集团还收购了不少民营企业作为军品配套企业,这使得原本向多集团配套的单位和能力,趋于向单一集团内部配套转化。军民双方在观念上尚未形成“两用与合作”意识,不利于军民融合式发展及创新体系的构建。在汽车、航空等典型再制造技术军民两用领域,军工企业、国防科技重点实验室、民用各类大型设施与国防重大设施等应当共享的技术和设施没有实现共享。

2) 政策制度与标准体系不健全

在政策制度方面:现行的装备生产准入制度提高了“民参军”的准入门槛,民营企业要想开展装备研发、生产及再制造,在取得装备科研生产许可证的同时,还需要进入合格供应商目录中,办理流程复杂,削弱企业积极性。投资政策不健全导致军工单位基于自身需求安排配套任务,使得参与科研生产的民营企业减少,目前仍存在不同部门之间政策交叉、可操作性的政策缺乏等问题。准入方面武器装备再制造科研生产许可与合格供应商目录两套准入体系并存,既加大了民营企业的取证成本,又使得企业在科研、生产、建设等方面面临选择难题。

在标准体系方面:我国已发布了多项再制造国家标准。现行的标准有强制性国家标准(GB)、推荐性国家标准(GB/T)、军用标准(GJB)、国家标准化指导性技术文件(GB/Z)、国际标准(ISO)、行业标准(JB)、团体标准(T/C)、地方标准(DB)、企业标准(QG/Z)。完整的再制造技术体系包括再制造毛坯检测、再制造工艺设计、再制造成形及加工、性能测试、再制造装配等,再制造的各个阶段都需要一套标准作为基础。实际上,地方再制造技术的要求并非都比军队再制造技术的要求低,反而有些民用再制造标准是高于军用标准的。随着中国特色的军民融合理论不断创新,现行再制造技术标准缺乏系统性、军民兼容性低、再制造军民融合的标准体系尚未形成,并且已有的部分标准要求无法满足现实需求。

3) 保密和技术方面的壁垒

保密是企业参与装备再制造科研生产存在的首要障碍。军民融合将部分重要的军用再制造技术转化为民用期间,由于民营企业缺乏严格保密措施,因此第三方机构可以通过再制造技术中应用的原材料、设备、设计等,获取重要的装备情报。在技术方面,基于再制造为武器装备保障的特殊性,其采用内部制定的军用维修标准,不同于民营企业采用的国家标准、行业标准、企业规范等,制约了军转民、民参军、军民一体化的技术发展。

2. 再制造与军民融合协调发展的要求

1) 建立健全科技创新动力机制

通过实施面向军民融合的装备维修与再制造,实现了以军队装备维修保障力量为主体,以军工集团和装备承制单位为技术支撑与能力补充,可在更大范围、更高层次、更深程度上统筹规划计划、资源配置、力量建设与运用,丰富了现有的装备维修保障模式的内涵,拓展延伸了装备维修保障模式的寿命周期,显著提高了装备维修保障能力。再制造技术要素创新、多元化特征日趋明显,国防需求和市场需求是激励装备维修与再制造企业创新的根本动力,建立有利于创新保障的市场体系和制度环境,激发民营企业的创新动力,促进企业向敢于创新、勇于创新、能创新发展,共享创新带来的红利。对于涉及范围广、领域宽的重大科研项目和工程,企业、院校、科研机构不能独立完成,国家主管部门需要发挥主导作用,强化产业、高等院校、科研院所的战略意识、责任意识、协同意识,实现装备维修与再制造军民融合保障创新的目标。

2) 推动再制造创新研发主体建设

装备再制造技术吸收了先进的新材料、信息、微纳技术等科研领域的最新成果。未来再制造技术将向智能化、复合化、专业化、柔性化等方向发展,生产批量小、材料成本高、工艺复杂、作业周期长等问题需要同民用企业共同解决。军工企业在航空、轻金属、激光成形等领域的再制造技术领先于民用企业,需要将军用技术在保证安全的范围内转化为民用,推动再制造技术军民融合体的构建。建立以再制造成形材料技术、纳米复合再制造成形技术、能束能场再制造成形技术、智能化再制造成形技术、现场应急再制造成形技术、再制造加工技术为基础的融合技术体系。集中企业、高等院校、科研院所等的科研优势,确保再制造装备性能,发展既可满足军事装备需求又可用于民用产品的再制造技术。设立专门的军民融合管理机构,负责协调地方政府、科研院所、高等院校、国防科技企业四大力量的主体功能,推动我国军民融合深入发展。

3) 加强再制造保障技术标准规范能力建设

随着先进再制造技术在武器装备维修保障中的广泛应用,应尽快建立武器装备维修与再制造军民两用标准体系,加快再制造工艺技术、再制造质量控制及评价等两用标准的制定。建立再制造保障技术规范与标准体系框架,应注意避免标准之间的交叉重复;此外,考虑到再制造与维修和新品制造在具体技术上差别很大,但在工艺流程、质量检验、产品管理等方面有很多相似之处,应避免盲目开展标准体系研究。应对再制造关键技术进行分析,经过调研,梳理再制造关键技术,构建一套标准及其体系框架,重点包括以下方面:一是围绕装备维修与再制造工艺流程开展两用标准体系设计;二是围绕再制造损伤检测和修复成形进行两用标准体系设计。

4) 培育再制造创新性人才

新型装备再制造工程学科主要从事以装备再制造领域人才培养为中心的教学科研工作,以部队的人才需求和技术需求为牵引,坚持教学与科研并重,坚持学历教育与岗位任职教育并重,出人才、出成果、出效益。装备再制造新型学科的人才培养目标是针对部队装备再制造和战场抢修需求,为海、陆、空和火箭军等各军兵种部队培养具有装备维修保障工程素质的工程技术人才。兼顾武器装备全寿命管理需求,为装备生产与维修保障部门培养装备再制造升级改造的质量监控技术人员。根据任职岗位定位、能力素质需求、专业知识结构培养的逻辑思路,以装备维修和再制造为特色的装备维修保障工程学科工程技术专业课程体系作为培养教材。

1.3.3　再制造与《中国制造 2025》

党的十八大报告把生态文明建设放在突出位置。《中国制造 2025》提出坚持绿色发展,推行绿色制造是制造业转型升级的关键举措。再制造是面向全生命周期绿色制造的发展和延伸,是实现循环经济发展和资源高效利用的重要方式。以机电产品为主的再制造产业符合"科技含量高、经济效益好、资源消耗低、环境污染少"的新型工业化特点,发展再制造产业有利于形成新的经济增长点,将成为中国制造升级转型的重要突破。《中国制造 2025》明确提出要大力发展再制造产业,促进其持续健康发展,这为再制造产业的发展明确了方向和地位。

近年来,我国再制造试点企业和再制造产业示范基地数量逐步增加,再制造产品认定和"以旧换再"工作不断深化。中华人民共和国发展与改革委员会(简称国家发展改革委)、中华人民共和国工业和信息化部(简称工业和信息化部)通过开展再制造企业试点,为再制造产品认定、市场准入要求、质量控制要求、技术标准制定、流通监管及逆向物流体系建设等积累了经验。2011~2016 年,工业和信息化部委托第三方认定机构对申请企业的产品进行认定,共发布了 6 批《再制造产品目录》。目录涵盖工程机械、电动机、办公设备、石油机械、机床、矿山机械、内燃机、轨道车辆、汽车零部件等 10 大类 137 种产品。在新的政策背景下,再制造产业将迎来重大发展机遇。

1. 巨大的需求为再制造产业发展提供了强劲动力

改革开放以来,我国经济快速发展,工业化水平不断提升,工业机械装备也迎来了快速发展时期。特别是进入 21 世纪以来,传统的工业装备飞速发展,保有量巨大,大型舰艇、飞机、盾构机等高附加值装备数量快速增加。与此同时,大量机械装备和电子设备进入报废高峰期。仅以汽车、机床为例,每年报废的汽车、机床数量均在百万台以上,废旧产品的高效回收利用日益重要;高附加值装备性能渐显落后,亟待升级改造。废旧机电产品所采取传统的回收—熔炼—铸造—制造加工的回收利用方式,一方面不能最大限度地利用其使用价值;另一方面还会形成巨大的资源和能源浪费,造成严重的环境污染,此问题亟待解决。再制造以废旧机电产品为加工对象,巨量的废旧机电产品为再制造提供了充足的原料,也对再制造产业规模提出了更高的要求,巨大的再制造需求成为我国再制造产业发展的强劲动力。

2.大力的政策支持为再制造产业发展提供了坚强保障

政策支持是产业发展的重要保障。为应对日益严峻的资源与环境问题,我国将再制造产业作为优先发展领域,通过制定相关政策、法规大力推动再制造产业发展。2009 年 1 月实施的《中华人民共和国循环经济促进法》明确表明,国家支持企业开展再制造生产,推动再制造产业发展纳入法制化轨道。在实施层面,国家相关部委在财政、税收、市场等方面给予政策倾斜,旨在通过对国内优质再制造企业的重点支持,带动我国再制造业整体发展。其中,国家发展改革委牵头组织了"以旧换再"工作,一方面推动再制造产品的生产、销售活动;另一方面促进消费者对再制造产品的认可度。在政府部门的主导下,国内再制造政策法规不断完善,为再制造的快速发展提供了坚强的保障。

3.不断深化的国家重大战略为再制造产业发展提供了广阔空间

"一带一路"倡议的实施,将极大推动我国与此相关的西南地区、东南沿海地区的基础建设水平,包括铁路、公路、石油、海运、通信设施等在内的众多机电产品将迎来爆发式发展,这为我国大力发展在役再制造、高端再制造、智能再制造提供了广阔空间。

4.日新月异的新技术突破为再制造产业发展提供了重要支撑

进入 21 世纪以来,计算机技术的飞速发展催生了"互联网＋"、大数据、云计算等一大批高新技术,也加快了人工智能、纳米科技、增材制造(3D 打印)等高新技术的突破发展。互联网技术为加强再制造系统规划、完善再制造逆向物流系统提供了基础,有望解决废旧机电产品回收逆向物流技术难题。大数据、云计算技术为再制造产品健康监测与寿命评估提供了便利的工具,推动了再制造产品健康监测与寿命评估向精细化的突破。人工智能、纳米科技及 3D 打印等技术则进一步提高了再制造产业的生产效率、保障了再制造产品的质量。一系列高新技术的兴起为完善再制造产业链条、丰富再制造生产手段、提高再制造产品质量提供了重要支撑。

1.3.4　高端智能再制造

《中国制造2025》提出坚持创新驱动、智能转型、绿色发展,其中智能制造是制造业的发展方向,也是战略性新兴产业的重要支柱,智能再制造工程是智能制造的重要组成[10]。

智能再制造工程是以装备全寿命周期设计和管理为指导,将互联网、物联网、大数据、云计算等新一代信息技术与再制造回收、生产、管理、服务等各环节融合,通过人技结合、人机交互等集成方式,开展分析、策划、控制、决策等先进再制造过程与模式的总称。它是以智能再制造技术为手段,以关键再制造环节智能化为核心,以网通互联为支撑,可有效缩短再制造产品生产周期、提高生产效率、提升产品质量、降低资源能源消耗,对推动再制造业转型升级具有重要意义。

智能再制造工程体系涵盖了再制造的全过程和全系统,包括智能再制造加工技术、智能再制造物流、智能再制造生产、智能再制造营销、智能再制造售后服务等,概括起来为智能再制造物流、智能再制造生产、智能再制造加工技术与设备及智能再制造产品营销四个方面,四者是相辅相成且高度集成的工程体系。智能再制造工程包含硬件和软件两部分。硬件是指高度柔性化可用于再制造的关键技术与设备,包括监测设备、检测设备、生产设备等。软件是指与硬件配套的信息化与智能化技术,包括传感识别技术、策划设计技术、过程控制技术、诊断决策技术、人机交互技术等,通过功能平台(如信息平台)和硬件设备(如高柔性再制造生产加工设备)发挥作用。智能再制造工程体系结构如图1.3所示。

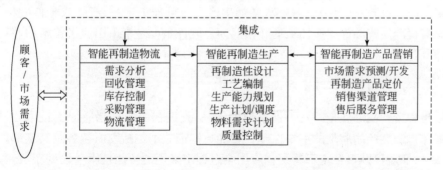

图 1.3　智能再制造工程体系结构

1. 智能再制造物流

再制造物流包含两个方向,其一是用于再制造毛坯回收的逆向物流,其二是用于再制造产品销售的前向物流,两者相辅相成,构成再制造物流体系。目前关于再制造物流体系的主要研究热点在于再制造逆向物流的构建,以及包含了销售物流的再制造物流体系构建及优化,主要有再制造回收决策、再制造毛坯回收量预测及库存控制、再制造逆向物流的成本优化、再制造物流网络的设计及优化等。

智能再制造物流体系应是一个网络拓扑结构,主要利用互联网技术及各类信息通信技术,回收中心在信息平台上发布废旧产品信息,再制造企业可以在信息平台上进行信息浏览、检索废旧产品资源的品种、数量及质量状况,确定所需物品的信息,并向信息平台提出需求请求,回收中心浏览到信息后,将再制造企业所需的废旧产品通过物流供应商提供给再制造企业。

2. 智能再制造生产

不同于新品生产,再制造生产过程面临着众多问题。目前关于再制造生产的主要研究热点在于再制造生产影响因素及模式的分析、针对原始设备再制造商的再制造生产决策、再制造生产需求预测、再制造生产最优批量、再制造生产系统的设计、再制造生产计划制定、再制造生产调度、再制造库存控制策略及优化、再制造质量水平决策及控制策略等。

智能再制造生产要解决的问题是提高再制造生产系统的柔性[11],主要从硬件和软件两个角度开展,如图 1.3 所示。硬件角度是指提高再制造生产设备的柔性,多采用数控设备及柔性制造系统,增加生产设备可加工工艺、产品或零件的种类,同时缩短产品或零件生产加工的转换时间。软件角度是指采用成组技术和并行工程,利用某些特征的相似性对待加工零件进行归类,组织同类加工。

3. 智能再制造加工技术和设备

再制造产品的质量特性不低于原型新品,先进智能的再制造加工技术和设备是确保再制造产品质量的重要保障。智能再制造技术包括废旧装备及其零部件尺寸恢复、性能提升直至重新装配和应用全过程中采用的智能技术手段的集成,智能再制造工程技术体系包括再制造智能无损检测技术、原位智能再制造成形技术、柔性再制造数字化加工技术、智能再制造零部件装配技术、智能再制造信息管理技术等,如图 1.4 所示。

4. 智能再制造产品营销

再制造产品营销包括再制造产品市场需求预测/开发、再制造产品定价、再制

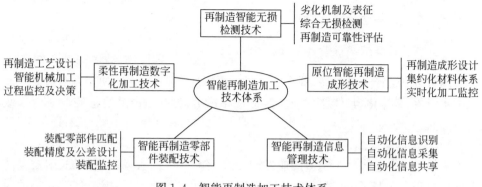

图 1.4　智能再制造加工技术体系

造产品销售渠道管理、再制造产品售后服务管理。目前关于再制造产品营销的研究热点主要在于再制造毛坯回收量预测、再制造产品最优定价策略、再制造产品销售策略等。

　　智能再制造产品营销应结合现代网络信息技术和电子商务的发展,构建再制造产品电子商务和信息平台,积极宣传再制造产品,为再制造产品营销提供各种有用信息。首先,建立再制造产品电子商务平台,对再制造产品进行宣传、销售。其次,在电子商务平台的基础上建立客户管理系统,再制造企业可与顾客实现实时互动,开展顾客满意度测评,及时了解顾客对再制造产品的需求及再制造产品的使用状况。再次,利用大数据、数据挖掘等技术,对再制造产品市场进行分析了解,准确把握顾客群体及市场所在,确定目标市场,结合智能再制造物流体系进行回收量预测,并结合再制造企业的发展策略及盈利目标对再制造产品进行最优定价,及时向目标市场推送有关产品信息。当用户在使用中出现质量问题时,信息平台可准确收集相关信息,并利用后台的数据库、知识库、专家系统等功能进行智能决策,提供相关解决方案。同时,将利用各类平台收集到的信息反馈给再制造企业,对产品的失效过程进行动态追溯,确定失效的原因及改进方法,用于再制造企业的质量改进。

1.3.5　再制造产业政策

　　我国的再制造产业政策经历了从无到有、不断完善的过程,再制造产业的发展逐渐走上了法制化道路[8]。

　　1.再制造法制化程度不断提高

　　从 2005 年国务院颁发的《国务院关于加快发展循环经济的若干意见》(国发〔2005〕22 号)文件中首次提出支持废旧机电产品再制造,到 2009 年《循环经济促进法》的实施,截至 2013 年底,国家制定了 30 余项再制造方面的法律法规,其中国家再制造专项政策法规 20 余项。

2. 再制造政策法规逐步具体化

随着再制造产业的发展,国家加大了对再制造产业的支持力度,再制造政策法规逐步细化、具体化,具体体现在再制造产品标示、再制造产品质量控制及财税政策等方面。

1) 在再制造产品标示方面

为推进汽车零部件再制造产业发展,2010 年 2 月,国家发展改革委、国家工商管理总局联合发布了《关于启用并加强汽车零部件再制造产品标志管理与保护的通知》(发改环资〔2010〕294 号)。2010 年 9 月,工业和信息化部印发了《再制造产品认定实施指南》(工信厅节〔2010〕192 号),涵盖的再制造产品包括通用机械设备、专用机械设备、办公设备、交通运输设备及其零部件等,明确要求应在产品明显位置或包装上使用再制造产品标志。

2) 在再制造产品质量控制方面

2010 年 6 月,工业和信息化部发布了《关于印发〈再制造产品认定管理暂行办法〉的通知》(工信部节〔2010〕303 号),明确了一套严格的再制造产品认定制度。2013 年 1 月,国家发展改革委、财政部、工业和信息化部、质检总局发布了《关于印发〈再制造单位质量技术控制规范(试行)〉的通知》(发改办环资〔2013〕191 号),规定从事再制造所需的基本条件及再制造单位在回收、生产、销售过程中的保障和质量控制要求。

3) 在再制造财税政策方面

2010 年 4 月,国家发展改革委、中国人民银行、中国银行业监督管理委员会(简称银监会)、中国证券监督委员会(简称证监会)联合发布了《关于支持循环经济发展的投融资政策措施意见的通知》(发改环资〔2010〕801 号),明确了信贷支持的重点循环经济项目,废旧汽车零部件、工程机械、机床等产品的再制造。2013 年 7 月,国家发展改革委、财政部、工业和信息化部、商务部、质检总局联合发布《关于印发再制造产业"以旧换再"试点实施方案的通知》(发改环资〔2013〕1303 号),正式启动再制造产品"以旧换再"试点工作。

3. 部分地方政府相继出台了再制造的相关政策法规

2009 年,江苏省发布了《江苏进口再制造用途旧机电产品检验监管实施细则(试行)》,规定了从事进口旧机电产品再制造的企业应具备的资质、对准予备案的进口再制造用途旧机电实施到货检验、企业过程控制管理和年度审查等。2010 年,广东省发布了《广东省循环经济发展规划(2010—2020 年)》,提出要积极推进废旧汽车和废旧轮胎等产品的再制造,加大对再制造关键技术特别是汽车再制造关键技术的攻关,按照靠近消费市场、靠近生产企业的原则,积极启动再制造(翻新)示范推广项目。2011年,山东省发布了《山东省人民政府办公厅关于印发〈山东省节约能源"十二五"规划〉的通知》(鲁政办发〔2011〕55号)明确要发展再制造产业,围绕汽车零部件、工程机械、工业机电设备、矿采机械、废旧家电、船舶及办公信息设备等再制造产业,培育一批骨干再制造企业,引导和鼓励企业、消费者购买使用再制造产品。2012年上海市发布了《上海市加快高效电机推广促进高效电机再制造工作方案》,对"以旧换新"用户和再制造高效电机用户给予地方补贴,严格回收主体,加快推进高耗能落后电机淘汰,严格把好新建项目源头准入关。

1.4 再制造工程管理的主要内容

再制造工程管理的使命是研究再制造问题,发现再制造规律,指导再制造实践。广义上的再制造工程管理活动包括再制造战略管理、再制造生产管理、再制造质量管理、再制造认证管理、再制造物流管理、再制造风险管理、再制造营销管理以及再制造评价体系等。这些管理活动的基本价值体现为再制造工程管理理论的创新、产业资源的优化配置,以及再制造工程效率的提高。

1. 再制造战略管理

再制造战略管理是企业发展、产业进步的首要任务,涉及再制造发展全局。在国务院发布的《循环经济发展战略及近期行动计划》中提出发展再制造,建立废旧产品逆向回收体系,抓好重点产品再制造,推动再制造产业化发展,支持建设再制造产业示范基地,促进产业集聚发展。建立再制造产品质量保障体系和销售体系,促进再制造产品生产与销售服务一体化。企业再制造战略管理主要包括战略管理流程分析、企业使命和宗旨、战略目标、战略分析、战略选择与战略实施等内容,第2章将对这些内容进行详细介绍。

2. 再制造生产管理

生产是企业的基本职能之一,是将各种投入转化为产品输出的过程,也是价值创造的过程。生产管理就是对这种"输入—输出"过程及价值创造过程进行的计划、组织与控制。从所开展的活动来看,生产系统由输入、转化、输出三个环节组成。输入既包含实体资源,如原材料、燃料、动力、资金、人力等;也包含各类信息,如市场需求、生产能力、加工规范及标准等。转化对制造业来说就是生产加工过程,对服务业来说就是服务的提供过程,输出则是各种产品或服务。对再制造企业来讲,再制造生产管理就是对废旧产品回收、再制造生产加工、再制造装配等全过程进行的计划、组织与控制。因为再制造不同于新品制造,再制造生产管理与传统的制造业生产管理也不尽相同。第 3 章将具体介绍再制造生产管理的相关内容。

3. 再制造质量管理

再制造企业所确定的质量方针应体现加快发展循环经济,建设资源节约型社会和环境友好型社会的宗旨。再制造的质量目标应体现再制造产品的质量特性要求。在传统的生产制造模式中,有相对成熟稳定的生产管理及质量管理方法来指导相关工作的开展,其中 ISO9000 族质量管理体系体现了很好的通用性,如传统的大批量生产过程中,统计过程控制为主要方法。随着顾客个性化需求的提高,产品更加多样化,形成了多品种小批量的生产模式,其中的质量管理方法也随之改变,出现了人工神经网络(artificial neural network,ANN)、支持向量机(support vector machine,SVM)等工具,并取得了一定的成果。再制造生产过程与传统生产模式不同决定了其质量管理过程也具有特殊性。第 4 章将对再制造质量管理的特征、特殊性及要求、再制造质量管理方法与体系进行探讨。

4. 再制造认证管理

认证是一种信用保证形式,按照 ISO 和国际电工委员会(International Electrotechnical Commission,IEC)的定义,认证是指由国家认可的认证机构证明一个组织的产品、服务、管理体系符合相关标准、技术规范(technical specification,TS)或其强制性要求的合格评定活动。认证是国家发展战略的重要组成部分,是国家重点领域发展战略目标实现的重要技术支撑,对各行业领域的产品和服务质量、技术能力和管理水平起着重要的把关和促进作用。开展再制造认证工作有利于规范再制造产品生产、引导再制造产品消费,推动再制造产业健康有序发展。第 5 章将详细介绍再制造认证的必要性、再制造认证工作的形式及措施、再制造产品认证的审查过程、再制造过程环境控制与评价以及再制造认证风险等内容。

5. 再制造物流管理

再制造是一个比较复杂的过程,涉及废旧产品的回收、检测、拆解、库存、运输等环节,同时还包括对拆解后没有利用价值的废弃零部件的处理。要进行再制造,离不开再制造物流和一个良好的再制造物流网络。一个有效的再制造物流系统能够使废旧产品以较高的效率得到回收,给企业提供较为准确的信息使企业能够合理安排库存和生产计划,并使再制造后的产品能够及时地送达消费者,满足消费者的需求。由于再制造涉及废旧物品的回收,因此再制造物流和逆向物流有着密切的关系。加强再制造产品物流的研究,可以为再制造企业提供丰富的再制造毛坯,优化控制回收、检测、分类、库存等各环节,降低再制造的生产成本,从而促进再制造产业的发展。第 6 章将对再制造逆向物流体系、再制造资源获取与采购管理以及再制造供应链模型进行介绍。

6.再制造风险管理

风险管理(risk management,RM)是指通过对风险的认识、衡量和分析,选择最有效的方式,主动地、有目的地、有计划地处理风险,以最小成本争取获得最大安全保证的管理方法。风险管理不只是一个安全生产问题,还包括识别风险、评估风险和处理风险,涉及财务、安全、生产、设备、物流、技术等多个方面,是一套完整的方案,也是一个系统工程。我国产业发展仍处于初期阶段,还存在较多的已知或未知因素影响再制造企业的发展,包括政策、技术、管理、市场等方面,导致再制造企业运营的风险。结合实际对再制造企业进行风险分析,则可以帮助企业认识当前情况,在合理的情况下开展再制造业务或是决定是否开展再制造业务。同时,开展再制造风险分析还可以有效帮助企业合理规避风险,将企业所面临的风险降到最低程度。第 7 章将主要介绍再制造风险管理的概念、风险的来源、风险的识别、评估和控制方法。

7.再制造评价体系

再制造评价是绿色再制造工程的设计基础,是实施再制造的前提和再制造研究中的首要问题。为了促进再制造产业化的稳定发展以及衡量再制造的发展水平和对环境及社会的贡献,需要通过特定的规范及评价指标对其进行描述和评价。我国再制造综合评价体系的建立原则是既要借鉴国外再制造产业化发展经验,又必须结合我国的实际国情、自身的发展特点和目标以及参考其他相关产业的发展历程。在再制造综合评价指标体系的选取过程中还要遵循概念明确、涵盖全面、定量表达、数据获取可行、处理方法得当等原则。同时,综合评价指标在再制造的发展过程中可以进行适当的动态调整,以适应再制造的发展实情,确保对再制造健康发展的积极引导性及支持性。再制造的综合评价体系不仅要反映其经济效益,还要反映其环境、社会效益,以突出再制造对循环经济的贡献程度。第 8 章将主要介绍再制造评价体系的构成、再制造经济效益评价、环境效益评价以及社会效益评价等内容。

8.再制造工程实践

没有再制造实践,就不会产生工程管理理论,更不会有理论体系,再制造工程实践是再制造工程管理的坚实基础。我国再制造产业发展,由十几年前经营规模小、企业数量少的汽车零部件民营企业和外商独资企业,发展到得到政府和企业高度重视、契合国家循环经济战略的国家新兴战略性产业。截至 2017 年底,我国再制造试点企业包括国有、民营、中外合资和外商独资等 150 多家再制造试点企业，批复建设了湖南长沙（浏阳、宁乡）、江苏张家港、上海临港、河北河间四家国家再制造产业示范基地和若干再制造园区。再制造产品种类逐步增多，先后发布的《再制造产品目录》涵盖汽车零部件、工程机械、矿山机械、石油机械、轨道车辆、机床、内燃机、电动机、办公设备等 12 大类 126 多种再制造产品。第 9 章将主要介绍再制造汽车零部件、航空发动机、机床、办公设备以及再制造园区再制造的发展实践。

参 考 文 献

[1] 徐滨士. 再制造与循环经济[M]. 北京：科学出版社，2007.

[2] 徐滨士，梁秀兵，李仁涵. 绿色再制造工程的进展[J]. 中国表面工程，2001,14(2):1-5.

[3] 杨善林. 复杂产品开发工程管理理论与方法[M]. 北京：科学出版社，2012.

[4] 汪应洛. 系统工程理论、方法与应用[M]. 北京：高等教育出版社，1998.

[5] 郁滨. 系统工程理论[M]. 合肥：中国科学技术大学出版社，2009.

[6] 钱学森. 论系统工程（新世纪版）[M]. 上海：上海交通大学出版社，2007.

[7] 杨善林. 复杂产品开发工程管理理论与方法[M]. 北京：科学出版社，2012.

[8] 周三多，陈传明，鲁明泓. 管理学——原理与方法[M]. 上海：复旦大学出版社，2003.

[9] 李恩重，郑汉东，桑凡，等. 国外类 DARPA 模式对我军装备保障领域军民融合的启示[J]. 军民两用技术与产品，2018,(5):24,25,28.

[10] 梁秀兵，刘渤海，史佩京，等. 智能再制造工程体系[J]. 科技导报，2016,34(24):74-79.

[11] 梁秀兵，陈永雄，白金元，等. 自动化高速电弧喷涂技术再制造发动机曲轴[J]. 中国表面工程，2010,23(2):112-116.

第2章 再制造战略管理

再制造产业及再制造企业都有其发展目标,应该根据产业或企业的内外部环境来合理制定相关目标,以及规划如何达到目标的路径,这一过程可以看成再制造的战略管理过程。

2.1 引　　言

战略管理(strategic management)是指一个企业或组织对全局的、长远的发展方向、目标、任务和政策,以及资源调配做出的规划、决策、实施、控制等管理行为。战略管理包括企业使命和宗旨确认、战略分析、战略制定和战略实施及控制[1],如图2.1所示。

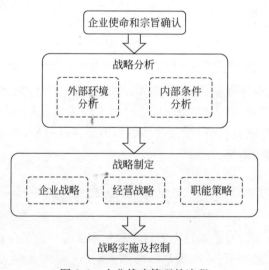

图2.1　企业战略管理的流程

开展战略管理是企业在实施企业管理时的首要任务,因为涉及企业发展的前途及全局,在开展战略管理时企业要遵循以下原则。

1. 长远性

战略本身是关于企业长远发展的重大问题的谋划,因此企业在制定战略时,一定要通过对内外部环境当前及未来情况的预测及分析,考虑企业的长远发展,着眼于未来,不能仅局限于当前形式。

2.指导性

企业战略作为一种长期性计划,是企业管理的基本职能之一,制定的战略要能够为企业未来的发展提供指导,通过制定企业的使命、宗旨和目标来协调各单位、各部门的活动,以形成合力促进企业发展。

3.全局性

战略制定过程一是要考虑企业的所有部门及所拥有的各种资源情况,二是要强调企业发展的总体最优,而不能只考虑某一职能部门或某一个方向的最优。

4.现实性

企业战略是在对企业当前及未来的内外部环境分析基础上制定的,要充分考虑其实施的可行性。因为是对企业未来的规划,所以目标要具有创新性,但是创新不等同于不现实,所制定的战略及策略一定要能指导帮助企业在行业内形成竞争力,以达到未来的目标。

5.控制性

在实施企业战略过程中,企业的内外部环境可能会产生变化,或者会受到各种可预见、不可预见等现实因素的影响,从而产生与原先计划不同的发展路线或方向,因此在战略实施的过程中,要对这些影响因素进行分析,并采取相关对策消除或减少对战略实施的影响。

2.2　企业使命和宗旨

企业的使命和宗旨是企业存在的目的和根本原因。企业存在的目的是生产或提供更多更好的产品和服务,以满足社会和人们日益增长的物质文化需求。需要指出的是,盈利是企业的基本特征之一,而非其使命和宗旨。

再制造是循环经济的支撑技术之一,是绿色制造的组成部分。因此,再制造行业及再制造企业存在的目的是为国家循环经济和绿色制造行业的发展提供技术支持,而再制造企业就是再制造行业的具体体现及微观组成部分。

再制造企业在制定企业战略时应考虑以下基本特征。

1. 经济效益

经济效益是指再制造企业在运营过程中能够获得足够的利润,以维持企业的存在及发展。利润是指企业销售收入与运营成本之差,再制造产品的价格低于新品价格,因此要求企业关注成本控制。一是再制造本身成本较低的客观性认识,二是再制造运行过程中相关技术、材料的使用成本较低的认识。在战略制定过程中需要加以分析与确认。

2. 环境效益

环境效益是指再制造企业在运营过程中能够在获得经济效益的同时,尽最大可能为节能减排做贡献。环境效益有正效益、直接效益和间接效益之分。再制造的特征之一就是环境效益明显,减少了废弃物的产生及排放,因此再制造企业在战略制定过程中应满足此要求。

3. 社会效益

社会效益是指再制造企业在运营过程中所能够带来的社会贡献,是企业社会责任和义务的体现。由国内外的再制造行业发展情况可知,再制造因为其生产过程的特殊性,可以带来更多的就业机会,缓解社会就业压力,给更多的人带来经济收入。另外,再制造本身处于不断发展完善过程中,在此期间,鼓励企业将更多的新型技术应用于再制造,这对相关领域科学技术的发展具有较好的推动作用。同时,再制造技术及产业的发展对于提升经济社会的声誉将会有较大的作用,有利于形成良好的循环经济社会氛围,对于国家形象的提升有重要意义。

从根本上来说,环境效益是经济效益和社会效益的基础,经济效益、社会效益则是环境效益的后果,三者互为条件,相互影响,是辩证统一的关系。再制造行业发展赋予再制造企业的使命就是要寻求使这三者得以统一的活动方式和内容,即寻找使社会不断进步、经济持续发展、环境日益改善的措施和方案[2]。

在进行战略管理的过程中,再制造企业一定要根据上述概念及特征确定再制造企业的使命,并把使命清晰而简要地表达出来,作为企业的宗旨。

2.3 战略目标

相对于普通的生产制造,再制造具有独特的特点:产品原材料不确定,使生产组织和控制变得困难;产品的性能、质量不确定;产品的工艺流程不确定;产品制造周期不确定;产品的生产成本不确定等。因此,如何能够提高产品的可拆解率、再利用率、生产效率及提高优质的产品质量,降低生产成本,保障生产稳定,成为企业面临的一道道难题[3]。

　　企业战略目标是企业在一定时期内,按照其使命和宗旨,通过战略期内的战略活动而想达到的结果,是对企业使命进一步具体、明确的阐述。企业战略目标为企业全体员工提供具体奋斗方向,为企业树立一个长期目标,也为员工树立一个人性化的核心价值观。企业战略目标是对企业愿景进一步的具体化和明确化,是企业在一定时期内预期达到的理想成果。战略目标是企业战略的重要组成部分,体现着企业的战略思想和使命,是制定、选择战略方案和战略实施与控制的依据。目标可以是定性的,也可以是定量的,如企业盈利能力目标、市场份额目标等。正确合理的战略目标,对企业的经营具有重大的引导作用,它是企业制定战略的基本依据和出发点。基于战略目标涉及的时间长短,企业战略目标可以分为中长期目标和短期目标。

　　装备再制造发展大致分为四大战略阶段:

　　(1) 在战略初期,开发市场蓝海。装备再制造技术弥补了我国循环经济再制造业的技术不足,随之也带来了再制造的市场蓝海。装备再制造通过不断完善废旧零部件寿命、修复的评价及技术标准,发挥自身优势、借助战略伙伴已有渠道,面向客户展开营销。

　　(2) 在战略成长期,努力实现再制造产业的优势发展。在战略初期的技术标准更为规范的形势下,装备再制造在本期将加速发展,一方面积极与军工企业合作,加深战略联盟间的合作;另一方面积极研发新技术和新的再制造产品。整体合作思路是:加深联盟合作,提高再制造技术,充分发挥装备再制造自有资源的优势,使装备再制造能够快速成长。

　　(3) 在战略发展期,增加再制造产品种类。通过研发投入及技术革新,不断增强再制造产品的社会认可度与行业认可度,运用网络平台,提高装备再制造的品牌形象。在实现再制造品牌成长的同时,将更加注重参与再制造行业标准的制定。

　　(4) 在战略成熟期,目标是打造一流的装备再制造示范企业,从而带动再制造业的迅速发展,成为绿色动力产业链的缔造者和领跑者。

　　节能减排是我国社会经济发展的必然选择,同时循环经济的发展已成为实现社会和经济效益双赢的必然趋势。装备再制造以其节能减排清洁生产的特性成为循环经济的明星产业,也将激发中国再制造产业的飞跃式发展。

2.4　战　略　分　析

　　装备再制造战略环境是指影响装备再制造企业或组织生存和发展的各种内外因素的总称。通常,构成战略环境的因素分为两大类:一类是不可控的因素,构成外部环境;另一类是可控的因素,构成内部环境。

1. 宏观环境分析

装备再制造业的外部战略环境具有波动性、不同性的特点。波动性是指其外部环境，不管是总体环境还是运营环境，都不是固定不变的，环境的变化迫使企业不得不相应调整其组织和活动。外部环境中各类因素的变化速度和幅度是不同的。不同性是指环境要素的作用对不同企业是不同的，它们可以为企业提供发展机会，对企业发展起到促进作用，也可以对企业的正常经营造成威胁，起到约束企业发展，使企业无法生存的反面作用。同样的环境因素，对不同企业的作用也是不同的。装备再制造的外部战略环境主要包括宏观环境、行业环境。

宏观环境包括政治环境、经济环境、社会文化环境和技术环境。针对宏观环境的分析简称 PEST 分析。

2005 年，《国务院关于加快发展循环经济的若干意见》发布，指出中国循环经济社会未来的发展方向和政策支持。2008 年，国家发展改革委明确了再制造业未来的发展方向，各种法律、法规和相关政策也在计划中。同时，具有自主知识产权的达到国际先进水平的再制造技术正在研发中，预计在再制造产业发展过程中，将有一大批技术可以转化应用到实际生产中。各大高校也把再制造这一理念带到教学中，相关学院、专业都增设了有关再制造知识和技术的课程。近些年，国家正逐步完善再制造的相关法律法规和准入资格标准。对于再制造业的关键参数——再制造率和可利用率，国家也颁布了相关草案，并开始实施。无论是产学研还是国家出台的法律法规，都为我国发展再制造业奠定了良好的基础。

法律方面，《中华人民共和国循环经济促进法》于 2009 年 1 月正式生效。该法在第二条、第四十条及第五十六条中六次阐述再制造，标志着再制造已进入国家法律。该法第四十条指出，国家支持企业开展机动车零部件、工程机械、机床等产品的再制造和轮胎翻新。2010 年 10 月，国务院 32 号文件《国务院关于加快培育和发展战略性新兴产业的决定》指出：加快资源循环利用关键共性技术研发和产业化示范，提高资源综合利用水平和再制造产业化水平。再制造产业发展已列入国家"十二五""十三五"发展规划。

国家政策方面，2005 年 11 月，国家发展改革委等 6 个部委联合颁布的《关于组织开展循环经济试点（第一批）工作的通知》文件公布了包括 7 个重点行业、4 个重点领域、13 个产业园区和 10 个省市的 42 个循环经济示范试点名单，其中再制造被列为 4 个重点领域之一。2008 年 3 月，国家发展改革委启动了由 14 家企业组成的全国第一批汽车零部件再制造产业试点工作。2010 年 5 月，国家发展改革委、科学技术部、工业和信息化部、公安部、财政部、商务部等 11 个部委联合下发《关于推进再制造产业发展的意见》，指导全国加快再制造的产业发展，并将再制造产业作为国家新的经济增长点予以培育。2010 年 6 月，国家发展改革委和中国工程院主办,装备再制造技术国防科技重点实验室承办了"全国再制造技术与经验现场交流会"。会议主题是交流国内再制造产业现状,展示再制造关键技术的研究进展,宣传推动中国特色的再制造产业模式。

2000年,中国工程院咨询项目支持了我国第一个关于再制造的课题研究。2006年4月,中国工程院院长徐匡迪视察装备再制造技术国防科技重点实验室,对实验室取得的成绩给予了高度评价,同时指出,再制造是先进制造、绿色制造。与制造产业相结合,在建设资源节约型社会中,必将发挥日益重要的作用。

经济环境方面,近年来,我国一直保持着较高的经济发展速度,制造业也保持高速发展,对于部分产品的再制造需求也应运而生。目前全球再制造产业的年产值可达1000亿美元,其中美国占一半以上,在美国设备维修领域中再制造产品占比达85%。中国设备资产有几万亿元,每年因磨损和腐蚀使设备停产、报废所造成的损失逾千亿元。大量设备报废不但造成资源的浪费,还给环境带来巨大压力。随着经济快速增长和人口不断增加,水、土地、能源、矿产等资源不足的矛盾会越来越突出,生态建设和环境保护的形势日益严峻。面对这种情况,大力发展循环经济,加快建立资源节约型社会就显得尤为重要和迫切。

社会文化环境方面,目前,在全球范围内兴起的循环利用、节能环保模式把再制造、再循环这一理念从零部件再制造产业推广到整个生产、生活中。再制造在我国还是一个新生名词,尤其是对普通消费者来说,常常会同翻新、维修、大修等词语的定义混淆。再制造市场的发展需要消费者摒弃以往旧的观念,认同再制造新概念。

我国生态环境总体恶化的趋势尚未得到根本扭转。水环境、大气环境形势非常严峻,废弃物污染十分严重。生态环境恶化、草地退化、水土流失、森林生态质量下降、生物多样性锐减,生态安全受到严重影响。因此,发展循环经济是缓解资源约束矛盾、实现可持续发展的必然选择;是将经济社会活动对资源的需求和生态环境的影响降低到最小限度,从根本上解决经济发展与环境保护之间矛盾的有效手段;是提高资源利用效率、提升我国国际竞争力的唯一出路;也是我国突破国际"绿色壁垒"等非关税壁垒的途径之一,再制造的理念与循环经济的理念相契合,作为我国循环经济的支撑技术之一,再制造将会为我国循环经济发展过程提供有力的支持[4]。

由上述PEST分析可以看出,在宏观环境方面,再制造具备了快速发展的外部条件和基础,但是依然存在以下问题需要加以关注,在制定战略过程中要充分考虑。

第一,目前中国的再制造产品主要有汽车发动机、发电机、变速箱、启动机,以及机床、轮胎等及其零部件,这些再制造产品已通过销售或售后服务等渠道进入目标顾客市场。但相比于新品,再制造产品的社会认可程度至今仍不是很高,一般的顾客不能区分再制造与维修的区别,甚至把两者等同对待,认为再制造品就是二手产品,存在隐含风险,质量水平不高,导致再制造产品的市场开拓难度很大。

第二,中国的再制造工程是在维修工程、表面工程基础上发展起来的,主要基于表面工程、纳米表面工程和自动化表面工程技术。目前,这些技术获得了较好的发展,已进入实用化阶段,但是对再制造企业的资质要求较高,没有得到广泛推广,离产业化应用还有一定的距离,而这一方面正是再制造企业所亟须解决的问题之一。

2. 行业环境分析

任何一个企业都处在行业中,行业环境对企业所开展的竞争形式以及能够或将采取的战略具有直接、较大影响,企业的经营战略即基于所处行业的现实及未来的发展状况。因此,对企业的行业环境进行分析是企业制定经营战略的基础[1]。

美国著名的战略管理学者迈克尔·波特(Michael E. Porter)认为,在一个行业中存在五种基本竞争力量,即潜在进入者、替代品、购买者、供应商及行业内企业之间的竞争,也简称为五力。具体需要分析的对象如图 2.2 所示。

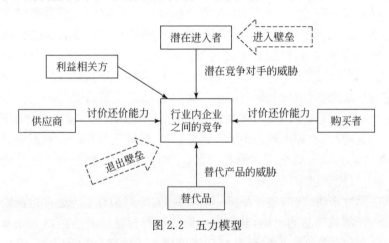

图 2.2　五力模型

在一个行业里,这五种基本竞争力量的状况及其相互作用会引发行业内在经济结构的变化,从而决定行业内部竞争的激烈程度,决定企业在所处行业中获得利润的最终潜力。

在再制造行业中,这五种基本竞争力量的分析如下。

1) 潜在进入者

对一个发展中的行业来说,潜在进入者或新加入者会带来更多的生产能力,增加行业市场的供应能力,会抢占已有企业的市场,从而对已有市场份额提出重新分配的要求。新加入者为了抢占市场,会采取低价质高的手段,而行业内原有企业为了保持已有市场,也会采取对应的策略。结果可能会导致行业内产品价格降低、竞争成本增加,使得行业内企业的获利能力降低。

对再制造行业而言,潜在进入者的角色由两个方面扮演。

一是再制造企业,对于传统的生产制造业,特别是适合开展产品再制造的机电产品加工行业,再制造企业是进入者或潜在进入者,因为再制造企业生产的再制造产品会对同类新品的市场造成冲击,如果再制造产品质量足够好,社会认知度足够高,那么消费者会倾向于购买再制造产品,新品的市场份额减少。此时,同类新品生产企业会采取对策来针对再制造产品展开还击,这就产生了新品和再制造产品博弈的局面。

二是再制造行业,在市场认知度较高、市场发展较好的情况下,会有越来越多的企业开展再制造生产,来抢占现有市场空间,市场秩序将会发生改变。而此时,再制造企业为了提升自身的竞争力,就不得不从产品价值提升、经营成本降低的角度去应对竞争者的竞争。因此,在战略分析的过程中,再制造企业需要全面考虑这两种情况,并指导战略制定及实施。

2) 替代品

替代品是指与行业内企业所生产的产品具有类似功能或更多更好功能的产品。因为能更好地满足消费者的需求,消费者可能就会将需求转移到替代品市场上。替代产品出现以后,会促使企业原有产品的价格降低,从而导致企业利润减少,甚至退出原有产品市场。当然,如果是具有类似功能的替代品,行业内企业会采取一定的手段来抵制替代品的出现,降低替代品的威胁,如加强广告宣传、提高促销力度、改进产品质量。但如果是具有更多更好功能的替代品,行业内企业则应采取更加理智的对策,如缓慢退出原有产品市场,转移到替代品市场或是其他产品市场,这与产品的生命周期是紧密相关的,个别企业无法改变市场产品趋势的变化,企业本身可能会被市场淘汰。

从某一角度来讲,再制造产品是一类替代品,特别是对于还处在生命周期成熟期的行业。再制造产品的出现,会使行业内的消费者在产品的选择上除考虑不同的品牌之外,还有另一类选择,而且可以得到更低的价格,以及不低于原型新品的质量保证。在这种情况下,行业内的企业会采取一定的措施进行回击。一是以新品或品牌的口碑和形象来还击再制造产品及再制造企业,给消费者灌输再制造产品永远比不上新品的观点。但在现今环境下,政府相关部门推行再制造理念及再制造产品力度较大,消费者的认知程度也在不断提升,这种措施采用得会比较少。二是原来的新品生产企业也加入再制造产品的生产中,由新品制造商转变为 OEM 再制造企业,在这种情况下,独立再制造商的竞争力将会显得比较弱势,竞争秩序又一次被打破。因此,在战略分析及战略制定的过程中,再制造企业需要考虑自身的定位及角色,从而开展对应的工作。

3) 购买者的讨价还价能力

当前,任何一个企业都处在供应链中,可以被看成核心企业,供应链上游的企业是供应商,下游的企业是购买者。不管是三者中的哪一方,关注的焦点永远是自身利润的最大化,而利润来源于销售收入与成本之差,因此核心企业所追求的是购入成本低、销售价格高。下游的购买者同样也是如此,因此对核心企业提出的要求可能会有更低的销售价格、更高的产品质量、更优质的售后服务等,或者是采用多家供应商的策略,促使企业之间竞争,以主动达到这种要求。这些方式都会给核心企业带来利润的降低。

当前,再制造产业在我国的发展时间并不是太长,再制造产品的社会认知度还不高。再制造产品还不能直接应用于除售后市场以外的其他市场,再制造企业为了自身的生存和发展,大多采用价格低、质保期长的措施来吸引消费者的使用,这样针对再制造企业就会形成买方市场,再制造企业的话语权降低,消费者在市场中占有主导地位。此时,再制造产品的定价就会受到极大影响,并且具有不确定性,导致进一步压缩再制造产品的价格及再制造企业的利润空间。当前,国家开展的再制造产品认证工作对此产生了较好的推进作用,由具有公信力的国家级相关部门进行认证,会让消费者在使用时排除戒备心理,更加愿意使用再制造产品。因此,再制造企业应充分利用现有有利的国家政策,在战略制定过程中,予以充分考虑,以提升自身的市场话语权。

4) 供应商的讨价还价能力

在供应链中,供应商作为上游企业,也在追求利润最大化,在销售企业产品时制定更高的价格,可能会有很多理由,如运营成本增加、产品质量提高、产品供应量减少等,供应商的讨价还价能力会直接影响核心企业的总成本是增加还是减少。

对于再制造行业及再制造企业,供应商主要体现在两个方面:一是作为再制造毛坯的废旧产品的供应商,可以是废旧机电产品回收商,也可以是市场上的消费者;二是更换件的供应商,这与新品制造商的区别不大,因此主要考虑的是第一种情况。作为废旧产品的回收商,在再制造出现之前,这些废旧产品可能主要用于拆解及原材料回收,但是作为再制造毛坯时,这些废旧产品的用途则不同,回收商看到再制造企业有利可图,因此出于对利润的追逐,在给再制造企业供货时,会根据自身回收渠道的优势向再制造企业提出加价。这样的结果对传统回收商只有好处而没有坏处,因为再制造只是给他们多了一个赚更多利润的选择,但对再制造企业来说就会增加再制造成本。因此,再制造企业应该考虑如何构建逆向物流网络,用于回收废旧产品,即再制造毛坯,这是一个关键的“入口”问题。另外,在不同类型的回收网络中应采取对应的措施以提升自身的话语权。

5）行业内企业之间的竞争

行业内企业之间的竞争是最直接的一种竞争，因为现在的消费者信息获取的渠道更多，也更加精明，会从价格、质量、售后服务等方面对产品进行多方位的分析及选择，对企业来说，顾客忠诚越来越难以达到。

按照不同的生产组织形式，再制造企业可以分为OEM再制造企业、独立再制造企业、第三方等类型。在行业市场中，三者会同时存在，不同的企业规模也会不同。对于大型再制造企业，特别是OEM再制造企业，其本身具有产品回收优势、市场占有率优势、人才优势、技术优势等，在开展再制造的过程中会充分体现，不管是在价格上还是营销推广上，都会具有较大的资源投入，其对应的再制造产品的市场份额也会具有较大优势。这样，对于小型再制造企业，特别是独立再制造企业，将会带来较大冲击。结果就是在再制造行业中产生了几个巨头企业，产生了垄断。小型独立再制造企业应该在战略制定过程中，充分采用集中一点战略等方式来应对，同时为了行业的健康发展，行业主管部门也会制定一定的激励政策来鼓励相关企业工作的开展，如实施再制造补贴，小型独立再制造企业要积极呼吁并将其纳入补贴范围。

除上述的五力分析之外，还需要关注利益相关方的影响，需要对其进行分析。以政府部门的影响为例，再制造作为一个新兴的产业，国家及政府必然会通过宏观政策等方式对再制造行业的发展进行规范，这些宏观政策（如认证、补贴等）必然会对再制造行业及具体再制造企业的发展产生较大影响。

在进行五力分析的过程中，还有两个方面需要加以关注，即再制造行业的进入壁垒和退出壁垒。进入壁垒是指企业进入既有行业的各种阻碍因素，退出壁垒是指企业退出所处行业的各种阻碍因素，在再制造行业中这两类壁垒的主要体现分析如下。

再制造行业进入壁垒主要有资金投入、技术储备、规模经济、顾客认知度、政策法规等。

1）资金投入

再制造生产的设备为专用设备，其生产流程也与新品制造不同，企业要开展再制造，需要专用的生产线、设备等，而当前再制造生产设备多为专用设备，通用设备较少。因此，企业增加生产区域及生产设备，需要一笔较大的投资。

2）技术储备

再制造技术与新品制造技术存在一定的差别，特别是中国特色的再制造是以表面工程技术为基础的，因此需要企业具备对应的技术及人才储备，这些技术如何运用于再制造中，也具有一定的难度，需要一定过程。

3）规模经济

再制造企业前期在厂房、设备、人才、技术等方面的投入较多，只有再制造产品达到一定规模之后,平均成本才会下降,给企业带来利润。当前再制造产品的市场空间还限于售后市场,相对较小,因此新企业进入可能会在较长时期内产生亏损。

4) 顾客认知度

再制造产业在国内的发展历程较短,消费者及对应产品的使用者对再制造产品的认知度较低,在产品的选择上还是倾向于新产品,会给企业产品市场销路的打开带来难度。另外,现有市场上的再制造企业有的是国家试点企业,有的则是后来加入的,对于这些新加入企业,消费者对其及其产品的认知程度会低于先行企业,这也会给新加入企业带来市场开拓难度。

5) 政策法规

随着国家对再制造产业支持力度的增大,对再制造企业的认定及要求也越来越规范,因此一些新加入企业只有在满足相关要求之后才能被认定为再制造企业,否则不能宣称自己的产品为再制造产品。另外,企业开展再制造可能还会受到当地政府的规划或要求的限制。

再制造行业退出壁垒主要有固定资产、退出成本、关联业务、政策约束、心理障碍等。

1) 固定资产

再制造企业的固定资产一般为专业化资产,在退出再制造行业后,这些固定资产将不能继续使用,或者是将以较低的价格转让,转换成本过高将会给企业退出再制造行业带来压力。

2) 退出成本

除固定资产的转换成本过高之外,再制造相关专业人员的安置、现有用于再制造的库存物品的处理、已有合同特别是长期合同的赔偿费用等,都将给企业的退出带来较高的成本。

3) 关联业务

再制造企业特别是 OEM 再制造企业,所采用的战略为"纵向一体化",在退出再制造业务时,其相关的上、下游业务都将受到影响。另外,企业的其他业务可能也会因为再制造产品的退出而在形象上、市场损失上受到影响,高层决策人员出于这些考虑而不敢轻易退出。

4) 政策约束

根据国家相关政策,政府会对再制造企业提供不同形式的支撑,如果再制造企业要退出,政府可能会考虑对其政策的影响而进行劝阻。另外,再制造企业的退出,也可能会对当地人员就业率、经济增长率等方面产生影响,政府部门也会对其退出决策及行为进行劝阻。

5) 心理障碍

高层决策者在制定发展规划及决策时,所考虑的因素不仅有长期的战略性规划,还有经济因素、顾客员工的意愿、对再制造业务的感情、市场的得失等各方面的因素,综合这些因素才能做出是否退出的决策。

此外,对于再制造行业的环境还需要有清醒的认识,虽然发展势头迅猛,但是依然存在一定的问题。其一是当前再制造规范体系的不健全及相关概念的不明确,导致了再制造市场的混乱,开展再制造业务的企业规模大小不等,水平参差不齐。有些再制造企业开展的业务甚至不能称为再制造,其产品质量水平得不到保证,这对再制造的发展造成一定的负面影响。其二是一些客观原因使得再制造企业的发展也面临一定的困难。通过对国内 14 家汽车零部件再制造试点企业的调研,发现主要有以下困难克服国家相关政策的匮乏、再制造回收网络尚未建立、再制造专业技术人员/设备的需求空白、回收产品质量状态的随机性、再制造生产计划安排的复杂性、再制造信息系统的兼容性、再制造市场的培育等,这些因素都阻碍了再制造业务的开展。

再制造企业战略分析过程应充分考虑上述宏观环境及行业环境的现状,以及未来发展趋势,认清楚机会和威胁,并采取措施充分利用机会、避免威胁。

3. 内部条件分析

企业的竞争优势取决于三个方面:生产成本、产品价格,以及针对顾客的价值。当行业内价格差别不大时,低成本能够带来竞争优势;当生产成本无法做到最低时,提升顾客对产品的价值认知,从而可以提高产品价格,最终获得竞争优势。因此,行业内企业需要对自身的竞争优势来源具有清晰的认识,再制造企业同样如此。

对企业来说,所从事的企业运营活动主要有两个方面:一是能直接带来价值增值的活动,如研发、采购与供应、生产运作、市场营销、售后服务等,称为基本活动;二是虽不能直接带来价值的增值,但又是企业必不可少的活动,如人力资源管理、财务管理、质量管理、设备管理等,称为支援活动。再制造企业战略分析的内部环境分析主要就是由这两类活动入手,具体包括以下内容:对市场的了解和适当的营销能力;现有的产品和服务;现有的顾客及与顾客的关系;现有的分配和交付系统;现有的供应商网络及与供应商的关系;人力资源情况,如管理层的能力、当前工人的技能和积极性、工人必要技能的获取;对自然资源拥有的情况及获取能力;当前的设施、设备、工艺;对特殊技能的掌握;产品和工艺的专利保护;可获得的资金和财务优势。

对目前我国再制造企业来说,这些方面的优势与不足之处不尽相同,但也存在一些共性的优势。我国的再制造是废旧装备的高技术修复,拥有完整的自主知识产权,许多是国外不曾拥有的技术。所采取的技术手段是表面工程技术,其最大优势是能够制造出优于本体材料性能的表面薄层,并赋予零件耐高温、防腐蚀、耐磨损、抗疲劳等优异性能。近年来,在纳米电刷镀技术、高速电弧喷涂技术等产业化应用方面取得了快速进展,将其应用到汽车发动机再制造及机床数控化再制造方面,都取得了可喜的成绩。

在技术环境方面,再制造是指运用高新技术对废旧装备进行修复和再制造的产业化过程,是装备服役能力持续再生的重要途径。这里的"装备"是广义的,既可以是设备、系统、设施,也可以是零部件;既包括硬件,也包括软件。

在物资资源方面,再制造产品的资源回收渠道广阔,以汽车零部件为例,汽车零部件再制造原料来自以下四个方面:第一,旧汽车中的回收件;第二,非破坏性原因的维修店更换下的零件;第三,原厂无法修复的不合格品;第四,发动机法定寿命到期的零件。除第四种外,前三种途径收取的废旧零部件价格较低,基本等同于废旧钢铁的回收价格。在有效保证零部件再制造质量的同时,也较好地控制了原材料的成本,从而降低汽车零部件再制造产品的价格,使其更有竞争力。

除了上述的共性优势,再制造企业也存在一些共性的劣势,主要体现在:对再制造产品市场的信心不足,营销能力受到相关政策的影响,力度较弱;现有产品不能满足顾客的需求,只是体现在市场的某一个方面;现有顾客群体较少,大多数顾客对再制造产品依然存有戒备之心,在选择使用上不敢放开,由此导致的顾客满意度调查就无法展开,所得数据也不尽详细;现有的供应商网络不健全,再制造毛坯的供应商不像新品供应商那样正规及稳定,不管在供应的稳定性,还是价格的稳定性上,都无法与新品供应商相媲美,因此与供应商的关系并不是良好的,而是体现出动态性、波动性等特征;当前针对再制造的专门型人才较少,比较短缺,对再制造企业来说这是一件短期内解决不了的事情;另外,不管是管理层的能力,还是基层工人的技术及操作能力,还达不到再制造规模生成的要求;再制造的生产路线较为复杂,与产品专业化、工艺专业化的关联性都不清晰,因此在设备设施的布置上大多采用成组布置,而如何划分相似组也是一大问题,产品种类少的时候好做,但产品若超过一定数量,则布置难度大幅增加;对再制造生产加工来说,每一项加工工艺都可能代表一个不同的加工技术,这就需要再制造企业掌握的技术手段要多样化,且具有针对性;最后,开展再制造是需要固定资产的投入的,那么这些资金来源如何,再制造企业需要认真考虑,对 OEM 再制造企业来说,新品生产能为其带来资金来源,再制造产品短期内不盈利对企业整体发展的影响不大,企业是为了战略规划而开展相关工作,目的在于抢占市场先机及占领市场品牌空间,为市场成熟以后做准备。但是对于独立再制造企业,就有一定压力了,特别是在再制造产品市场还不成熟时,其起步期可能要维持很长一段时间。

4. SWOT 分析

从前面的分析可以看出,在对再制造企业进行外部环境分析及内部条件分析时,主要的分析对象就是外部存在的机会和威胁,以及内部存在的优势与劣势。此时,常采用SWOT分析法,该方法对企业外部环境中存在的机会、威胁和企业内部条件的优势、劣势进行综合分析,据此对备选的战略方案做出系统评价,最终选择出最佳竞争战略。SWOT分析法又称为态势分析法,SWOT代表企业内部的优势、劣势,以及企业外部的机会、威胁。企业内部的优势和劣势是相对于竞争对手而言的,一般表现在企业的资金、技术设备、职工素质、产品、市场成就、管理技能等方面。判断企业内部的优势和劣势一般有两项标准。一是单项的优势和劣势。例如,企业资金雄厚,则在资金上占优势;市场占有率低,则在市场上占劣势。二是综合的优势和劣势。为了评估企业的综合优势和劣势,应选定一些重要因素进行评价打分,然后根据其重要程度按加权确定。企业外部的机会是指环境中对企业有利的因素,如政府支持、有吸引力的市场进入障碍正在降低、市场需求增长势头强劲等。企业外部的威胁是指环境中对企业不利的因素,如新竞争对手的出现、市场增长率[5]。

对再制造企业来说,对再制造企业的SWOT分析如下。

1) 优势

(1) 对于OEM再制造企业。OEM再制造企业不仅生产再制造产品,而且同时生产对应的新品,在对产品的技术规格掌控上存在天然的优势。在再制造过程中,在废品拆解、质量检测、生产加工都不会有太多的困难。同时在产品回收时可以利用自身正向物流的反向作用,获得所需数量的再制造毛坯,在产品销售时,也可以利用自身的产品影响力或品牌来吸引现有的产品使用者及潜在消费者。

(2) 对于独立再制造企业。独立再制造企业在市场空间的把握上会更具有敏感性,同时本身具有灵活性,在组建或运行过程中可以随时根据要求来使用不同的设备和技术,招收具有再制造基础的专门人才,在发展过程中不断调整自身的结构,而不会像OEM有那么多的顾虑。

2) 劣势

(1) 对于OEM再制造企业。首先,在人才的掌握上,需要有对应的人力资源,其应对措施可能是引进新人或是培训原有职工,这两项都会给企业带来成本的增加,而且会导致人力资源结构的改变。其次,企业生产系统的灵活性较差,对于能够生产的再制造产品的品种可能会有较大的限制,其会导致再制造产品市场空间扩大的压力较大。

(2) 对于独立再制造企业。固定资产的具备及购置将会是一项比较大的投资,虽然灵活性高,但是柔性变差,在转变生产模式或产品品种时资产损失会比较大。同时,对于再制造人才的吸引方面不像OEM再制造企业那样具备优势。

3) 机会

(1) 国家重视。从前面的阐述可以看出,国家相关部门对再制造产业的发展提供了政策法规、行业推进等方面的支持,这对再制造产业和再制造企业的发展都起到了巨大的推进作用。对以前做过或是打擦边球的企业来说,可以名正言顺地开展再制造,而对于一些传统的机电产品制造企业,会鼓励他们开展再制造业务。详见前文。

(2) 市场空间巨大。再制造产品具有独特的优势,对企业来说,有的企业在新品市场上与已有企业可能无法形成竞争,市场空间狭小,企业的生存较为艰难,而再制造产品可以填补市场上的某些空白,此时的新品制造企业还没有涉及,因此利润空间扩展。同时,再制造毛坯的回收价格比新品原材料要低,因此可以以更低的成本开展再制造业务,提供给消费者的再制造产品的价格优势也非常明显,如果再制造技术能够保证再制造产品质量不低于原型新品的要求,在消费者的认知度提高以后,市场的增长率及以后的市场占有份额将非常具有吸引力。对消费者来说,如果企业承诺的再制造产品质量水平能够得以保证,那么将能以新品一半的价格获得所需的产品,也会节约成本。

(3) 再制造技术迅猛发展。当前的再制造产品种类并不是太多,其中的一个制约因素就是专用技术和设备较多,而通用技术和设备较少。国家相关部门对此非常重视,鼓励相关的科研院所开展通用技术和设备的研制开发及利用,如再制造国家重点实验室的科研成果转化率不断提高、成立了机械产品再制造国家工程研究中心等机构,且实验室和工程中心目前已研发出一定数量的技术和设备,对再制造企业的支撑和支持作用非常明显。另外,相关领域的再制造技术也在迅猛发展中,并且越来越多地应用到再制造生产中,因此技术和设备以后将不会成为再制造行业发展的瓶颈。

4) 威胁

(1) 各方面对再制造及其产品缺乏足够的认识。例如,有关职能部门对再制造没有形成正确的认识,导致有的企业在当地工商部门无法得到以"再制造"为经营范围的工商注册,致使再制造工作无法继续进行。另外,消费者对再制造产品缺乏正确的认识,受近些年来媒体宣传的影响,广大的普通消费者常把正规的再制造产品与假冒伪劣、废旧产品翻新联系在一起,以至于再制造产品的市场空间不增反减。

(2) 没有形成有利于再制造产业健康发展的政策环境。2009 年颁布实施的《中华人民共和国循环经济促进法》、国务院 2005 年的 22 号文件《国务院关于加快发展循环经济的若干意见》、国家发展改革委 2008 年的《汽车零部件再制造试点工作方案》均提出加快推进再制造行业的发展,为再制造行业的发展提供了可靠依据。但在实际的运行过程中各部门缺乏与之相配合的政策措施,企业的发展仍是困难重重。例如,发动机再制造企业非常关心的"消费者更换再制造发动机换号的问题",这一问题在近些年关于再制造行业发展的各种会议和研讨会上被提出,但到现在仍没有实质性的解决措施。对于再制造企业税负减免的问题,在财政部、国税总局 2008 年 12 月 9 日发布的《关于资源综合利用及其他产品增值税政策的通知》(财税〔2008〕156 号)中,仍未明确再制造产品应享受的减免政策。而同为第一批循环经济试点项目的"轮胎翻新"则享受免征增值税的政策。

(3) 再制造关键技术没有得到广泛推广。再制造产业发展急需大力推广的较为成熟的再制造关键技术主要包括废旧机电产品高效、绿色清洗技术,快速、无损寿命评估技术,用于废旧机电产品关键零部件尺寸恢复和性能提升的高效、自动化成套技术,原位自修复技术等。这些技术是提升我国再生资源循环利用水平和废旧机电产品再生利用率的重要标志,已经在国家试点的汽车发动机再制造企业进行了应用示范,资源节约、节能减排效果显著。同时,部分技术成果已达到国际先进水平,受到国外资源循环利用再制造企业的极大关注。但关键技术没有得到广泛推广。

(4) 没有形成有序竞争的再制造产业发展环境。再制造是一个大产业,可容纳大量中小企业。但是,中小企业发展再制造困难重重。中小企业即使有技术,在废旧产品来源、产品论证和市场营销方面仍存在许多困难,不仅得不到原制造商的支持和配合,甚至还被视为威胁,许多原制造商把再制造当作对自己既有市场的威胁。这种情况在国外也很普遍,国外对再制造产业发展的威胁主要来自原制造商的不正常竞争,一些原制造商利用专利和版权法律来阻止对他们的产品进行再制造。

在 SWOT 分析过程中,首先将行业或企业内部的优势、劣势及外部的机会、威胁等列举出来,然后利用系统分析的思想,把各种因素匹配起来加以分析,从中得出一系列相应结论,可以为企业的决策行为提供支持。结论中常见的战略决策为:SO 战略——发挥优势、利用机会的企业战略;WO 战略——利用机会、克服劣势的企业战略;ST 战略——利用优势、回避威胁的企业战略;WT 战略——减少劣势、回避威胁的企业战略。至于选择哪种战略,则需要运用合适的战略选择方法来对不同层次的战略进行选择。

2.5　战略选择

战略选择包括企业战略、经营战略和职能策略的选择。

通常在进行内部条件与外部条件分析的基础上,进行战略选择。对企业发展方向及发展方式做出规划的是总体战略,也称为企业战略或公司战略,具有指引性和宏观性。企业战略是最高层次战略,它为企业应该进入何种事业领域提供指引,并确定企业的运营及发展模式。一般可选择的战略有发展型战略、稳定型战略和防御型战略。

　　经营战略是企业获得竞争优势所采取的市场竞争战略,常采用的战略为波特提出的三种基本战略,即成本领先战略、差异化战略、集中一点战略。成本领先战略就是要使企业在某项业务上成为该行业内所有竞争者中成本最低的战略。差异化战略就是如何赋予产品更多的特点以形成独特的卖点,使消费者感到物有所值或物超所值,从而愿意以更高的价格购买产品。集中一点战略常常是在企业规模不大、竞争力不强时,对具有空白点的某一市场所开展的有针对性生产的战略,开始时市场空间不大,消费者较少,需求较为特殊,对企业来说进入障碍不大。通常,对 OEM 再制造企业来说,成本领先战略是优选;对于独立再制造企业来说,差异化战略和集中一点战略应是首选。

　　战略选择是选定某一战略方案的决策过程。根据前面的分析可以看出,在进行相关的调查及 SWOT 分析后,所形成的战略可能会有多种方案,此时决策者就要进行全面考虑和多方面的权衡。因此,战略选择并不是一个多选一的即时判断,这对决策者的要求非常高。通常,影响战略决策者选择某一特定战略的因素有以下方面:企业对外界环境的依赖程度;管理者对待风险的态度;企业过去的战略;企业中的领导权力;中层管理人员和职能人员的影响。

　　战略选择过程中可采用的方法有波士顿矩阵法、九象限评价法、战略地位与行动评价矩阵(strategic position and action evaluation matrix,SPACE),这几种方法同样适用于再制造企业的战略选择,此处不再赘述。

　　装备再制造产业是以科学发展观为指导,以节能减排、废物利用资源化为导向,依托行业内现有产业,发展和壮大再制造产业,增强再制造产业的环境承载能力和产业支撑配套服务能力,以实现装备废旧产品的资源化、再生产、再利用,推进循环经济发展,提高综合竞争力。我国的再制造产业是基于维修工程、表面工程的技术发展起来的,表面工程的主要技术包括寿命评估技术、复合表面工程技术、纳米表面技术及自动化表面技术,这些先进的表面工程技术在再制造中得到了很好的运用,使得废旧零件的再制造率大幅度提升,并且质量、性能等各方面都赶上了原产品的质量要求。

　　通过国家政策支持,建设公共服务平台,打造金融环境,完善专业配套设施;通过行业龙头企业的影响和带动,形成再制造产业优势显著的产业集群;通过高标准的环保设施建设和清洁生产审核保护生态环境不受污染;通过科技创新和应用服务体系提升创新再制造产业水平;通过对产业上下游的拉长和扩张形成完善的再制造产业链条;高端规划设计,高标准建设,打造再制造产业整体形象;通过政府引导、管理创新、激励措施等方式,将再制造产业打造成有突出整体优势的战略性新兴产业。

2.6　战　略　实　施

1.战略推广

再制造是一个较新的概念,如何能够打开市场,树立再制造产品在消费者心中的形象,销售系统起到非常重要的作用。在让消费者理解再制造产品之前,首先需要销售人员,在售前、售中、售后深入了解和解读装备再制造的战略,同时发挥现在市场化的优势和已有网络化销售的优势,迅速打开市场,提高装备再制造的市场占有率。

在物流环节,回收、拆解、分析、报废各个环节缺一不可,这是装备再制造能否控制成本、保持价格优势的关键。由于装备再制造自有网络的规模性和成熟性,如何让物流系统的员工能够有效地理解物流资源的重要性及如何合理利用装备再制造的销售平台和回收网络,也是严重影响再制造发展战略规划实施的重要环节。

2.战略实施的保障措施

1) 政策支持

国家应该对再制造企业实行认证制度,严格控制再制造企业的准入。其次,对企业再制造生产销售等设定准入条件,认证内容包括特殊产品的再制造工艺、再制造的特殊技术及特殊设备等,由环境保护部门设定产品再制造过程中的环保标准,强制企业在产品再制造的设计加工过程中严格遵守环保标准,防止在拆解过程中产生可能的新重金属污染及三废污染,并对销售的再制造产品实行跟踪及售后服务,确保消费者对再制造产品使用放心[6]。

对原材料的来源、废旧产品的回收物流体系完善监管制度。一方面保证制造产品的原材料来源可靠、数量稳定、渠道合法、质量满足要求;另一方面严格审核废旧产品的进口程序,避免国外废旧机器、零部件等"洋垃圾"涌入国内市场,对国内的环境产品等造成一定的危害。此外,国家应重点支持建设若干个废旧物品回收处理中心,对符合环保要求并且有利用价值的废旧汽车零部件、废旧家电、废电脑等重要废旧物资进行处理,以便更有效率地对其进行再制造。还要鼓励一些大型制造企业建立企业内部的回收物流网络及连锁的再制造生产加工基地,从而提高废旧产品的回收再制造率。

为顺利推行装备再制造战略,装备再制造行业应为再制造战略制定相应的政策和规章制度,保障装备再制造战略规划的合理实施,在明确目标、控制流程的同时,也需要规章制度明确。有效的、合理的政策和规章制度,为装备再制造战略的实施提供了良好的软环境。

装备再制造企业应从管理层面制定出适合再制造战略实施的制度和政策。同样,再制造企业内合理的组织架构和岗位职责设置也是保障装备再制造战略规划实施不可缺少的重要组成部分。而且,还要疏通、整理出各个企业部门间良好的沟通网络,方便装备再制造信息的良好反馈。

强化公众对再制造的参与意识。我国公众对再制造产业参与度不高的现象普遍存在,消费者购买和使用再制造产品的积极性不高,他们认为再制造产品的来源都是废旧产品,因此质量性能等都不如新产品。针对公众的这种意识,政府部门可以通过加强社会宣传,引导公众理解再制造的内涵,消除消费者对再制造产生的错误认识。另外,再制造商必须提高再制造产品的质量,在再制造过程中必须严格执行再制造工序及质量检验,使得顾客能够对再制造产品质量信服,同时继续保持再制造产品的高质量及优良的服务,使得消费者从心理上接受再制造产品。

2) 流程再制造

为了更好地推行再制造战略,让装备再制造公司的战略能够按照预计的方式运行,需要对涉及再制造战略的部分流程进行改进和调整,使其更加适合装备再制造战略的实施。在调整中,要以行业内装备再制造战略为基础,对不适应的,进行改造或者摒弃。这些流程的调整,目的都是提高企业内各部门在实施装备再制造战略时的工作效率。新的战略通常与旧的流程相矛盾,在适应期,要及时反馈和调整,及时改进流程,避免影响装备再制造战略实施的效果。同时,流程中也要保障合作和信息沟通的畅通,从根本上提高装备再制造战略实施的效率。

将生产者责任落实到产品的每一个环节。原始制造企业应该主动承担产品对环境的影响,产品的原材料选购、设计环节、生产过程、包装环节等,都必须考虑未来对环境造成的影响,最关键的是降低产品的再制造成本,根据前面的模型结论,再制造产品的产量往往是与成本成反比的,所以尽量降低再制造产品的成本,才能更具竞争力,增加自己的利润。

再制造产业是在当今世界资源极度紧缺、环境污染极其严重的双重危机下发展起来的,是人类社会实现可持续发展的一个重要战略手段。随着对再制造研究越来越深入,原始设备再制造商开展再制造业务成为一种趋势,公众对再制造产品的认识也必定不断增强,再制造产业的发展前景无比广阔。

参 考 文 献

[1] 文理. 企业战略管理[M]. 3 版. 合肥:中国科学技术大学出版社,2014.
[2] 王道宇. 一汽集团汽车零部件再制造发展战略研究[D]. 长春:吉林大学,2012.
[3] 伍学进,田碧. 军民融合式装备再制造产业发展的思考[J]. 军事经济研究,2011,(9):34-36.
[4] 黄阳. 浏阳制造产业基地再制造产业发展战略研究[D]. 长沙:湖南大学,2013.
[5] 费雷德·戴维. 战略管理[M]. 李克宁译. 北京:经济科学出版社,2002.
[6] 徐滨士. 发展再制造工程,促进循环经济建设[J]. 中国设备工程,2005,(2):4,5.

第3章　再制造生产管理

3.1　再制造生产计划的特点

计划是管理的首要基本职能,再制造生产计划也是再制造企业生产管理的重要组成部分,涉及企业的生产能力与外部需求之间的平衡关系,以及再制造企业的利润目标及市场目标。

3.1.1　生产计划概述

生产计划是根据企业的生产能力和外部环境、市场对产品的需求情况、原材料供应情况及企业长期发展的目标等因素进行综合考虑、分析、预测,对企业生产发展和经营活动做出的决策[1]。有效的生产计划不仅能帮助企业在可获得资源与生产需求之间找到最佳平衡,还能在波动的市场需求与稳定的企业生产能力之间寻求平衡,并在企业内部组织合理分工,实现企业的成本最低化和利润最大化。

1. 按生产种类划分

按生产种类,生产系统可分为单件生产、批量生产和大量生产。

1) 单件生产

单件生产的产品品种较多,批量很小,对订货型生产企业来说批量为1。机械产品的升级性再制造为单件生产,如大型机床。单件生产需要根据顾客的需要组织生产,因此产品设计的能力、生产工艺装备与人员的工艺操作水平、部门之间的协调与配合是决定单件生产类型竞争力的重要因素[2,3]。

2) 批量生产

当生产的产品品种较多、批量大于1时,就是多品种批量生产。根据批量的大小,又可以分为小批量、中小批量等类型。大多数的工业企业属于批量生产,开展多种产品再制造的再制造企业也是如此。批量生产的生产重复性增加,可能会在同一生产线上加工不同的产品,需要在不同的产品之间进行工艺切换。产品之间的工艺切换能力会影响生产批量的大小,因此存在经济生产批量的决策问题。

3）大批量生产

若企业开展专业化生产,且市场需求比较稳定,则企业所生产的产品批量很大,企业的生产设备较为单一,专业化程度较高,也容易实现生产自动化、标准化,以及高效率和低成本。当前,我国的再制造企业大多从事单一产品的大批量生产,相对来说降低了生产管理的难度,但同时生产系统的柔性较差,转换生产产品品种较为麻烦。

2. 按生产工艺特征划分

按生产工艺特征,生产系统可分为连续性生产与离散性生产。

1）连续性生产

连续性生产又称流程式生产,针对的是生产工艺及顺序固定的产品。其特点是生产线按照产品加工的工艺流程组织生产设备与人员,生产过程不中断。生产设备自动化程度高、加工路线固定、生产能力调整困难。一般来说,连续性生产的生产批量大、产品品种单一,车间的布置多采用对象专业化,可为产品的生产设置专门的流水线,固定成本较高。

2）离散性生产

离散性生产又称加工装配式生产,当产品种类较多、各种产品之间具有工艺关联性时,多采用这种生产。每种产品的加工路线不同,因此生产组织难度较大,生产控制与协调也很困难。离散性生产的车间布置多采用工艺专业化,设备利用率较高,工艺流程的复杂性也导致生产的可变成本高。

3. 按需求特征划分

按需求特征,生产系统可分为备货型生产与订货型生产。

1）备货型生产

备货型生产(make-to-stock,MTS)针对的是那些市场需求连续的产品,可采用科学方法对市场需求量进行预测,由此确定生产批量,并形成生产计划,提前把产品生产出来,维持一定的库存水平。顾客可以随时购买到产品,订货提前期短,但是存在库存费用,顾客的个性化需求难以满足。目前,大多数 OEM 再制造企业采用的是这种生产方式,相比较而言生产管理较为简单。

2）订货型生产

订货型生产(make-to-order,MTO)根据订单要求来组织生产,生产批量及交货期由订单决定,产品一般没有库存,几乎不存在库存费用。但是,因为每个订单需求的产品不同,就需要针对每个订单进行产品设计、工艺制订、原材料采购、产品加工等步骤,产品订货提前期长。第三方再制造商或委托再制造商多为这种生产方式,生产管理较为复杂。

两种生产的生产计划特征如表 3.1 所示。

表 3.1　备货型生产与订货型生产的生产计划特征

项目	备货型生产	订货型生产
计划的主要输入	需求预测	订单
计划的稳定性	变化小	变化大
交货期设置	准确、短(随时供货)	不准确、长(订货时确定)
计划周期	固定而且较长	变化而且较短
计划修改	根据库存定期调整	根据订单随时调整
生产批量	根据经济批量模型而定	根据订单要求而定
生产大纲	详细	粗略

3.1.2　再制造生产计划的影响因素

再制造生产过程有其特殊性,相较于传统制造企业,再制造生产计划更为复杂和不确定[4,5]。

1. 产品回收不确定性

在制订再制造的综合生产计划时,不仅需要市场需求的信息(包括短期市场预测和顾客订单),还需要产品回收数量的信息。产品回收的时间和数量受很多因素的影响,如产品使用状况、技术更新速度、销售状况等,使得回收时间和数量存在很大的不确定性。这种不确定性导致对产品回收进行预测比较困难,从而使得回收预测的精度很难保证。废弃产品回收的不确定性比传统采购过程的订货提前期的不确定性要大。因此,产品回收预测存在误差,将使综合生产计划与实际情况偏离较大,并使后续的一系列计划都不准确。

2. 回收与需求的不平衡性

产品回收数量的不确定性,使得再制造产品与市场需求之间很容易出现不平衡。再制造产品与其需求不平衡会带来两类问题:当供大于求时,再制造产品的库存增加,库存成本上升;当供不应求时,则不能及时满足顾客的需要,给再制造厂商带来机会损失。为了利润最大化,再制造厂商必须考虑回收和需求之间的平衡,在权衡库存成本和缺货成本的基础上,制订合理的生产计划。

3. 零件拆解的不确定性

拆解是再制造过程中非常关键的一道工序。回收产品的使用状况不同,其磨损程度差别很大,这种不确定性使得拆解工序的难度增大,对于结构复杂的产品尤其如此。因此,制订一个合理的拆解计划是再制造生产计划中的一个重要环节。

受不确定性的影响,拆解计划与装配计划有很大不同。在装配计划中,由于有确定的设计文件,装配工艺流程的标准化作业程度较高,最终的装配结果是确定的;而在拆解计划中,拆解工艺流程的标准化作业程度较低,最终的拆解结果是未知的。在装配过程中,零部件的状况是确定的,但在制订拆解计划时,必须充分考虑零部件使用和磨损状况。装配过程是依据物料清单(bill of material,BOM)将各零部件进行确定性组装,而拆解过程是将各零部件依据拆解物料清单(disassembly bill of material,DBOM)进行不确定性分拆,并可能使用破坏性的拆解方法。综上,拆解过程不是装配的简单逆向过程,在制订拆解计划时,必须充分考虑拆解过程的特点。

4. 可再制造率不确定性

由于回收产品的使用状况不同,即使使用时间相同的同种回收产品,其拆解后得到的零部件的质量特性也往往是不同的。可以使用可再制造率等概念来衡量回收产品中可用零部件所占的比例。

在制订再制造的生产计划时,不仅需要预测产品回收数量,还要统计测算回收产品的可再制造率。由于回收产品的使用状况不同,其可再制造率存在很大的不确定性。对可再制造率估计的准确性会影响再制造物料需求计划(remanufacture material requirement planning,RMRP)和采购计划。当对可再制造率估计偏高时,企业制订的采购计划将小于实际的物料需求,从而不能满足主生产计划的要求。当对可再制造率估计偏低时,企业制订的采购计划将大于实际的物料需求,会产生多余的物料库存积压,增加不必要的库存成本。

5. 再制造时间不确定性

回收的废旧产品由于其使用时间、使用状况和零件自身品质的不同,在对其进行再制造生产时需要根据该零件的特殊情况采用不同的工艺流程,因此再制造企业在进行再制造生产时,产品再制造所需时间会存在很大的不同。再制造产品的这种不确定性会使物料需求计划提前期的估计变得非常困难,进而影响相应的物料采购计划和再制造车间作业计划。

同时,生产计划中的提前期是指以交货或完工日期为基准,倒推到加工或采购的开始日期的这段时间,包括采购提前期、生产准备提前期、加工提前期、装配提前期、总提前期等。而再制造生产过程的不确定性导致生产各阶段提前期的确定存在很大困难。提前期设置不合理,会导致采购计划和车间作业计划制订缺少一个正确基础,进而影响整个再制造生产计划。

再制造的上述诸多不确定因素导致传统的生产计划不能很好地满足再制造生产过程的要求。

3.1.3　再制造生产计划体系

再制造生产计划体系如图 3.1 所示。图中单箭头表示制订计划时需要的输入；双向箭头表示两者具有输入和反馈的双向关系。左边是采用原生物料进行生产的计划链，右边是产品再制造的计划链[5]。

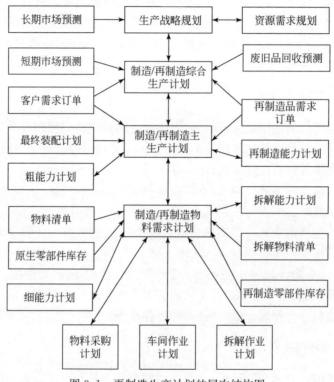

图 3.1　再制造生产计划的层次结构图

1. 再制造综合生产计划

再制造综合生产计划是指再制造企业要生产的再制造产品及产量的计划，其制订依据是外部需求市场的中长期预测、产品回收预测、客户订单接受情况、库存信息、成本信息、再制造系统的生产能力等。其针对的对象是产品系列，每一系列可以由多个型号产品构成。

与传统的综合生产计划相比，再制造综合生产计划增加了废旧回收品（毛坯）、回收处理件、再制造零部件等新内容。由于很难实现对产品回收的精确预测，回收品拆解所得物料以不同概率分属不同质量等级和类别,因此降低了综合生产计划的精确性。另外,制订综合生产计划时必须综合考虑回收品拆解成本、零部件再处理成本、各环节存量与能力约束等[6]。

2. 再制造主生产计划

再制造主生产计划详细规定生产的再制造品种、生产时段及生产数量,是独立需求计划。再制造产品需要具体到产品的品种和型号,具体时间段通常以周为单位[7]。

一个有效的主生产计划能够充分利用企业资源,协调生产和市场,实现综合生产计划中的计划目标。同时作为物料需求计划的主要输入,主生产计划起到衔接的作用。主生产计划针对的对象是具体的产品,基于独立需求的最终产品。因此,主生产计划是对综合生产计划的进一步细化。

再制造主生产计划的制订是在再制造综合生产计划的基础上,通过对再制造目标、企业资源及两者间协调问题进一步分析建立起来的。输入信息包括对具体产品的需求预测、回收数量预测和库存状态信息等。需求预测和回收数量预测是在制订的综合生产计划基础上,细化到具体产品,预测的难度更大。因此,在制订主生产计划时,要在尽可能满足顾客需求的条件下,做出合理的再制造的生产决策。

主生产计划是一个由综合生产计划转换来的有关具体产品生产进度的详细计划。再制造企业制订主生产计划时需要考虑生产组织类型。例如,当采用订货生产时,企业通常不需要对回收品获取与再制造需求进行平衡,这是因为此时的再制造对象是回收品本身,而待交付的最终产品是再制造后的回收产品;当采用库存生产及订货组装方式时,再制造企业制订主生产计划时必须考虑回收品类型、数量、获取时间等多种影响因素。

3. 再制造物料需求计划

物料需求计划(material requirement planning,MRP)是在主生产计划对最终产品做出计划的基础上,根据物料清单和零件的可用库存量,将主生产计划展开成最终的、详细的物料需求和零件需求,决定所有物料的投入时间和投入数量。RMRP是一种以计算机为基础的生产计划与控制系统,是主生产计划的具体执行系统。物料需求计划对确保完成主生产计划非常关键[7]。

在考虑再制造过程的物料需求时,制造商优先使用回收得到的可用零部件。这是因为回收零部件和再制造零部件的库存存在持有成本,并且与制造产品相比,再制造产品成本更低,经济效益更高。若回收零部件的数量能够满足生产计划的要求,则不再需要采购原生零部件;若回收零部件的数量不能满足生产计划的要求,则对其中的差额部分制订相应的采购(或生产)计划。使用回收零部件和使用原生零部件的成本不同,因此在制订生产计划时将其视为不同的物料,并赋予回收零部件和原生零部件不同的物料编号。

由以上分析可以看出,制订再制造过程的物料需求计划所需要的输入信息不仅包括传统制造过程所需要的物料清单,还包括拆解物料清单。拆解物料清单是拆解过程中的产品结构文件,提供零部件及零部件之间的分拆方式等相关信息。鉴于零部件的磨损状况不同及拆解方式不同,拆解物料清单不再是物料清单简单的反向过程。制作一个合理的拆解物料清单是进行有效拆解的前提条件,这主要由产品的可拆解设计决定。

物料需求计划要求在正确的时间提供正确数量的所需物料。正确的时间是根据各个零部件和物料的提前期来推算的,因此提前期是制订物料需求计划时需要确定的一个重要参数。除传统的采购、生产、组装等提前期以外,还有回收提前期、拆解提前期、再生零件采购提前期、零部件制造生产提前期、再制造装配提前期等。在再制造过程中,受不确定性因素影响,设置合理的提前期远比传统制造过程复杂。

4. 再制造能力需求计划

再制造能力需求计划是一个将再制造生产计划和各种再制造生产资源连接起来的计划。受机器设备的产能、总生产能力及各种再制造资源的约束,需要解决再制造生产能力有限的问题,以排除再制造生产中的实际偏差[7]。

与传统制造系统的能力需求计划相似,再制造系统能力需求计划包括针对关键工作中心的粗能力需求计划和针对所有工作中心的细能力需求计划两个层次[6]。

粗能力需求计划和主生产计划相对应。粗能力需求计划主要是对生产线上关键工作中心进行能力和负荷平衡分析。若能力和负荷不匹配,则一边调整能力,一边修正负荷。

细能力需求计划与物料需求计划相对应,用来检验物料需求计划是否可行,以及平衡各工序的能力与负荷。与粗能力需求计划相比,细能力需求计划要求更加精确,计算量也更大。特别是在再制造不确定环境下,细能力需求计划的实施难度更大。

另外,再制造能力需求计划相较于传统能力需求计划,多出一项拆解能力计划。对回收品的拆解需要根据回收品磨损程度、产品类别等使用不同的拆解处理方法。因此,拆解往往需要借助人工完成。对于拆解能力与负荷的平衡分析,主要考虑产品回收量的预测和人工能力是否满足拆解作业要求。

5. 再制造作业计划

再制造作业计划是根据再制造物料需求生产的结果制订的短期计划,包括采购计划、拆解作业计划和车间作业计划。

采购计划是在物料需求计划上的进一步细化。需要考虑的是采购提前期的问题。提前期的设定受再制造不确定因素的影响,如回收量和需求量的不确定性、回收件可再制造率的不确定性等。提前期的大小决定了采购时间和采购量。

拆解作业计划需要针对回收件的质量状况和类别,安排相应的拆解排序(disassembly sequencing)。拆解排序是制订拆解作业计划的关键环节。根据产品的物料清单,结合零部件的磨损状况,绘制产品的拆解树,依次确定产品的拆解排序。拆解作业计划的关键在于:分析器件系统的几何状态、相互之间的关系、连接方式;决定最有效、成本最低的拆解顺序;决定最优的拆解层次。

车间作业计划需要安排产品在各个工作中心的生产数量,确定设备、人工数,以及产品在各工序上的加工时间。对于传统的车间作业计划问题,基本的解决方法有优先调度规则、甘特图、线性规划、动态规划等。对于再制造过程,在安排生产排序时,要优先使用回收零部件。但是,可用的回收零部件的数量具有不确定性,对于这种带有随机因素的作业计划的制订,可以采用随机调度、随机动态规划、情景分析等方法。

3.2　再制造生产计划的制订

制订再制造综合生产计划时,首先需要确定一个符合逻辑的抽象产品和计划单位。确定的原则是能够以这些产品为单位做计划期长度内的预测,又能将有关的生产成本分离开。

3.2.1　综合生产计划的制订

在市场经济条件下,市场的需求不是固定不变的,当产品市场需求产生较大的波动时,制订生产计划时需要及时调整再制造企业的生产资源。常用的方法有以下几种[4]。

(1) 调整库存。当再制造产品的销售进入淡季时,再制造企业可以生产多于市场需求量的产品作为库存储备,以满足销售旺季时生产能力不足造成的产品供小于求的状况。这个方法也有不足之处,淡季生产的多余产品会造成库存的增加,直接导致库存成本增加。多生产出来的产品还会占据大量的流动资金,给企业的资金周转带来困难。

（2）调节生产能力。当市场需求发生波动时，再制造企业可以通过调整生产能力的方法去面对由市场需求不稳定带来的变化。但是，再制造企业的相关设备已经投入生产，可以用于生产的设备已经不足，生产能力就基本固定，调整的余地有限。因此，对劳动密集型的再制造企业来说这种方法是可行的，但对于其他企业来说这种方法的调节能力有限。

（3）开展产品外包。当市场需求波动产生供小于求的情况时，再制造企业以一个稳定的生产能力进行生产，剩余的市场需求部分，可以通过将产品转包给其他再制造企业进行生产，如果企业是制造与再制造混合生产，那么需要从其他企业采购新零件进行生产。如果再制造企业没有一个长期合作的厂家，那么临时向外转包产品往往很难找到合作厂家，即使找到，产品的生产价格也会很高。当然，再制造企业的生产能力无法满足市场需求时，可以选择放弃生产那部分多余的产品，但这样会带来经济上的损失。

1. 品种决策

1）订货型生产的品种决策

在订货型生产中，品种的选择一般由用户订单决定，因此品种的选择实际上就是订单的选择。许多企业常常由于订单选择不当生产不能按期交货影响了企业的声誉，由于生产计划与销售计划不能很好配合，使生产部门与销售部门出现矛盾。因此，销售部门有必要和生产以及其他部门共同制定一个订单选择的决策策略[2]。

订单的选择策略有两种：即时订单选择法和累积订单选择法。即时订单选择法是每接到一个订单即对其进行评价，做出是否接受订单的决策。累积订单选择法是把接到的订单累积起来，在每一固定的期间内，从中选择订单，并决定订单的优先权。

2）备货型生产的品种选择策略

备货型生产的品种选择策略的一般原则是：①优先选择需求增长率和利润增长率高的产品；②优先选择有市场发展潜力的产品；③优先选择能树立企业品牌优势的产品；④优先选择国家扶持发展的产品。

3）目前可供企业应用的产品组合策略

（1）波士顿矩阵策略。波士顿矩阵是波士顿咨询公司首创的一种业务分析方法。通过对销售增长率和市场占有率两大指标的评价分析，在一个二维的平面上分析产品的组合。其横轴表示企业产品的相对市场占有率，以企业与最大竞争对手的市场占有率之比为分界线。纵轴表示产品的销售增长率，以行业的平均增长率为分界线，把企业的产品分为四类，如表 3.2 所示。

表 3.2　波士顿矩阵分析

问题类:这类产品的市场销售增长率高,但相对市场占有率低,如新产品	明星类:当问题类产品成功后就会变成明星类产品,如品牌产品。该类产品能够保持较高的销售增长率与市场占有率,是市场中的领先者
瘦狗类:这类产品的销售增长率和市场相对占有率较低,利润率低,有时可能出现滞销和亏损,这类产品企业需根据市场预测和盈亏情况分析,做出是否再生产或淘汰的决定	金牛类:当企业某一产品市场占有率增长水平低于行业平均增长水平,但仍保持较高的市场占有率时,即为金牛产品。这类产品具备规模经济与较高的利润率,能为企业带来大量的现金收入,有稳定的销售利润,是企业的大众化产品

　　(2) GE 矩阵。美国通用电气(General Electric,GE)公司提出的另一种业务分析方法,可用于产品的优化组合。GE 矩阵法更偏重于分析现在与未来的状况。按照横轴产品实力(强、中、弱)和纵轴行业吸引力(小、中、大)把产品分为三大区域共九类,如图 3.2 所示。

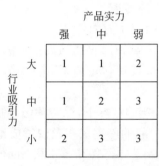

图 3.2　GE 矩阵分析图

　　(3) 收入-利润顺序法。收入-利润顺序法是将产品按照销售收入与利润的大小进行排序,也组成一个矩阵图,如表 3.3 所示。

表 3.3　收入-利润矩阵图

C 收入比较高,但利润不高,可能价格低或成本高,因此应进行分析后决定是否生产	B 收入与利润比较低,这类产品有两种可能:一种是已经处于衰退期的老产品,应该停止生产;另一种是新产品,处于成长期,顾客不了解,销售额低,工艺技术不成熟,可继续生产,并通过扩大宣传与促销提高销售收入
A 收入与利润比较高,在市场中有竞争力,属于可继续生产的产品	D 利润高,但收入不高,属于可继续生产的产品

　　在再制造生产体系中,产品组合策略除考虑以上因素外,还需综合考虑回收毛坯的品种。再制造毛坯的品种会影响再制造产品的生产和品种决策。因此,在做产品品种决策时,需适当安排回收提前期,尽量避免废旧产品回收库存滞压和处理

成本。

2. 产量优化

当生产的产品品种确定以后,生产计划的主要任务就是优化各种产品的生产数量,使企业的利润最大化。产量的优化涉及人力、设备、材料、资金等多方面的因素,因此产量的优化需要考虑多方面的约束,一般采用线性规划的方法[2]。

实际中,许多企业的生产除利润最大化这一目标外,还有其他的目标,因此生产计划的决策也是一个多目标的决策。多目标的优化一般采用转化为单目标的方法求解。转化的方法有加权法、效用系数法、序列或优先级法、非劣解法等。

再制造系统的生产计划更为复杂。通常情况下,再制造产品的生产成本较低;拆解等特殊工艺导致人工成本较高;毛坯材料采购成本较原材料采购成本较低;零部件再制造成本不确定;再制造零部件数量不确定等。而制造产品生产较为稳定,能较好安排采购、生产等计划,但整体成本较高。因此,在混合制造/再制造生产系统中,生产计划的制订需统筹兼顾、整体考虑。

当前,关于产量优化的研究主要有以下方面:

(1) 考虑在单一工厂条件下,需求量和回收产品数量不确定的再制造企业综合生产计划模型,以总成本最小为目标,包括产品生产成本、产品库存成本、回收废旧产品的处理成本[4]。

(2) 在再制造率和顾客需求不确定的情况下,综合考虑再制造成本、再装配成本、装配前零部件库存成本、装配后产品的库存成本及缺货成本,以利润最大化为目标,利用利润的两阶段函数给出再制造零部件和再装配产品的最优批量[8]。

(3) 研究在市场需求量不确定和回收品回收上限不确定的情况下,建立再制造生产计划模型,以解决不确定情况下每期再制造生产批量及回收品数量的确定问题,从而使再制造生产总成本最小[9]。

(4) 构建了考虑随机市场需求情况下,系统涉及再制造厂商和外包商,以企业利润最大化为目标的绿色再制造综合生产计划决策模型,成本包括固定成本、可变的回收成本、拆解成本、再处理成本、采购成本、报废成本、库存成本、可变的生产成本、可变的库存维持成本,以及产品平均库存的价值损耗成本和外包费用[10]。

(5) 针对大规模定制(mass customization,MC)的废旧产品回收再制造的生产方式,考虑再制造系统的复杂性及各种不确定因素,构造了闭环供应链下面向 MC 的再制造集约生产计划模型,以利润最大化为目标,确定企业在各计划期内的最优零部件外购批量、自制零部件批量及生产批量[11]。

(6) 考虑制造商自身制造、再制造生产能力约束及外包再制造生产能力有限和无限的情况,构建以企业期望利润最大化为目标的制造/再制造混合批量决策模型[12]。

（7）针对制造/再制造混合生产场景下的批量计划问题，建立了库存和生产能力受限，允许延迟交货的混合整数规划模型，以总成本最低为目标函数。该模型考虑制造/再制造商将回收产品加工为两种质量不同的再制造产品，高质量的再制造产品与新产品具有同质性，且当其生产数量超过需求量时，可以作为低质量再制造产品的替代品进行销售[13]。

（8）在考虑库存费用、制造全新产品数量和再制造产品数量的情况下，建立面向再制造线和已有制造线两阶段的动态批量生产成本优化模型，目标为每阶段市场需求安排的总成本最低[14]。

3. 出产进度安排

产品品种和产量决定以后，生产计划的最后一步就是将产量按照时间进度，分阶段（季度或月份）分配到各时间段上，合理利用生产能力与企业的各种资源[2]。

在企业中，生产和需求是一对矛盾的存在。市场需求受到各种因素的影响而呈现波动，而企业的生产能力是相对稳定的。因此，生产计划决定的生产量如何跟上市场需求的变化是企业生产计划制订中的难点。如何处理非均衡需求与稳定生产能力之间的矛盾，是备货型生产企业的日常工作之一。再制造企业也面临同样的问题，由于目前的再制造产品面对的是售后市场，一是在不同时期市场对再制造产品的认知程度不同会导致产品需求量变化，二是对应的产品在使用中损坏的时机不好预测，三是消费者对废旧产品的处理对策不一，所以这种矛盾会更加突出。通常采用的策略有稳定策略、变化策略、混合策略等，再制造企业可根据实际情况进行选择。

1）稳定策略

稳定策略是指企业的生产率不变，利用库存来平衡非均匀需求。当市场需求量降低时，企业的库存量增加；当市场需求量增加时，企业库存量减少。通常适用于市场需求变化不激烈的情况，此时的生产管理比较方便，工作量较少，有利于生产计划的制订与执行。当再制造企业特别是 OEM 再制造商对应的新品市场比较稳定时，可以采取这种策略。

2）变化策略

变化策略是指生产计划随市场需求的变化而变化，不断调整生产计划去适应市场需求的变化。这种策略的优势在于企业产品的库存量较小，库存费用较低。但是，市场需求变化时，生产计划需要频繁调整、制订难度较大，计划执行过程中需要不断调整各种生产资源的安排及分配，生产管理的工作量也较大。变化策略一般采用加班加点、调整员工数量或业务外包的方式来开展。一般的独立再制造商具有订货型生产的特点，特别是渠道不稳定时可多采用这种策略。

3) 混合策略

混合策略是将稳定策略和变化策略混合使用,企业根据市场预测的结果,利用长期的眼光来对生产计划进行分析。将长期阶段分解成若干分期阶段,保证分期阶段内的需求较为稳定,在分期阶段内采用稳定策略,长期阶段内采用变化策略。再制造企业的混合策略应根据对应新品市场的变化情况来进行长期和分期的划分,以及对应策略的选择使用。

上述三种策略提供了基本的思路,企业还应根据库存成本和变化成本等的情况来进行综合分析。库存成本是指在一定时期内的维持库存费用,变化主要是指企业进行人员调整、加班加点产生的费用,同时还要考虑实际生产中由管理工作量大小而产生的隐性成本、管理成本。

在再制造企业的生产过程中,要考虑对专业设备和专业人员的基本要求。例如,再制造生产设备多为专用设备,单纯依靠劳动力的变化并不能提高生产率,此时就要考虑如何提高设备利用率的问题。另外,再制造对生产人员具有一定的技能要求,短期培训的员工达不到生产要求,此时需要采用适当加班加点的方式,同时考虑未来人才的储备。

3.2.2　主生产计划的制订

再制造主生产计划的基本原则是根据再制造企业的生产能力确定产量,通过均衡地安排再制造生产实现规划的目标,使再制造企业对客户的服务质量、库存周转率和再制造生产的效率方面都能得到提高,并根据不同情况下市场需求的不同及时更新再制造主生产计划,使计划的时效性和可行性得到保障。制订再制造产品出产进度计划应遵循以下原则[4]:

(1) 各种再制造产品的生产时间和生产数量,首先要保证客户的订单需求。只有对客户负责才能持续合作。再制造产品的生产也要根据当前的情况进行合理安排。例如,先以国家重点工程、重要客户所下订单、用于出口的订单等为主,在完成这些重要的生产任务之后再去安排一般的生产任务。

(2) 生产多类型多品种的再制造企业,首先要做到产品类型的合理搭配。对各计划周期生产的再制造产品的种类进行合理控制,使各车间在计划周期内设备与人力的配置能够达到最佳的效果。

(3) 使回收废旧产品、外购件的供应时间和数量与产品生产进度计划的安排相一致。

(4) 要注意跨年度计划之间的衔接。例如,安排年初生产计划时,应根据上一年度的产品在制情况,在第四季度则要考虑为下一年度的生产计划。

例如,有学者研究考虑单一再制造工厂,拥有一个回收中心和多个再制造车间,在市场需求不确定和可再制造率不确定的条件下,再制造产品取得最大利润的目标模型[4]。

3.2.3　物料需求计划的制订

由图 3.3 可知,再制造物料需求计划是根据再制造主生产计划制订完成后所提供的回收产品的相关信息展开制订的相关需求计划。它依据物料拆解清单、物料清单和物料需求量,计算再制造企业要再制造加工的拆解零件数量及需采购的零件数量。再制造物料需求计划系统的核心是计算拆解零件和外购零件的需求量。

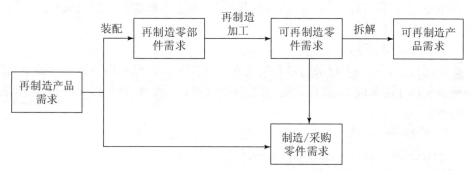

图 3.3　再制造子系统的物料需求

再制造企业的物料需求计划分为三步:第一步,查阅拆解物料清单,对拆解下来的可用零件进行统计;第二步,将主生产计划按照物料清单进行需求分解,形成物料的毛需求;第三步,将毛需求对照库存信息生成物料需求计划,即通常所说的净需求[3]。

再制造产品需求驱动再制造子系统的其他物料需求,从而产生了再制造零部件需求、可再制造零部件需求、制造/采购零部件需求及可再制造产品需求。从再制造产品需求到可再制造零部件需求,可以根据再制造产品物料清单按照物料需求计划逻辑来计算。根据可再制造零部件需求确定可再制造产品需求的过程称为拆解计划。可再制造产品拆解物料清单可以提供制订拆解计划所需要的产品结构信息。

3.3　再制造生产调度模型与方法

再制造生产是一种特殊形式的生产方法。再制造系统的生产计划与调度研究可以参考传统制造。但是,再制造生产的特殊性导致不能对传统生产研究完全照搬照抄。与传统制造相比,再制造生产方法的特殊性可归纳为如下方面[15]:

1）制造对象不同

再制造是以再制造毛坯作为生产对象,进行专业化修复或生产改造,而非以全新原材料为制造对象。

2）生产流程不同

再制造生产工序包括产品完全拆解和分解、分解后的零部件清洗、零部件详细检测和分类、零部件修复和更换、产品再装配和最终测试。

3）物流管理不同

再制造的原材料毛坯来源于废旧产品的回收,因此属于逆向物流的范畴。而再制造生产、销售等环节的正向物流与其混合,加上再制造生产的随机性,导致其物流管理更为复杂。

4）生产技术不同

中国特色再制造工程采用以先进表面工程技术为支撑的再制造关键技术,在准确恢复尺寸的基础上,提高性能,并且具有资源利用率高、消耗能源少、环保节能的特点。

5）质量控制不同

再制造过程的随动性、零部件的特殊性、产品的多生命周期性等特点导致传统的质量控制改进方法不适合。

6）生产组织不同

再制造的随机性和不确定性导致生产组织的节奏性、准时性等方面有失效的可能。

7）生产控制不同

不确定性和特殊性导致原有生产计划和调度经常不能正常进行,进而导致生产控制的复杂性,且难以优化。

3.3.1　再制造不确定因素研究

1. 再制造系统不确定因素

再制造系统的不确定因素可分为两类,包括主观的不确定因素和客观的不确定因素。主观的不确定因素是由人们主观意识产生的,如回收品数量、回收地点、产品的市场需求、具体生产任务等。客观的不确定因素则是不以人的意志为转移的,包括回收品的拆解时间、拆解数量、再制造修复流程和再制造修复时间等。

传统制造生产决策中的不确定因素包括机器故障、紧急订单、订单取消、交付时间改变、原料到达或短缺造成的推迟、工件优先级的改变、返工或质量问题、超过或低估工件的加工时间、操作者旷工等。再制造生产决策中的不确定因素除包含以上传统制造的不确定因素外,还由于其特殊的回收、生产流程而具有其他的不确定因素特征,如回收数量、回收时间、拆解时间、拆解方法、再制造率、再制造工艺流程、作业时间、再制造成本及市场需求等[16]。

2. 再制造不确定因素的描述与分析

再制造生产中不确定因素的存在,往往导致生产计划与生产调度方案失效。因此,如何描述与分析不确定因素对再制造生产调度的影响,已成为研究的热点。在已有再制造生产调度研究中,对其中不确定因素的描述与分析方法通常包括以下几种。

1) 对回收品按级分类

通过对回收品先进行初步的检测分类,然后进行质量等级划分,可以减小废旧产品的质量不确定因素带来的影响。同级回收品的失效形式基本一致,可有效地规划拆解工艺和检测方法,并采用相同或相近的工艺流程,因此加工时间和加工成本也相似,可在一定程度上降低不确定因素对再制造调度的影响。例如,通过选取质量等级评价指标,采用逼近理想解排序法(technique for order preference by similarity to ideal solution,TOPSIS)建立等级评价矩阵,对废旧工件进行质量分类[17]。

2) 预测-反应式调度方法

不确定因素下的调度策略通常分为两类:事先预测的前摄性决策和事后反馈的反应式决策。前者预先考虑再制造生产过程中可能出现的不确定因素,以增强调度的抗干扰能力;后者是当干扰出现后,对方案做出及时调整修正。在再制造生产调度过程中,前摄式决策能使生成的基准计划与调度方案在一定程度上具有良好的鲁棒性,减少在线调整的频率;反应式决策能对受影响的计划与调度方案及时修正。两者的有机结合能更好解决不确定环境下再制造生产调度问题。因此,可以采用预测-反应式调度方法应对不确定因素带来的影响[18]。

3) 不确定变量随机性与模糊性描述

事件的不确定主要有两种表现形式:一种是外在因果的不确定性——随机性;另一种是内在结构的不确定性——模糊性。为此可通过建立随机规划和模糊规划,对包含具有已知概率分布的随机变量或可能性分布的模糊变量分别进行研究。随机变量的分布函数需要基于大量数据通过统计得出,模糊变量的隶属度函数通常由相关人员根据历史经验给出。例如,采用模糊变量来描述再制造的加工时间、成本和交货期或者针对再制造拆解、再制造、装配三个子系统的不确定性因素,采用模糊数对准备时间、加工时间和完成时间等变量进行刻画。然而,在实际的再制造过程中,往往存在多重不确定因素混合的情况。因此,有研究提出用双重模糊变量或模糊随机变量等来描述再制造不确定因素。双重模糊变量是将可能性空间映射为模糊数集合的函数。例如,引入双重模糊变量对再制造时间进行描述[17]。模糊随机变量是对模糊随机现象的一种数学描述,从概率空间到模糊变量构成的集类的可测函数,即一个取值为模糊变量的随机变量。例如,可以采用模糊随机变量表示废旧零部件加工时间[19~21]。

4) 不确定性模型

通过判别不确定性的来源,依据有效的理论和方法描述再制造生产系统的不确定性,并采用合理的数学工具建立不确定性模型,探寻不确定因素之间的内在联系及对再制造生产计划与调度优化的影响。例如,通过分析废旧产品到达时间和数量、废旧零部件再制造工艺流程和工艺时间等持续性不确定因素,以及再制造设备故障等偶发性不确定因素,对再制造工艺流程的不确定因素进行建模[18];或者通过建立基于颜色 Petri 网的再制造工艺流程模型,对再制造工艺流程不确定性、再制造时间不确定性及再制造资源冲突不确定性进行描述,推算出废旧零部件的再制造工艺总时间和机床的延期交货时间[22]。

5) 建立缓冲区

设立缓冲区可使串联的工位独立运作,减少由"堵塞"(blocked)、"饥饿"(starvation)造成的空闲时间。缓冲区的建立可以有效缓解不确定性对系统的冲击。但是,由于设立缓冲区需要额外的资金和空间投入,因此有时需要讨论缓冲区分配问题。因此,可以在调度模型中引入缓冲区来减少堵塞和等待现象[23];或者通过压缩作业时间、设置缓冲区来解决再制造工艺时间不确定性问题[24]。

3.3.2　再制造生产调度描述

车间内部作业调度作为生产管理的重要职能,是对生产计划的补充和完善。有效的生产调度方法和优化技术可以充分利用车间的设备和工作人员,提高企业生产活动的柔性和效率,降低生产成本,使企业利益实现最大化[25]。

经典的生产调度问题可描述为:针对某一项可分解的任务,探讨在尽可能满足约束条件(如工艺流程、交货期及资源情况)的前提条件下,通过生产指令的下达,来安排这项任务(或操作)使用的资源(或加工机器)及加工时间和加工顺序,以达到某些性能指标(如生产周期、设备利用率及生产成本)的最优化。

生产调度问题中的约束条件通常包含以下内容:

(1) 工艺流程约束。同一工件两个相邻工序的加工顺序由工件工艺流程决定,工序之间的先后关系不能改变,即后一道工序必须在前一道工序完成后才能进行。

(2) 加工资源约束。每一台设备在当前时刻只能加工一项任务,只有在当前工序完成后才能进行下一任务的加工。

(3) 加工匹配约束。资源是非通用型的,特定的资源只能完成指定的任务,即每一道工序需要在指定的机床上完成。

（4）工作时间约束。通常资源设备可能有不同的状态（准备就绪、维护、停工等），另外车间的工件时间也具有一定的限制。

（5）交货期约束。每个工件都具有自身的交货期，工件必须在交货期之前加工完毕，否则需要对其实施一定的惩罚。

再制造生产流程中存在大量不确定性因素，因此再制造车间生产调度问题也更为复杂[26]。其复杂性主要表现在以下方面：

① 加工路径的可变性。回收件质量的不一致导致拆解后零件的质量等级差异较大。因此，每个零件的加工路径是不确定的，即同一类工件在再制造加工过程中所需进行的处理工序、加工时间和加工机器因实际的回收品质量情况而随机变化。所以，再制造生产调度应该提供对动态加工路径的灵活支持。

② 工件到达时间的可变性。回收件数量和拆解过程的不确定性，导致工件的到达时间也是随机变化的。

1. 单目标调度问题

再制造生产调度问题的单目标可分为调度费用和调度性能两大类。

1）调度费用

调度费用的目标是使生产成本（包括各种生产费用、库存储备费用、切换损耗、延迟惩罚等）最低、切换或装配的费用最少等。

已有研究中包括：以工件的再加工成本最小为目标[17]；以单位总成本最小为目标[27]；以新品制造费用、废旧品再制造费用和延迟惩罚费用等最小为目标等[28]。

2）调度性能

如工件的总完工时间最少、工件的平均驻留时间最少、最大或平均延滞最小等。

已有研究中包括：以最大完成时间为调度目标[29,30]；以最小化预定置信水平下最大完工时间悲观值为目标[19]；以最小化订单的总加权完工时间为目标等[21]。

2. 多目标调度问题

在实际再制造生产过程中，多目标优化更符合再制造商的实际要求，一般情况下，多目标优化问题的各个子目标之间是相互矛盾的。其中一个子目标的改善往往导致另一个或几个子目标的恶化。例如，制造成本与加工时间之间的矛盾；库存持有成本与缺货成本之间的矛盾。因此，追求多个子目标同时最优几乎是不可能的。所以，需要对各个子目标协同折中，得到各个子目标接近最优的结果。与单目标优化问题相比，多目标优化问题的解并不唯一，而是最优解的集合，称为多目标优化问题的非劣解。

多目标优化问题可用文字描述为 D 个决策变量参数、N 个目标函数、$m+n$ 个约束条件组成一个优化问题，目标函数及约束条件是决策变量的函数。多目标优化问题的数学形式可描述为

$$\min y=f(x)=\begin{bmatrix} f_1(x) & f_2(x) & \cdots & f_n(x) \end{bmatrix}, \quad n=1,2,\cdots,N$$

$$\text{s. t.}\begin{cases} g_i(x)\leqslant 0, & i=1,2,\cdots,m \\ h_j(x)=0, & j=1,2,\cdots,n \\ x=\begin{bmatrix} x_1 & x_2 & \cdots & x_D \end{bmatrix} \end{cases}$$

已有研究中包括：以碳排放最少、设备利用率最高、客户满意度最优为废钢铁再制造的目标[31]；以最大化产量和最小化在制品库存为目标[29]；以订单延期惩罚最小、二氧化碳排放量最少、设备空转时间最短为调度目标[32]；以鲁棒性和稳定性综合指标最小为反应阶段的目标[18]；以再制造工艺成本最小、总延期交货惩罚成本最小为目标[22]；以最小化库存持有成本和缺货成本为目标[33]；以最小化加工时间和成本为目标[20]；以最小化完工时间和最大化机器利用率为目标等[26]。

3.3.3　调度集成优化问题

在生产运作管理中，存在采用"自上而下"策略的情况，即将生产计划与生产调度决策分开进行。但是，这种方式在计划层忽略了调度约束，生产过程中信息反馈周期长、调度不及时等特点导致最终根据生产计划制订的调度方案不可行。因此，集成优化模型应运而生。通过将生产调度与生产计划或工艺规划等协同考虑，使再制造生产调度与其他子系统构成有机整体，有效弥补单一调度造成的调度失效。

1. 生产计划与调度的集成优化

例如，建立了再制造加工车间生产计划与调度问题的集成优化模型等[17]。

2. 整个生产系统的集成优化

例如，将再制造系统的可再制造性评价、工艺规划与再制造修复的集成优化及再制造拆解与再制造装配的集成优化为研究对象，对整个再制造系统的集成调度问题进行研究[28]。

3.3.4　生产调度策略和方法

1. 运筹学方法

运筹学方法是基于数学方法建立模型，求解精确解或近似最优解的过程，主要包括分支定界法、线性规划、非线性规划、动态规划法及拉格朗日松弛法等。运筹

学方法的优点是任务分配和排序的全局性比较好,所有的选择同时进行,因此可保证求解凸和非凸问题的全局优化,但计算时间会随着调度规模的增大及约束条件的逐渐复杂而呈指数增长。一般适合求解小规模问题,对于建模困难或受不确定因素扰动的实际生产问题,应用较少。

2. 启发式算法

启发式算法是一种建立在直观和经验判断基础上寻求可行解的方法和策略,通过与任务不相关的信息来达到简化搜索过程的目的。大多数情况下,模型可以看成系统化地构造或查找解答的过程。算法计算步骤简单,能快速获得问题的满意解,但解的质量较差,表现也不够稳定。常用的调度规则主要有最短加工时间、最早交货期、先到先服务、最长加工时间,以及剩余总加工时间最长、剩余工序数最多、Johnson 调度规则、NEH 规则和转换瓶颈规则等。

3. 仿真算法

仿真调度方法主要是通过运行仿真模型收集数据,并通过这些数据来分析实际系统的性能和状态,从而对系统采用合适的控制调度方法。由于纯仿真方法具有一定的局限性(调度的费用高、仿真的准确性受人员的判断方法和技巧的限制等),因此通常将仿真方法和其他方法结合起来使用。有学者通过设计混合智能算法,仿真运行生成大量的输入输出样本数据,使用反向传播(back propagation,BP)神经网络逼近双重模糊机会约束模型中的不确定函数,并将函数嵌入遗传算法中[17];或者通过仿真程序模拟再制造系统动态运行,获取再制造系统性能指标,并在其基础上,设计总流程时间最短、跳跃次数最少等多种分派规则[23]。

4. 遗传算法

遗传算法基于生物进化论及遗传学,是一种通过模拟自然界生物遗传机制搜索最优解的方法,具有隐含的并行性和全局搜索能力,非常适合大规模并行分布处理。尽管自身存在一些缺陷,如收敛速度较慢、容易陷入局部最优等问题,但它易于与别的技术和算法相结合,形成性能更优的算法。已有研究中包括:提出改进型遗传算法对调度模型求解[27];提出一种基于可变长工序编码方法的改进遗传算法[34];提出基于精英交叉和小生境技术的遗传算法(elitist-crossover niching genetic algorithm,ENGA)等[28]。

5. 粒子群算法

粒子群算法是一种通过模拟鸟群觅食行为,使用个体最优和群体最优解相互迭代更新寻求最优解的群智能优化算法,具有易于实现、精度高、收敛速度快的特征,如引入积分控制器建立积分控制粒子群算法[35]。

6. 神经网络算法

神经网络的优越性体现在:一是利用其强大的并行处理能力降低计算的复杂性,进而解决组合优化问题;二是其自组织和自学习能力能获取调度知识,从而构造调度决策模型。有学者提出了基于随机模拟、神经网络和遗传算法的混合智能算法[18];或者使用 BP 神经网络逼近双重模糊机会约束模型中的不确定函数等[17]。

7. 分派规则

分派规则是系统输入和状态参数的简单函数,常用于确定空闲机器前缓冲区工件的加工优先级。经典的分派规则包括先进先出、操作加工时间最短、剩余操作的加工时间总和最短等。有学者用分派规则求解动态调度[29];或针对废钢铁再制造中电弧炉出钢延迟的生产扰动问题,建立冲突消除规则和断浇修复规则等[36]。

3.3.5 再制造调度软件和优化调度支持系统设计

再制造调度软件和开发系统通常是建立在调度集成优化的基础上实现的。已有研究包括以下方面:

(1) 设计并实现一个基于 B/S 框架的再制造生产计划与调度集成优化系统[17]。

(2) 设计一个制造/再制造混合系统优化控制软件[37]。

(3) 开发一个机床再制造工艺方案设计及其优化调度支持系统,其功能模块包括废旧机床再制造基本信息管理模块、再制造工艺方案设计模块、再制造工艺能力设计模块和再制造生产线动态优化调度模块[18]。

(4) 设计一个基于 P2P 完全信息共享的再制造生产计划与调度原型系统,以实现激励模型、再制造生产计划模型与再制造生产调度模型[26]。

(5) 从再制造车间调度系统的运行环境、Dephi 与 MATLAB 的集成、再制造车间调度系统的功能模块设计和再制造系统车间调度软件的使用方法四个方面设计再制造车间调度系统[15]。

3.4　再制造生产线建设

再制造生产线是再制造产品形成所依赖的基础,具体内容包括再制造工艺技术、再制造生产线平衡、再制造车间布局、工艺分析与设计等内容。

3.4.1 再制造工艺技术

如图 3.4 所示,根据目的、设备、手段的不同,可将工程机械再制造工艺技术进行如下分类[38]。

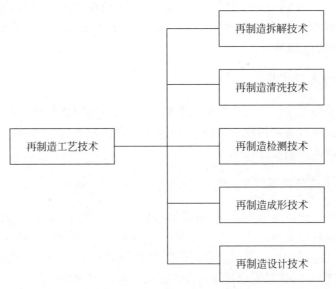

图 3.4　工程机械再制造工艺技术

1. 再制造拆解技术

再制造拆解技术是对废旧工程机械产品进行科学、合理、高效拆解的技术方法,主要研究如何实现产品的最优拆解路径和无损拆解方法。拆解过程要确保旧产品及其零部件有序地被分解成零部件,尽量减少拆解时间和拆解费用。为了避免在拆解过程中造成产品二次损坏,尽量实现无损拆解。再制造拆解为废旧产品的再制造提供了前提条件。

2. 再制造清洗技术

将清洗液作用在零件污垢上并将其去除的过程即为再制造清洗。再制造清洗主要的应用技术有高效喷砂绿色清洗技术与表面预处理技术、零部件高温高压清洗技术、超声波清洗技术、零部件表面油漆清洗技术。再制造清洗直接影响零部件表面的检测、再制造产品的寿命和质量。

3. 再制造检测技术

再制造检测是指通过各种检测手段、方法检测零部件的几何尺寸和性能以判断其是否具有修复价值。评估剩余寿命技术,分析零部件的应力应变、力学性能、显微结构,对其剩余寿命进行评估,该技术已经在中国重汽集团济南复强动力有限公司再制造生产线上得到应用。其检测手段主要有金属磁记忆检测、涡流检测、超声波检测等。

4. 再制造成形技术

采用尺寸加工法、尺寸恢复法等技术修复废旧产品的几何尺寸和使用性能。主要应用的技术有堆焊熔覆成形技术、高速电弧喷涂技术、高效能超声速等离子喷涂技术和超声速火焰喷涂技术等。

5. 再制造设计技术

为得到最优的再制造方案,利用先进的科学方法对再制造产品的所有环节和技术进行全面规划的过程即为再制造设计。再制造设计技术主要有剩余寿命的评估与设计、质量控制设计、再制造零部件服役寿命预测等。在产品研制时就要考虑产品的再制造设计,这样能更好地提高产品在使用末端时的再制造能力,使其更具有有修复价值。

3.4.2 再制造生产线平衡

制造业的生产大部分都是经过细分工的多工序流水式连续作业的生产线,即劳动对象按照一定的工艺流程顺利地通过各个工序,并按照一定的生产速度连续完成工序作业的生产过程,从而达到简化工艺、提高生产效率的目的。但是,经过细分工艺后,各个工序的作业时间往往不能完全相同,造成工序之间作业负荷不均衡的现象。若不对生产线进行平衡设计,则生产用时最长的工序,即瓶颈,会限制一个生产循环的产出速度,影响其他工序生产能力的发挥;而在瓶颈以外的工序就会造成设备与人员的空置或产品的积压,严重时甚至造成生产线中止。为了有效地解决这些问题,需调整各个工序的工作强度和工作时间,使其工时、强度均衡化,保证生产线的顺畅进行,即生产线平衡。再制造生产线平衡主要是为了使生产线不平衡造成的生产过剩和效率损失现象得以控制、消除。

3.4.3 再制造车间布局

以物料运输量尽量小、生产成本低、物料流动灵活为目的,按照一定的方法对车间的生产设备径向布置的过程即为车间布局。车间布局的合理性直接影响物流的平衡性、生产成本和设备生产均衡;也是确保工作人员的安全,为其营造一个安全、可靠工作环境的前提。

1. 布局类型

车间布局可分为不同的类型,即工艺装备布局、生产设备布局。生产设备布局又可分为以下四种类型。

1) 产品布局

产品布局是指按生产工序布置生产所需的设备,也称为生产线布局。产品布局形式主要为固定制造某种部件或产品的封闭车间。

2) 工艺布局

工艺布局又称为机群布局,其不考虑产品的特殊性,在同一区域中布置同类资源,在生产量小、种类多的场合制造柔性最大。

3) 单元布局

单元布局是指考虑产品相似性,在所划分的制造单元中生产种类相似的零部件。

4) 固定位置布局

固定位置布局是指工作人员、生产材料和设备围绕产品转,产品位置保持不动,这种布局方式主要适用于轮船、飞机等大型产品的生产。

每个单元供工艺相似的一组特定的零件族使用,因此柔性较差。四种车间布局的比较如表 3.4 所示。

表 3.4　车间布局类型的比较

布局类型	特点	适用范围
产品布局	控制物流方便,结构简单,但布局考虑不全面	少品种、大批量的生产
工艺布局	更具柔性,可满足多种工艺要求,设备易维护且成本低。由于物料流动时间长,易造成工序间的冲突,浪费制造成本,效率较低	单件中、小批量生产
单元布局	顺利解决工艺布局存在的物料问题,但周期长	中、小批量生产
固定位置布局	人员、设备和物料围绕产品设置,因而运输成本较低,但缺乏存货空间,管理负担大,控制系统复杂	大型、产量小的生产

2. 布局要求

车间布局要考虑多方面的因素,以获取尽可能大的工作效益,确保工作人员的安全,具体遵循以下要求。

1) 综合整体要求

车间布局要考虑对设备布置有影响的所有因素,选取最佳布局方案。

2) 搬运距离最短要求

搬运距离的长短关系着企业效益的高低和物流通畅程度,在加工过程中,物料搬运遵循距离最小原则,缩短运输时间,降低运输费用。

3) 直线流动要求

在生产过程中,物流方向与工艺流程要一致,以避免搬运路线迂回、交叉等导致货物停滞现象,使生产流程更顺畅。

4) 充分利用空间要求

车间布局需紧凑,要充分利用车间的空间,合理规划可使用地。

5) 平衡生产要求

要求各工位生产均衡,必要时要协调工位间的生产节拍。

6) 安全要求

充分考虑物流运输工具、通道的宽窄、车间的生产环境和服务设施等多方面的因素,确保员工的安全。

7) 灵活柔化要求

车间布局需随生产变化而更新,要有一定的灵活性,便于以后的扩展与调整。

3.4.4 再制造工艺分析与设计

1. 拆解

拆解应用于工程机械再制造过程是为了更好地清洗零件、检测其再制造价值、再制造加工。废旧产品只有通过拆解才能实现材料回收,才有可能实现零部件的再制造和材料的再利用。因此,面向产品再制造及再利用的拆解是为再制造的顺利进行提供原料的重要工序之一,是实现材料高效回收的重要手段。为了保证再制造产品的质量和性能,再制造拆解的基本要求是要将废旧产品有序、有规律地分解成零部件,并保证其性能不会受到进一步破坏。

根据拆解目的和程度的不同,可将拆解方法分为不同类型。

1) 按拆解目的分类

按拆解目的的不同可以将拆解方法分为破坏性拆解和非破坏性拆解。破坏性拆解,顾名思义,就是在拆解过程中,一个或多个零件产生了损伤,使其不能自动恢复原状,是一个不可逆的过程。与之对立的是非破坏性拆解,是指在拆解过程中,所有的零件都没有损坏,是一个可逆的过程。在再制造拆解过程中大部分是采用非破坏性拆解,以更大限度地发挥废旧产品的价值,降低再制造成本。

2) 按拆解程度分类

（1）完全拆解：是将产品完全地拆分成一个单独的零件。这种方法主要应用于理论研究，因为在实际工程中对有再制造价值的零件才要求完全拆解，对于不可用或不在本级进行再制造的部件则不要求。

（2）部分拆解：是指出于经济、技术、效率等方面因素的考虑，在拆解一个产品时，剩余零部件的回收价值小于拆解和清洗费用，或不在本单位进行再制造，则没有再进一步拆解的必要。当剩下的零件是同一种材料时，也不用再进一步拆解，而是将其当作整体回收。这种方法在实际工程中应用较多。

（3）目标拆解：是指在产品拆解过程中，根据回收决策，确定产品各零件的回收价值和级别，分为直接再制造加工、材料再循环和环保处理三种处理方式，从而决定需要拆解的对象，避免不必要的拆解，提高工作效率。因为再制造加工需要考虑经济、环保、技术等因素，所以这种方法在再制造过程中采用最多。

2. 清洗

再制造清洗工序是为了清除污垢，方便对其进行检测、分类和修复。清洗不彻底会直接影响再制造加工的质量，造成再制造产品性能下降，表现为精度下降、易磨损、寿命短等。

再制造清洗包含拆解前的预清洗、拆解后零部件分类清洗、再制造加工前清洗。再制造清洗不能生搬硬套传统意义的制造清洗，需要结合具体的再制造对象的标准、要求、环保性、费用等因素，选择适宜的清洗技术和相应的工具。

3. 生产线输送

生产线上物料的输送装置有很多种，如传送带、传送链、辊道、重力滑道及各种运输车辆等。运输装置的选取需要综合考虑对象的种类、形状、尺寸、重量、粒度大小和精度要求等因素。用于输送成件物品的工具有悬挂输送机、板式输送机、铸型输送机和辊子输送机等。

参 考 文 献

[1] 张红宇，高阳 . 再制造生产计划与调度的研究进展[J]. 科研管理，2011，32(5)：120-128.

[2] 陈志祥 . 生产与运作管理[M]. 北京：机械工业出版社，2014.

[3] 陈荣秋，马士华 . 生产与运作管理 [M]. 3 版 . 北京：高等教育出版社，2011.

[4] 刘超 . 再制造企业生产计划建模与优化[D]. 哈尔滨：东北林业大学，2011.

[5] 谢家平，赵忠，孔令丞，等 . 再制造生产计划的影响因素及其模式[J]. 系统工程，2007，25(7)：53-59.

[6] 吴士亮，达庆利 . 再制造系统生产计划研究的现状与展望[J]. 技术经济，2011，30(2)：117-123.

[7] 谢家平，翟勇洪 . 闭环供应链下再制造生产计划研究述评[J]. 管理评论，2012，24(7)：

171-178.

[8] 万延花，陈伟达. 需求不确定的再制造批量决策[J]. 系统管理学报，2012，21(2)：270-274.

[9] 赵鹏. 逆向物流环境下再制造生产计划问题研究[D]. 西安：西安电子科技大学，2010.

[10] 楼高翔，周可，周虹，等. 面向随机需求的绿色再制造综合生产计划[J]. 系统管理学报，2016，25(1)：156-164.

[11] 翟勇洪，梁玲，刘宇熹，等. 面向大规模定制的再制造集约生产计划模型[J]. 上海理工大学学报，2014，(6)：603-613.

[12] 楼高翔，周虹，范体军. 考虑外包和生产能力约束的制造/再制造混合批量决策[J]. 系统管理学报，2011，20(5)：549-555.

[13] 景熠，王旭，李文川，等. 考虑产品需求可替代的再制造批量生产计划优化[J]. 中国机械工程，2012，23(18)：2176-2181.

[14] 东博，朱小林. 基于遗传算法的多阶段动态批量生产问题研究[J]. 广西大学学报(自然科学版)，2016，41(5)：1594-1602.

[15] 陈翔宇，梁工谦. 美国再制造业与我国的研究评述[J]. 世界科技研究与发展，2006，28(3)：80-87.

[16] Daniel V. Production planning and control for remanufacturing：Industry practice and research needs[J]. Journal of Operations Management，2000，18：467-483.

[17] 温海骏. 不确定环境下再制造生产计划与车间调度集成优化研究[D]. 合肥：合肥工业大学，2015.

[18] 冯亚. 废旧零部件再制造工艺方案决策与优化调度方法研究[D]. 重庆：重庆大学，2016.

[19] 刘明周，张玺，刘从虎，等. 不确定环境下再制造加工车间生产调度优化方法[J]. 机械工程学报，2014，50(10)：206-212.

[20] 张铭鑫，张玺，彭建刚，等. 不确定环境下再制造加工车间多目标调度优化方法[J]. 合肥工业大学学报(自然科学版)，2016，39(4)：433-439，542.

[21] 董美曾，陈伟达. 模糊环境下再制造系统批量调度研究[J]. 工业工程与管理，2012，17(6)：34-40，46.

[22] 李玲玲. 基于颜色Petri网的再制造系统不确定性建模与优化调度方法[D]. 重庆：重庆大学，2014.

[23] 苏春，施杨梅，郑玉巧. 基于分派规则和离散人工蜂群算法的再制造系统生产调度[J]. 工业工程与管理，2016，21(5)：56-61.

[24] 李聪波，刘飞，易茜，等. 基于关键链的再制造系统不确定性生产调度方法[J]. 机械工程学报，2011，47(15)：121-126.

[25] 崔巍. 不确定条件下工程机械回收运输路径与再制造调度模型研究[D]. 长沙：湖南大学，2016.

[26] 张红宇. 基于对等网的再制造信息共享及生产计划与调度研究[D]. 长沙：中南大学，2010.

[27] 舒曼莉，徐克林，郑永前. 基于扩展基本时段法的随机回收率ELSPR[J]. 计算机工程与

应用，2013，49(13)：216-220.

[28] 刘清涛. 再制造系统车间调度研究[D]. 西安:长安大学，2011.

[29] 施杨梅. 考虑回收件质量的再制造系统缓冲区优化设计研究[D]. 南京:东南大学，2016.

[30] 崔少东，陈伟达. 考虑降低碳排放的废钢铁再制造等待时间受限生产调度研究[J]. 工业工程与管理，2014，19(5)：57-63.

[31] 陈伟达，崔少东. 考虑碳排放的废钢铁再制造多目标调度降维模型及算法[J]. 系统工程，2015，33 (9)：101-108.

[32] 崔少东. 碳减排背景下废钢铁再制造生产调度问题研究[D]. 南京:东南大学，2016.

[33] 刘碧玉，陈伟达. 有限分布信息条件下 MTO 再制造系统提前期优化[J]. 中国管理科学，2014，22(9)：82-89.

[34] 张红宇，高阳，马华. 基于可变长工序编码的再制造生产调度优化方法[J]. 计算机应用研究，2010，27(3)：871-873.

[35] 温海骏，刘从虎. 积分控制粒子群算法在再制造生产调度问题中的应用研究[J]. 科学技术与工程，2017，17(16)：191-195.

[36] 钱强飞，陈伟达. 考虑电弧炉出钢延迟废钢铁再制造重调度研究[J]. 工业工程与管理，2016，21(5)：28-34，41.

[37] 魏祥. 不确定环境下制造/再制造混合系统的优化控制研究[D]. 西安:长安大学，2015.

[38] 杨秋甜. 一种基于堆焊修复的差速器壳体再制造生产线设计研究[D]. 南宁:广西大学，2015.

第 4 章 再制造质量管理

再制造是遵循循环经济的要求,以产品全寿命周期理论为指导,利用先进表面工程技术及加工技术,对废旧产品(系统、装备、设施、零部件)进行性能修复及提升的生产过程,要求生产出来的再制造产品的质量性能不低于同类的新产品。再制造过程的原材料供给、生产加工、产品营销、物流渠道建立等都与一般的制造生产有很大差别,传统的管理方法在再制造环境下不能完全适用,因此再制造生产过程控制(或管理)系统的完善对再制造水平的提高至关重要[1,2]。在全面质量管理(total quality management,TQM)思想的指导下,探讨再制造过程的质量控制及管理方法,对于提高再制造产品质量水平及再制造工程的良性发展具有重要的现实意义。

4.1 再制造质量管理的特点

再制造过程与传统的生产制造过程具有显著不同,再制造商与 OEM 相比,面临着不同的技术及管理问题。在再制造体系中,主要的关键技术包括再制造性设计技术、再制造零部件剩余寿命评估技术、无损拆解与分类回收技术、绿色清洗技术、再制造加工技术、快速成形再制造技术及运行中的再制造技术等[3~5]。这些关键技术又包括若干具体的运作或操作技术,因此对再制造进行生产管理、质量管理面临着新的形式,相比传统制造要复杂得多,主要体现在以下四个方面。

1. 产品设计

传统生产制造由顾客及经济效益驱动,虽然也考虑社会效益,但一般较少在设计过程中加入产品的可再制造性设计。再制造生产由顾客及社会效益驱动,设计过程中考虑可再制造性(如可拆解性能等)。

2. 再制造毛坯质量控制

传统生产制造依靠供应链中固定的物流网络,毛坯生产具有固定的生产工艺流程,质量标准固定,按照固定的抽检方案进行抽检,库存水平遵循生产规律,可用传统的库存控制方法控制。再制造生产的开展要依靠逆向物流网络的建立,回收件的可再制造性得到确认之后,毛坯要经过回收产品的拆解获得,质量水平具有随机性,差异很大,质量检验具有复杂性,由回收率决定的回收件库存水平具有随机性,无法用传统的库存控制方法控制。同时,毛坯件的尺寸规格不一,加工流程及加工时间不一致(如喷涂、刷镀等)。

3. 零部件加工

与毛坯生产类似,传统生产制造具有固定的生产工艺流程,生产加工过程质量在一定范围内可控。在将毛坯加工成标准零部件的基础上,再制造零件加工过程具有固定的生产工艺流程,生产加工过程中质量可控。

4. 装配、调试

传统生产制造的装配及调试具有固定的程序,除了一些特殊产品,一般进行抽检。此时,再制造产品的装配、调试也具有固定的程序,除了一些价值不高的批量生产件,一般进行非破坏性全检。

4.2　再制造质量管理的特殊性及要求

在传统的生产制造模式中,有相对成熟稳定的生产管理及质量管理方法来指导相关工作的开展,其中 ISO9000 族质量管理体系体现了很好的通用性[6,7]。再制造生产过程与上述两种生产模式不同(虽然与多品种小批量生产模式有相似性),决定了其质量管理过程也具有特殊性。

1. 传统的质量控制方法具有抽检特性,再制造的要求是加工前全检

再制造过程的原材料可以分为两种:一种是通过对回收产品的拆解得到的可用于再制造的回收件;另一种是新品件。对新品件可以采用传统的在统计分析基础上的方法控制,但对于回收件不适合采用统计控制。由于回收产品的损坏状态不一,在对其进行可再制造性分析的基础上要进行拆解、清洗、打磨等加工前处理,形成原材料库,而这些原材料的质量状态(如磨损、应力破坏等)也是不一致的,此时要求对其进行全检,以采取相对应的加工前处理手段,这些处理手段同样也具有不确定性或单一性。因此,在对产品进行质量控制和预防方面,传统的休哈特控制图及相关方法已不再完全适用。

再制造加工过程中,也会受到一些条件的制约。如图 4.1 所示,生产出来的再制造产品质量水平也是不一致的,这些都导致了再制造质量控制方法复杂。

2. 再制造毛坯的质量特性呈现复杂化及多样化的特点

再制造毛坯是指通过逆向物流体系回收的废旧产品,已经历过一个或若干个生命周期,因为表面或者内部损伤而不能继续使用。再制造的目的就是选择具有

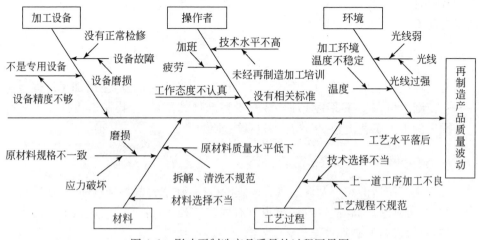

图 4.1　影响再制造产品质量的过程因果图

再制造价值的废旧产品进行再制造加工,恢复或提升其原有的质量特性。废旧产品的来源是消费者市场,每一个废旧产品所经历的服役过程不完全相同,因此报废的原因也多种多样,主要有表面裂纹、摩擦磨损、腐蚀及内部的应力集中、疲劳断裂和整体的蠕变等形式。因此,要根据再制造毛坯的状态进行再制造性评估,选择合适的再制造加工工艺及加工过程。再制造性评估的一个重要方面就是技术可行性评估,主要内容包括可拆解性、质量检测的可靠性、质量特性恢复能力,以及与其他零件的相容性、加工效率等[8,9]。

3. 再制造产品具有多生命周期,追求持续的质量改进

传统的制造产品只有一个生命周期,产品及其零部件质量水平随着时间的推移呈下降趋势,失效以后功能丧失。再制造产品具有一个以上的生命周期,产品及其零部件失效以后经过一定的技术处理进入下一个生命周期,其质量不应低于上一个生命周期的质量水平,这必然要求相对应的管理模式及加工技术的跟进。这就要求在对新产品进行质量策划时要综合考虑产品能进入下一个生命周期的相关技术参数,如产品的可再制造性、可回收性、可拆解性、性能升级性、经济性等。在对再制造产品进行质量控制时要严格遵循相关技术标准、工作标准和管理标准,以确保再制造产品的质量水平不低于同类新产品。

4. 再制造过程要追求低成本消耗

质量管理模式的变化,必然会导致质量成本的改变。质量成本由四部分组成:预防成本、鉴定成本、内部故障成本和外部故障成本。再制造生产质量成本和传统制造生产质量成本有一定的区别,若在对传统单一生命周期产品进行质量策划的

基础上加上产品的可再制造性设计,会造成预防成本的增加,因为再制造产品的原材料是废旧产品,回收以后要进行全检,此时,上游的供应商不再分担检验费用。对再制造企业来说,质量鉴定成本也较传统生产模式有所增加。在对废旧产品进行拆解、清洗等处理时,相应的质量保障费用也在增加。故障成本的增减并无定论,但是如果考虑再制造过程中采用先进的加工技术,可以保障产品质量水平在一个较高的层次,那么可以推断质量故障成本是下降的。总质量成本是增是减需要针对具体情况进行分析。在对再制造成本进行分析时,要考虑的因素并非只有质量成本,还包括原材料成本、逆向物流成本、库存成本、加工成本等,总成本的降低是对再制造经济效果的保证,因此如何在保证质量的同时不断降低质量成本也是再制造质量管理内容之一。

在具体工序及操作技术上对再制造过程进行质量控制已有相关文献进行说明,本章主要从管理的角度来探讨再制造质量管理的方法。基于以上分析,再制造质量管理的要求主要有如下方面。

1) 研发再制造专用技术及装备

再制造技术及设备的研发是再制造质量管理的硬件基础,从根本上保证了再制造产品及过程的质量。废旧产品或其零部件能否用于再制造,对其进行识别、检测、评估的方法至关重要,为了避免对废旧产品造成二次破坏,一般采用无损检测技术对其进行辨识评估,无损检测技术一般包括金属磁记忆、超声、涡流等。在废旧产品的损伤状态检测出来后,还要对其进行剩余寿命评估,以确定其是否可以满足下一个生命周期的需要,剩余寿命是再制造毛坯在规定条件下可以继续工作的时间,剩余寿命评估就是根据产品在规定条件下的失效机理、失效模式来估算产品的安全服役寿命,并提出产品材料性能改良及延长寿命的可行方法。产品的剩余寿命评估目前还没有相对成熟的规模化应用,对于再制造的质量保证是一个前决问题,需要根据再制造产品的特点有针对性地研发专用技术及设备。另外,在再制造成形过程中,根据再制造对象的不同,应选择不同的加工技术、加工工艺、成形材料等,为了提高再制造产品质量和再制造生产加工效率,也应有针对性地研发专用技术及装备。

2) 建立健全再制造技术标准及管理标准

标准化工作是质量管理的基础工作之一,标准是衡量产品质量的尺度,也是开展生产制造、质量管理工作的依据[10]。本书探讨的再制造标准包括再制造技术标准、工作标准和管理标准。技术标准包括再制造相关技术的物理规格和化学性能规范,用作质量检测活动依据。工作标准和管理标准内容广泛,包括再制造件的设计、回收、拆解、清洗、检测、再制造加工、组装、检验、包装等操作的规范性步骤、方法及管理依据。

再制造过程会受到各种因素的影响(见图 4.1),异常因素引起异常波动,偶然因素引起偶然波动(随机波动),如表 4.1 所示。建立再制造相关标准的目的之一就是在生产过程中为质量控制提供发现并消除异常波动、尽量减小偶然波动的依据,以确保再制造产品的质量达到要求[11]。

表 4.1　再制造生产过程波动原因

因素	异常波动	偶然波动
起因举例	机床或相关设备工作前预热不够	机床运行震动、工作环境温度变化
	工作电流供应不稳定	原材料尺寸、化学成分有随机差异
	设备磨损或没有进行定期检修及清洗	清洗液、电刷镀溶液浓度不同
	操作人员不专业或精力不集中	喷涂电压、喷涂电流的随机波动
	…	…

需要指出的是,再制造的对象产品不同(如汽车发动机再制造和轮胎再制造),则对应的产品再制造标准也不同,各类再制造企业应按照所生产的产品特点来选用合适的国家标准、行业标准或制定适合的再制造相关企业标准。表 4.2 为部分再制造相关的国际标准、国外标准及国内标准。

表 4.2　再制造相关的中国国家标准(部分)

标准编号	标准名称
GB/T 28618—2012	机械产品再制造　通用技术要求
GB/T 28619—2012	再制造　术语
GB/T 28620—2012	再制造率的计算方法
GB/T 31207—2014	机械产品再制造质量管理要求
GB/T 31208—2014	再制造毛坯质量检验方法
GB/T 32809—2016	再制造　机械产品清洗技术规范
GB/T 32810—2016	再制造　机械产品拆解技术规范
GB/T 32811—2016	机械产品再制造性评价技术规范
GB/T 33221—2016	再制造　企业技术规范
GB/T 33947—2017	再制造　机械加工技术规范
GB/T 34631—2017	再制造　机械零件剩余寿命评估指南
GB/T 35977—2018	再制造　机械产品表面修复技术规范
GB/T 35978—2018	再制造　机械产品检验技术导则
GB/T 35980—2018	机械产品再制造工程设计导则
…	…

3) 建立健全再制造质量管理体系

在标准化工作的基础上,以朱兰质量管理三部曲(质量策划、质量控制、质量改进)为指导思想,以通行的 ISO9000 族质量管理体系为参考,建立健全再制造质量管理体系。其中,体现质量策划工作是重点,由质量杠杆图可知,质量策划对产品寿命期的长短具有决定性的影响,因为质量策划决定了质量目标,质量策划也同样影响产品的可再制造性及其在多个生命周期的质量情况。为了实现再制造质量策划的目的,必不可少的后续工作是质量控制及质量改进,这里的控制不仅是技术方面的控制,也包括管理方面的控制。质量工具箱为上述各项工作提供了可用的方法和技术。

再制造质量管理体系确定了再制造管理职责,包括原材料管理,再制造产品实现过程管理,过程监控、改进等。各企业可以根据自己的实际情况建立再制造质量管理体系,相关部门也可以促进国家标准及对应的认证、审核程序的尽快出台,使再制造企业可以有选择地参考使用,这对于规范再制造行业的质量管理有重要的意义。

4) 建立再制造供应链网络

随着废旧产品回收逆向物流网络的建立及运行,目前对于再制造逆向物流网络建立及优化的研究并不多见,特别是在前向物流和逆向物流同时存在的情况下,物流系统的不完善造成了供应链网络构建的困难。在传统生产制造的供应链中,上游企业在质量管理方面要承担一定的质量预防费用,上游企业在向下游企业输送产品(原材料、半成品、成品等)时,要对产品进行出厂检验,下游企业在接收产品时虽然也要进行质量检验,但这是在供应企业出具质量管理体系认证认可资质基础上按照一定规则进行的抽检,检验费用相比再制造企业大幅降低。

在再制造生产模式下,对回收产品的质量检验主要由再制造企业来做。若能使产品的回收、储存、物流、加工前处理(拆解、清洗、打磨等)、再制造加工及再制造产品的营销等活动在全社会范围内开展,而不是由某一家或几家再制造企业包办,在这种情况之下,实行各项非核心工作的外包,则可以形成稳定而有活力的闭环供应链,社会分散了再制造的质量策划、质量控制等管理费用,如图 4.2 所示。

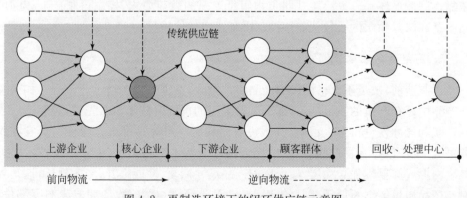

图 4.2　再制造环境下的闭环供应链示意图

图 4.2 中灰色方框区域为传统供应链网络,在产品走向一次生命周期终端时,

通过回收、处理中心进行产品回收、储存、加工前处理,然后由有能力的企业进行再制造,开始产品的下一个生命周期。图中的回收、处理中心可以是社会上新加入的企业,也可以是传统供应链中的某些企业。

要达到这个目标还需要不断地努力,可以考虑在社会上大力宣传再制造理念,实施产品回收激励措施,逐步扩大目标市场,争取更优惠的政策,以吸引更多有实力的企业加入再制造行业中。

4.3　再制造质量管理方法

再制造质量管理主要包括对再制造全过程的质量控制方法的研究,以及对再制造质量管理体系的建立等内容。

4.3.1　再制造质量控制内容

基于表面工程技术的中国特色再制造质量控制内容包括再制造毛坯质量控制、再制造成形过程质量控制、再制造涂层和再制造产品质量控制,如图 4.3 所示[12,13]。

再制造过程中,废旧产品作为毛坯,通过多种高新技术在废旧零部件的失效表面生成涂层,恢复失效零件的尺寸并提升其性能,获得再制造产品。因此,再制造产品的质量是由废旧产品(即再制造毛坯)原始质量和再制造恢复涂层质量两部分共同决定的。其中,废旧产品原始质量则是制造质量和服役工况共同作用的结果,尤其服役工况中含有很多不可控制的随机因素,一些危险缺陷常常在服役条件下生成并扩展,这将导致废旧产品的制造质量急剧降低;再制造恢复涂层质量取决于再制造技术,包含再制造材料、技术工艺和工艺设备等。再制造零件使用过程中,依靠再制造毛坯和修复涂层共同承担服役工况的载荷要求,控制再制造毛坯的原始质量和修复涂层的质量就能够控制再制造产品的质量。

1. 再制造毛坯质量控制

再制造前,质量不合格的废旧产品将被剔除,不进入再制造工艺流程。如果废旧产品中存在严重的质量缺陷,那么无论采用的再制造技术多么先进,再制造后零件形状和尺寸恢复得多么精确,其服役寿命和服役可靠性都难以保证。只有在服役过程中没有产生关键缺陷的废旧零部件才能够进行再制造,依靠高新技术在失效表面形成修复性强化涂层,使得废旧产品尺寸恢复、性能提升、寿命延长,这是再制造产品质量能够不低于新品的前提。针对已经历一个服役周期的废旧零部件,为保证再制造毛坯的质量,在失效分析基础上,综合采用多种无损检测技术手段,首先判断再制造毛坯表面和内部有无裂纹及其他类型缺陷。对于重要的关键零部

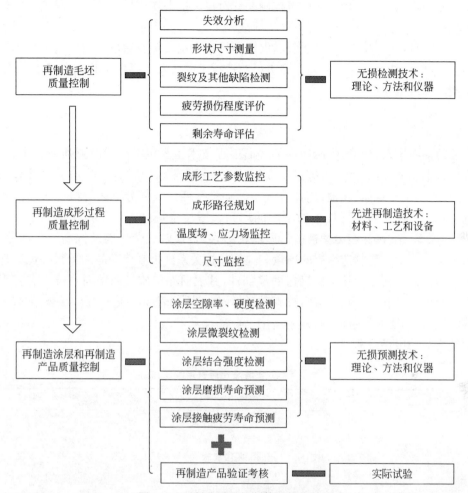

图 4.3　再制造质量控制体系构成简图

件,发现裂纹即判废,绝不再制造;对于未发现裂纹及其他超标缺陷的关键零部件,尚需采用先进无损检测技术评价其废旧损伤程度和再制造价值大小,确定能支持一轮或几轮服役周期;对于非重要承载零部件,根据失效分析理论,结合零件的标准分析缺陷状态,评价生成的缺陷是否超标,超标者不可再制造,不超标者才能进入再制造成形工序[14,15]。

2. 再制造成形过程质量控制

在再制造表面涂层的成形加工工序中,根据再制造毛坯质量评价结果,采用适当的再制造加工技术(纳米电刷镀技术、高速电弧喷涂技术、激光熔覆技术、微束等离子快速成形技术、自修复技术等),在毛坯损伤表面制备高性能的再制造涂层,形成再制造产品。这一环节的质量控制要针对再制造毛坯质量评估阶段发现的缺陷形状位置、尺寸大小和再制造零件的标准要求,选择和应用适宜的涂层材料和成形工艺,建立再制造技术的工艺规范,保证高性能涂层质量及涂层与再制造毛坯基体的良好结合,获得预期的性能。先进再制造技术的研发主要在实验室中完成,并在生产实践中考核[12,13]。

3. 再制造涂层质量控制

目前我国在再制造中所使用的表面工程技术主要包括高速电弧喷涂技术、纳米复合电刷镀技术、微纳米等离子喷涂技术、微弧等离子焊接技术、微脉冲冷焊技术等,主要用于缸体、曲轴、连杆等汽车发动机零部件及部分机床等机电产品的再制造加工。经表面工程技术加工后的产品关键质量特性主要包括涂层的组织形貌、孔隙率、结合强度、力学性能、硬度、耐磨性、抗接触疲劳性能及抗高温性能等,如表 4.3 所示。再制造涂层的质量和性能直接关系到再制造产品的服役性能。针对采用先进表面工程技术再制造的零部件,其表面涂层质量采用高新技术进行无损检测评估,利用超声、交流阻抗、声发射等技术评价表面涂层中的孔隙率、微裂纹等缺陷状态,同时评价硬度、残余应力、强度、涂层和基体结合情况等,综合给出再制造产品的服役寿命[16~19]。

表 4.3　再制造涂层质量影响因素

再制造工艺	关键质量特性	影响因素	涂层质量要求
高速电弧喷涂技术	喷涂层的组织形貌、孔隙率、结合强度、硬度、耐磨性等	表面预处理质量、喷涂工艺规范、压缩空气质量、雾化气流压力与流量、喷涂距离等	喷涂层表面无裂纹、翘起、脱落等现象
纳米复合电刷镀技术	刷镀层的表面形貌、结构特征及硬度、耐磨性能、抗接触疲劳性能、抗高温性能等	表面预处理质量、刷镀工艺规范、镀笔与工件的相对运动速度等	镀层应均匀,光泽鲜亮,且经过机械加工后镀层无脱落、掉皮、缺损现象,加工后的加工面镀层分布均匀,组织细密,即达到使用要求
微弧等离子焊接技术	焊接层的力学性能、合金成分、结合强度等	表面预处理质量、焊接工艺规范……	焊接层应表面均匀,敲击时无剥落、断层等现象发生,经过对焊接零部件的机械加工后,焊接层不出现脱落、剥离,经过200h磨合性能试验后焊接处完好,摩擦表面均匀,即达到使用要求

除此之外,通过台架试验或实车考核等对再制造产品进行整体综合评价。在再制造工艺、材料、质量控制手段优化固定或形成技术规范之前,针对首次获得的

再制造件,还必须通过台架试验或实车应用考核等进行综合考核试验,以确保所采用的再制造技术方案和质量控制方案能够保证再制造产品质量。

4.3.2　再制造质量控制方法

从再制造技术的角度来保证再制造过程的质量主要有合理制定各种加工工艺参数、正确选择再制造加工材料等内容。从管理的角度来讲,选择合适的质量控制方法也是当前再制造发展过程中亟须解决的问题之一。

在新品制造过程中,各种质量控制、质量改进方法和工具发挥着各自的作用,如统计过程控制等[20]。在再制造生产过程中,产品的质量特性影响因素呈现出多样化、复杂化的特点,另外,因为中国再制造产业处于发展的起步阶段,再制造的生产以企业试点的形式开展,还没有形成大规模批量化的生产,所以在实际情况中再制造的生产还呈现出小批量的特点,这些特点都决定了统计过程控制方法已不再完全适用于如今的再制造生产过程。当前,针对多品种、小批量的生产模式,人工神经网络、支持向量机等工具投入使用,并取得了一定的成果。这些工具的学习能力及泛化能力强、建模精度高,针对多影响因素的过程模拟能力较强,在某些方面可以用于再制造质量控制中,如质量预测[21,22]。

下面以微弧等离子焊接技术这一再制造工艺中等离子气流量对变极性等离子弧(variable polarity plasma arc, VPPA)电弧力的影响预测为例进行说明。在VPPA 焊接过程中,熔池液态金属主要受到熔池自身重力、表面张力及电弧力等的共同作用,这些力决定了熔池的形态及最后的焊缝成形,影响了最终产品的质量。VPPA 压力直接作用在熔池表面,对熔池的成形具有直接影响,而钨极内缩量、等离子气流量、正反极性电流及其频率等因素都对 VPPA 压力造成影响,其中等离子气流量的影响较为显著,开展相应的测量及预测工作将对实际工作具有一定的指导意义[23~25]。本章将基于 MATLAB 采用多项式回归、人工神经网络、支持向量机等方法对等离子气流量与 VPPA 压力的关系进行分析及预测。

在一定条件下,测得等离子气流量对 VPPA 压力的影响如图 4.4 所示。

分别用多项式回归模型、BP 神经网络模型和支持向量机预测模型对实际历史数据开展对比实验。在各项试验中均以序号为 1~13 的共 13 个实际历史数据作为已知样本,对序号为 14~16 的数据进行预测,并与相应序号的实际压力数据进行对比以评价各种方法的预测精度。

多项式回归模型阶次分别取 3 阶、5 阶,具体算法利用 MATLAB6.5 提供的polyfit 函数实现;BP 神经网络预测模型数序空间长度 n 取 4,实现算法由MATLAB6.5 中人工神经网络工具箱提供,其学习率 $\alpha=0.1$,训练步数设为 10000步,对应于数序空间长度的隐层神经元个数取 9。支持向量机回归算法可通过专用工具箱(http://asi.insa_rouen.fr/arakotom 下载)实现,其平衡因子 C 取 500,拟合精

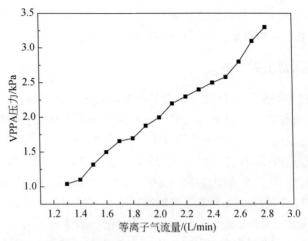

图 4.4　等离子气流量对 VPPA 压力的影响

度 ε 取 0.01,核函数均选用回归精度较高的径向基函数 $\psi(x, y) = \exp[-(s-y) \cdot$ $(x-y)^{\mathrm{T}}/2\delta^2]$,本算例中径向基参数 δ 取 0.1,定义均方误差 $\mathrm{MSE} = \sum\limits_{i=1}^{n}$ $(\hat{y}_i - y_i)^2/n$ 为检验指标,用于比较各方法回归预测精度,其中 $\hat{y}_i$ 为模型输出,y_i 为实测值,n 为样本个数。用所建的多项式回归模型、BP 神经网络模型、支持向量机模型对历史数据进行预测,结果如图 4.5 所示。

在对多项式回归模型、BP 神经网络模型及支持向量机预测模型测试时,先输入训练样本集检测模型的回归能力。由于这些样本在训练模型时已经使用,对模型而言其输出已知,因此这部分测试的实质是样本检验,不是严格意义上的预测,因此序号为 1~13 的数值严格讲应为样本回归检验,序号为 14~16 的数值才为预测值。

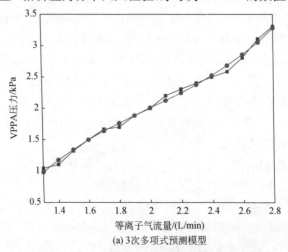

(a) 3 次多项式预测模型

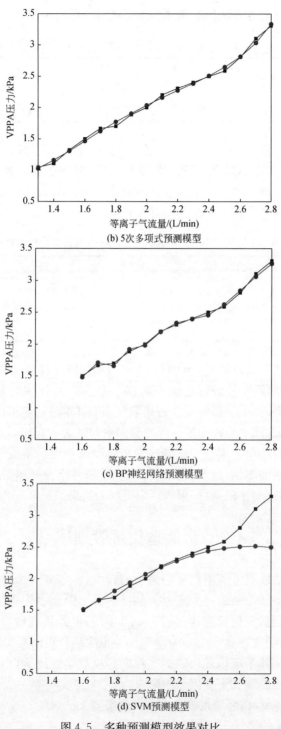

(b) 5次多项式预测模型

(c) BP神经网络预测模型

(d) SVM预测模型

图 4.5　多种预测模型效果对比

■— 实际值　　—●— 预测值

表 4.4 给出了上述方法构造预测模型的耗时和精度对比。

表 4.4　用多项式回归、BP 神经网络、SVM 方法构造模型的耗时与精度对比

建模方法	3 次多项式	5 次多项式	BP(9,1)	支持向量机
耗时/s	0	0	20.1	0.3
均方误差	2.4×10^{-3}	5.0×10^{-3}	1.1×10^{-3}	3.4×10^{-3}

由表 4.4 可以看出,多项式回归在建模上耗时最少,SVM 次之,BP 神经网络建模耗时较多,远远多于多项式回归及 SVM;在建模精度上,5 次多项式模型拟合均方误差最大,BP 神经网络模型误差最小,3 次多项式与 SVM 拟合误差相当。

各方法的预测结果的相对误差如表 4.5 所示。

表 4.5　多项式回归、BP 神经网络、SVM 预测结果相对误差对比（单位:%）

序号	3 次多项式	5 次多项式	BP(9,1)	支持向量机
14	1.8	0.4	1.4	10.3
15	1.6	2.3	1.3	19.0
16	0.6	0.6	1.2	24.2

由图 4.5 和表 4.5 可知,利用 BP 神经网络预测模型和多项式回归预测模型进行数据预测的误差较小,能较好地反映数据的变化趋势,且利用 BP 神经网络预测模型的误差较为平均,下一步的工作可选取更多的样本进行建模及预测,如果相对误差依然相差不大,那么可以采取一个补偿函数对其进行补偿,以获取更高的预测精度及更好的预测结果。本例中支持向量机模型虽然建模精度较好,但是在泛化能力方面存在一定的不足,这与支持向量机参数的确定及样本数量的多少有一定关系,在实际运用中要加以调整,可以获取更好的结果。

4.4　再制造质量管理体系

再制造产品的质量管理不仅要有适合的技术,也需要一个健全的质量管理体系来进行保障。ISO9000 系列标准为企业提供了一个质量管理体系的框架,再制造企业在建立再制造质量管理体系时应参考使用,但是再制造企业的再制造生产具有诸多特殊性,因此在参考 ISO9000 的同时也要结合再制造实际。

采用质量管理体系应该是再制造企业的一项战略性决策,再制造企业质量管理体系的设计和实施受到下列因素的影响:

(1) 企业的环境,该环境的变化或与该环境有关的风险。

(2) 企业变化的需求。

（3）企业的特定目标。

（4）企业所采用的过程方法。

（5）企业提供的产品。

（6）企业的规模和组织结构。

图 4.6 所示的以过程为基础的质量管理体系模式反映了在规定输入要求时，顾客起着重要作用。对顾客满意的测量，要求再制造企业对顾客关于组织是否已满足其要求的感受进行评价。

再制造企业应至少识别图 4.6 所示的过程，以建立质量管理体系。

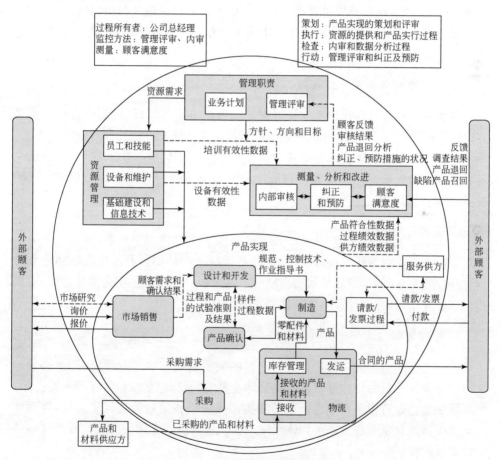

图 4.6　以过程为基础的质量管理体系模式

再制造质量管理体系规定的过程包括管理过程、核心过程和支持过程。管理过程是指再制造产品的质量策划、质量控制、质量改进过程；核心过程是指再制造产品的设计研发、生产制造、市场营销过程；支持过程是再制造生产过程中为管理过程、核心过程提供支持必不可少的过程。

4.4.1　管理过程

1. 质量管理体系策划

再制造企业首先应在工商行政主管部门注册登记,领取营业执照或变更经营业务范围后,增加再制造产品经营范围,方可从事再制造业务。

再制造质量管理体系应是针对再制造企业建立的,质量管理体系应是针对再制造产品的控制,或在原质量管理体系的基础上增加再制造产品范围。

质量体系策划的输出应包括文件化的质量方针和质量目标、质量手册、程序文件、三层次文件及质量记录。

2. 质量方针和质量目标策划

再制造企业的最高管理者应就再制造项目确定质量方针,再制造企业的质量方针应体现加快发展循环经济、建设节约型社会和环境友好型社会的宗旨。

再制造企业的最高管理者必须确保在企业相关职能和层次上建立质量目标。再制造企业的质量目标应确保再制造产品的质量特性符合原型新品相关标准的要求。

3. 业务计划策划

再制造企业应进行市场分析,制定针对再制造产品销售的市场战略和业务计划,使再制造企业逐步形成可依靠再制造产品盈利。再制造企业应制订短期、中期和长期业务计划,并定期评审业务计划完成情况。

4. 管理评审

再制造企业应定期对覆盖再制造产品的质量管理体系进行评审,评审必须包括评价企业的质量管理体系改进的机会和变更的需要,包括质量方针和质量目标。

再制造企业应根据再制造企业的架构正确识别和策划管理评审会议,管理评审会议应是能对企业资源提供和体系策划或改进起决定作用的会议。管理评审的记录必须保留。

5. 内部审核

再制造企业应策划内部审核过程,至少一年进行一次。内部审核应包括产品审核、制造过程审核(工艺审核)和体系审核。

产品审核应覆盖所有再制造的产品,并覆盖所有尺寸和性能,策划时应结合考虑全尺寸检验(包括试验)的策划。制造过程审核(工艺审核)应包括再制造产品工艺流程中的所有制造过程(工艺)。产品审核和制造过程审核的结果应作为再制造企业体系审核的输入,体系审核要求运用过程方法来进行。

6. 纠正和预防措施及持续改进

再制造企业应采用适当方法对再制造过程中出现的不合格品进行原因分析,在产品设计和工艺(制造过程)设计及检验和试验能力方面持续改进,并将相关信息输入到制程失效模式及影响分析(process failure mode and effects analysis,PFMEA)、设计失效模式及影响分析(design failure mode and effects analysis,DFMEA)和控制计划(control planning,CP)中。

再制造企业应根据各种反馈结果完善和提高再制造产品设计、工艺开发和再制造生产的能力,逐步达到和提高产品可靠性等质量目标。

4.4.2　核心过程

1. 授权

再制造企业生产的产品须获得原生产企业的授权。

授权应形成书面文件,内容应明确:

(1) 设计资料的授权、技术资料的保密要求、采购和销售环节的授权、三包约定、召回约定等相关产品质量责任约定。

(2) 再制造产品的技术性能和安全质量应符合原型新品相关标准的要求。

(3) 再制造产品的保修标准和责任应达到原型新品同样的要求。

(4) 再制造企业和授权企业对再制造产品的质量所承担的责任,明确所承担的保修责任和售后服务。

应对该授权合同及相关要求进行评审。评审内容应包括对上述相关授权要求的评审,保证再制造产品满足顾客的要求。

再制造企业在进行新再制造产品的合同评审时,必须对制造可行性进行分析,包括风险分析。另外,授权合同中应明确相关产品技术资料的保密要求,再制造企业应策划相关技术资料的借阅要求。

2. 市场分析

再制造企业应确保相关程序主动、准确、及时收集再制造产品的质量信息,并将市场反馈质量信息传递到设计部门,作为再制造产品制造过程(工艺)的改进输入信息。

再制造企业应利用各种渠道收集再制造产品定期维护数据和再制造产品维修

数据,制订顾客满意度评价方法,着重体现再制造产品的质量特性符合原型新品相关标准的要求。

3. 产品和过程设计开发

再制造企业应具备产品再制造的相关技术质量标准和生产规范,再制造产品的质量特性应符合原型新品相关标准的要求。

再制造企业制造本企业的再制造产品时,应明确再制造产品的产品和过程(工艺)设计责任由本企业承担;取得授权的再制造非本企业生产的产品的再制造企业,应明确授权企业承担再制造产品的产品设计责任,被授权企业承担再制造过程(工艺)的产品设计责任。

再制造企业如果对授权企业或本企业提供的产品图纸中的尺寸和技术要求进行更改,那么必须进行设计验证、评审、确认,并承担相关的产品设计责任,同时应明确再制造企业产品和过程(工艺)设计的设计部门、岗位、职责。

4. 产品和过程确认

应采用试验对再制造企业进行的产品设计、产品设计更改、制造过程(工艺)设计、制造过程(工艺)更改进行确认,确保再制造产品的质量特性符合原型新品相关标准的要求。经过确认的再制造产品的产品和制造过程(工艺)的技术规范、公差及工艺参数应输入控制计划中,并动态更新。

5. 制造

再制造企业应根据产品质量先期策划(advanced product quality planning,APQP)、控制计划制订现场作业指导书,供影响产品质量的过程操作人员使用。作业指导书应覆盖再制造全过程(工艺流程),并在再制造现场提供有效版本,及时进行动态更新。

6. 产品交付及结算

再制造企业自己或委托其他企业在销售、使用再制造产品时有责任主动向消费者说明产品为再制造产品,并提供再制造产品的质量合格证明和质量保修证明。再制造企业应制订合理的结算制度,确保再制造企业资金的正常运转。

7. 召回过程及应急计划

再制造企业应按照授权企业的要求和国家市场监督管理总局(原国家质检总局)关于召回的相关要求建立自身的召回程序,规定召回的具体实施方法,并与相关销售企业在合作协议中明确相关的义务和责任。再制造企业应制订应急计划应对召回事件,及时主动开展缺陷产品召回工作。

4.4.3　支持过程

1. 文件管理

再制造企业应建立文件管理程序,技术工程文件应包括产品再制造的相关技术质量标准和生产规范。

2. 记录管理

再制造企业应对再制造的相关记录进行管理和控制。再制造企业应保存和管理有关再制造产品的进货、出货及成品中再制造零部件的相关信息。

3. 人力资源管理

再制造企业中与再制造产品质量有关的工作人员应具备相关的能力、符合相关法律法规的要求、具有策划管理体系的能力。再制造技术部门的人员应掌握再制造产品相关工程规范的要求,能运用质量工具从事再制造产品工艺设计。质量管理部门人员应熟练掌握并策划再制造产品从零部件检验、过程检验到成品检验的规范要求。内审人员应具有策划和审核再制造企业产品、制造过程和体系的能力。

4. 基础设施管理

再制造企业应具备符合再制造产品范围的制造设施和环保等基础设施。再制造企业应跟随再制造产品和制造工艺变化,在完成技改项目的同时,完善相关制造和环保基础设施的改造。这些变更应与 APQP 的进度相符,并在现场能被验证。

5. 工作环境管理

再制造企业应按环保法的要求在规定时间内完成环评、批复和验收工作。尤其是在扩充再制造产品经营范围时,在规定期限内完成环评、批复和验收的更改。再制造企业应针对再制造工艺状况并随再制造工艺更改及时申报、评估和获得批复及验收。环评批复有效期过后,若再制造企业还不能通过验收,批复将作废。

6. 设备管理和工装管理

再制造企业应具备拆解、清洗、制造、装配等方面的技术装备和生产能力,并提供与现场一致且符合上述要求的设备清单。再制造企业应根据设备使用说明书策划设备的保养计划和保养项目,并按策划实施保养,以确保制造设备的完好,保证正常生产。

7. 采购过程和供应商管理及外协管理

再制造企业应通过售后服务体系回收废旧零部件用于再制造,或通过授权企业原产品的销售或售后服务网络回收废旧零部件进行再制造。再制造企业应按照相关规定对供应商进行评价,从有资质的回收企业收购废旧零部件。再制造企业利用国际贸易进口国外废旧零部件进行再制造的,应符合国家有关产业政策、进口废物环保控制及海关、质检等相关规定,防止有毒有害废物进口,再制造企业应能提供每批次采购旧件的相关手续。

再制造企业应区分策划拆解的废旧零部件和更新件的进货检验要求。对于拆解的废旧零件,再制造企业应具备对应的检测手段,再制造企业应策划拆解废旧零部件的检验方法和检验规程,并输入控制计划。对于更新件,再制造企业可以采用供应商提供的检验报告,或自行检测,也可以委托第三方检测。更新件应源于授权企业的合格供应商,合格供应商名单应在授权合同或附件中明确。例如,再制造企业自行更换供应商,供应商应符合授权企业的生产件批准程序(production part approval process,PPAP)。

即使再制造企业使用授权企业的合格供应商,仍不能免除再制造企业的质量责任。

8. 产品检验和试验及生产一致性控制

再制造企业应具备检测鉴定废旧零部件及再制造成品主要性能指标的技术手段和能力,并应列明再制造企业实际具备的可鉴定的废旧零部件清单、可再制造的零部件清单及可检验的再制造成品清单,并根据这些清单策划产品的检验规程。再制造企业应结合 APQP,在零部件控制计划中体现策划的检验要求,如产品尺寸公差、量具、检具、抽样方案、接收准则等。再制造企业应将制造过程(工艺)的控制要求体现在控制计划中。在控制计划中,针对再制造成品的性能检验项目应结合具体要求规定例行检验和型式试验的频次。

9. 服务管理

再制造产品除保留授权企业商标外,还应加注再制造企业商标,再制造产品应按照国家相关标识制度的有关规定进行标识。再制造企业应策划记录并注明再制造产品中,哪些零部件是再制造产品,哪些是更新件,以便区分再制造企业的质量责任和供应商的质量责任。

参 考 文 献

[1] Nasr N, Hughson C, Varel E, et al. State-of-the-art Assessment of Remanufacturing Technology-Raft Document[R]. Rochester:Rochester Institute of Technology, 1998.

[2] 夏乐天. 马尔可夫链预测方法及其在水文序列中的应用研究[D]. 南京:河海大学, 2005.

[3] Guide V D, Jayaraman V, Srivastava R. Production planning and control for remanufacturing: A state-of-the-art survey[J]. Robotics and Computer- Integrated Manufacturing, 1999,15: 221-230.

[4] 邢忠,谢建军. 汽车发动机再制造质量控制及效益分析[C]//机电装备再制造工程学术研讨会,济南, 2004:10-17.

[5] 邢忠,冯义成,姜爱良. 表面工程技术在发动机再制造上的应用[C]//机电产品再制造工程学术研讨会,济南, 2004:18-23.

[6] Guh R S, Hsieh Y C. Aneural network based model for abnormal pattern recognition of control charts[J]. Computer & Industrial Engineering (S0360-8352), 1999, 36(1): 97-108.

[7] Guh R S. Integratingartificial intelligence into on-line statistical process control [J]. Quality and Reliability Engineering International (S0748-8017)', 2003, 19(1): 1-20.

[8] Bras B. Towards design for remanufacturing-metrics for assessing remanufacturability [C]// Proceedings of the 1st International Workshop on Reuse, Eindhoven,1996.

[9] Ferrer G, Ayres R U. Theimpact of remanufacturing in the economy[J]. Ecological Economics, 2000,32: 413-429.

[10] 陈荣秋, 马士华. 生产与运作管理[M]. 2 版. 北京:机械工业出版社, 2008.

[11] 张公绪, 孙静. 新编质量管理学[M]. 2 版. 北京:高等教育出版社, 2002.

[12] 徐滨士,等. 再制造与循环经济[M]. 北京:科学出版社, 2007.

[13] 徐滨士,等. 装备再制造工程的理论与技术[M]. 北京:国防工业出版社, 2007: 1, 2.

[14] Wang D, Xu B S, Dong S Y, et al. Discussion on background magnetic field control in metal magnetic memory testing[J]. Nondestructive Testing, 2007,2: 71-73.

[15] Shi C L, Dong S Y, Xu B S, et al. Stress concentration degree affects spontaneous magnetic signals of ferromagnetic steel under dynamic tension load[J]. NDT & E International, 2010, 43(1):8-12.

[16] Cheng J B, Liang X B, Chen Y X, et al. Residual stress in electric arc sprayed coatings for remanufacturing[J]. Transactions of the China Welding Institution, 2008, 29(6): 17-20.

[17] 陈永雄,徐滨士,许一,等. 高速电弧喷涂技术在装备维修与再制造工程领域的研究应用现状[J]. 中国表面工程, 2006, 19(5): 169-173.

[18] 胡振峰,董世运,汪笑鹤,等. 面向装备再制造的纳米复合电刷镀技术的新发展[J]. 中国表面工程, 2010, 23(1): 87-91.

[19] 姜祎,徐滨士,吕耀辉,等. 等离子焊接在再制造工程中的应用前景[J]. 中国设备工程, 2010,5: 52, 53.

[20] 余忠华,吴昭同. 控制图模式及其智能识别方法[J]. 浙江大学学报(工学版), 2001,

35(5)：521-524.

[21] 乐清洪，赵骥士，朱名铨. 人工神经网络在产品质量控制中的应用研究[J]. 机械科学与技术，2000，19(3)：433-435.

[22] 祁亨年. 支持向量机及其应用研究综述[J]. 计算机工程，2004，30(10)：6-9.

[23] Jiang Y，Xu B S，Lv Y H，et al. Experimental analysis on the variable polarity plasma arc pressure [J]. Chinese Journal of Mechanical Engineering，2011，24(4)：607-611.

[24] 姜祎，徐滨士，吕耀辉，等. 变极性等离子电弧压力的影响分析[J]. 焊接学报，2009，30(11)：25-28.

[25] 姜祎，徐滨士，吕耀辉，等. 变极性等离子焊接电弧压力的径向分布[J]. 焊接学报，2010，31(11)：17-20.

第 5 章　再制造认证管理

5.1　再制造认证的必要性

再制造技术起源于欧美地区,已有五十多年的发展历史,如今,再制造在欧美已经发展成为一个巨大的产业,从技术标准、生产工艺、加工设备、供应、销售和售后服务已形成一套完整的体系,积累了成熟的技术和丰富的经验,而且已形成足够的规模,欧美等发达国家的再制造工程已深入汽车、工程机械、工业设备、国防装备、电子电器等各个领域,其中规模最大的为汽车及其零部件再制造,其产业比例份额为 56%。

目前,我国政府和社会各方都极为关注再制造行业的发展,因为汽车及其零部件再制造在迫切性、技术及产业规模发展上可行性较高,国家于 2008 年确定了 14个汽车及其零部件再制造试点企业,并在 2009 年颁布的《中华人民共和国循环经济促进法》中确定了国家支持企业开展机动车零部件、工程机械、机床等产品的再制造。目前,我国现有规模的几家再制造试点企业在再制造技术和生产能力方面已经处于国内领先地位,质量保证能力也较强,质量管理机制较为完善。

作为制造大国,我国设备资产存量已超过万亿元,加之每年报废的大量机械类产品、电子电器产品,为再制造产业的形成提供了丰富的物质基础。在我国工程机械、电子电器产品及相关工业设备市场中,不同档次的产品存在不同的用户群,多样化的需求也使再制造产业的建立成为可能,为开展相应的装备再制造并实现产业化的经济规模创造了有利条件。随着我国积极推进能源节约型和环境友好型"两型社会"的建设,为了进一步促进再制造产业的发展,工业和信息化部于 2009年 11 月启动了包括工程机械、矿采机械、机床、船舶、再制造产业集聚区等在内的 8大领域 35 家企业参加的再制造试点工作,为加快发展我国再制造产业又迈出了重要一步,第一批 35 家机电产品再制造试点单位如表 5.1 所示。

尽管我国的汽车零部件再制造行业已经有了良好的开端,但是该行业的发展还有很长的路要走。以汽车及其零部件再制造为例,中国汽车工业协会统计的数据显示,2010 年再制造产能为:再制造发动机约 11 万台,再制造变速器约 6 万台,再制造发电机、启动机约 100 万台,与再制造发达国家差距甚远。美国汽车零部件再制造年产值已经超过 500 亿美元,形成了一个产业,而我国再制造业的年产值仅3 亿多美元,且每年再制造发动机的台数远远小于每年报废汽车 200 多万辆的数量。

表 5.1　工业与信息化部批准的机电产品再制造试点单位名单(第一批)

产品领域	企业名单
工程机械	徐工集团工程机械有限公司、武汉千里马工程机械再制造有限公司、广西柳工机械有限公司、卡特彼勒再制造工业(上海)有限公司、天津工程机械研究院、长沙中联重工科技发展股份有限公司、三一集团有限公司
工业机电设备	上海宝钢设备检修有限公司、哈尔滨汽轮机厂有限责任公司、中国第一重型机械集团公司、西安西玛电机(集团)股份有限公司、湘电集团有限公司、安徽皖南电机股份有限公司、沈阳大陆激光技术有限公司
机床	重庆机床(集团)有限责任公司、武汉重型机床集团有限公司、青海一机数控机床有限责任公司、武汉华中自控技术发展有限公司
矿采机械	山东泰山建能机械集团公司、新疆三力机械制造有限公司、宁夏天地奔牛实业集团有限公司、胜利油田胜机石油装备有限公司、北京三兴汽车有限公司、成都百施特金刚石钻头有限公司、松原大多油田配套产业有限公司
铁路机车装备	哈尔滨轨道交通装备有限责任公司、山西汾西重工有限责任公司、中国北车集团大连机车车辆有限公司、洛阳 LYC 轴承有限公司
船舶	大连船用阀门有限责任公司
办公信息设备	珠海天威飞马打印耗材有限公司、山东富美科技有限公司、富士施乐爱科制造(苏州)有限公司
再制造产业集聚区	湖南浏阳制造产业基地、重庆市九龙工业园区

再制造行业拥有广阔的前景,发展潜力极大,而目前国内再制造产业的发展规模依然较小,仅有汽车及其零部件形成了一定的规模,且再制造汽车零部件行业的发展比较缓慢,重要原因之一就是再制造产品无法获得消费者的认可,消费者潜意识里认为再制造产品无法达到新品的性能、质量,而通过认证的手段可以解决这个问题,为再制造企业和消费者之间建立信任的桥梁[1~3]。

由此看来,我国的再制造行业处于刚刚起步阶段,废旧零部件的回收和再制造过程中关键环节控制及再制造产品为社会各方采信等方面的关键问题没有得到全面解决,各企业的生产能力、技术水平和质量管理水平良莠不齐,缺乏统一的生产模式、检测标准、技术规范及评定准则。通过认证可以解决目前再制造的困境,为生产者和消费者之间建立信任的桥梁。

(1)可以规范生产、统一检测标准、统一评价规则、统一产品标识,保证再制造企业持续稳定地出产合格的再制造产品,减少不合格的再制造产品流入汽车的售后市场。

(2)可以促使企业建立健全质量保证体系和环境管理体系,增强企业竞争力,对再制造企业有效地进行产品质量保证和环保达标能力等方面的监督,防止再制造过程中二次污染的发生,推进绿色新兴再制造工程发展和再制造行业健康有序地发展。

(3) 可以保证用户方便地辨识和购买价廉物值的再制造零部件产品,在一定程度上还能抑制假冒伪劣的零部件大量流入售后市场,维护用户和消费者的权益。

(4) 可以为主管部门提供技术支撑,促使再制造产品为社会各方所采信,协助国家相关部门进行再制造产品方面监管措施的落实,大幅减少再制造产品造成的安全隐患。

目前,国家发展改革委发布了《汽车零部件再制造试点暂行管理办法》,工业与信息化部颁布了《再制造产品认定暂行管理办法》,为中国再制造产业的认证认可提供了探索基础。

5.2　再制造的认证模式

认证认可是国家发展战略的重要组成部分,是国家重点领域发展战略目标实现的重要技术支撑,对各行业领域的产品和服务质量、技术能力和管理水平起着重要的把关和促进作用。随着我国大力倡导循环经济及再制造行业的兴起,开展再制造产品及过程认证技术研究和进行再制造企业的认证示范,对于保证再制造产品质量、规范再制造行业、保障消费者权益、为国家相关部门提供技术支撑和认证采信,从而进一步促进再制造行业的健康发展具有重要意义。

认证模式是合格评定的不同程式或合格评定程序的不同方式。只有首先确定了认证模式(合格评定程序),才能根据认证的不同阶段,针对不同阶段的要求,制定认证活动的程序、规则和要求。ISO 出版的《认证的原则与实践》一书,将国际上通用的认证模式归纳为以下 8 种(表 5.2)。

第一种认证模式——型式试验。按规定的方法对产品的样品进行试验,以验证样品是否符合标准或技术规范的全部要求。

第二种认证模式——型式试验＋认证后监督(市场抽样检验)。市场抽样检验是从市场上购买样品或从批发商、零售商的仓库中随机抽样进行检验,以证明认证产品的质量持续符合认证标准的要求。

第三种认证模式——型式试验＋认证后监督(工厂抽样检验)。工厂抽样检验是从生产厂发货前的产品中随机抽样进行检验。

第四种认证模式——第二种和第三种认证模式的综合。

第五种认证模式——型式试验＋质量体系评定＋认证后监督(质量体系复查＋工厂、市场抽样检验)。

第六种认证模式——质量体系评定＋认证后的质量体系复查。

第七种认证模式——批量检验。根据规定的抽样方案,对一批产品进行抽样检验,并据此对该批产品是否符合要求进行判断。

第八种认证模式——100％检验。

表 5.2　认证模式

认证模式	型式试验	质量体系评定	认证后监督		
			市场抽样检验	工厂抽样检验	质量体系复查
1	√				
2	√		√		
3	√			√	
4	√		√	√	
5	√	√	√	√	√
6		√			
7	批量检验				
8	100％检验				

随着欧盟的"新方法"指令不断出台和实施,另一种合格评定模式——符合性声明也逐渐为人们所认识和接受。目前市场所说的符合性声明一般是指制造商的符合性声明,即由制造商通过符合性声明表明产品符合相应标准或有关技术法规。符合性声明一般要附加支持性信息,使声明与其所依据的合格评定结果相关联。支持性信息可以依据第三方试验出具的检测报告,也可以依据制造商自己的检测结果。无论如何,符合性声明不能免除制造商满足相关法规的责任,并且这种声明通常需要有效的市场监督加以辅助。例如,欧洲统一(conformite Europeenne, CE)标志是法规符合性标志,已加贴 CE 标志进入欧盟市场的产品,如发现不符合要求的,要责令从市场收回并视轻重处以罚款,持续违反 CE 标志规定的,将被限制或禁止进入欧盟市场。因此,虽然 CE 标志并非认证标志,但是为了降低风险,国内厂家往往通过一些权威认证机构的支持性技术文件做出 CE 声明,而使产品在市场上更具有竞争力。符合性声明不是一种认证模式,它是对产品认证的一种完善和补充。

ISO 提出了上述 8 种认证模式,对于具体的认证对象,应选择哪种认证模式则缺少明确的指引。认证是一种由第三方确认产品、过程或服务符合特定要求并给以书面保证的程序,涉及生产厂、销售商、消费者和认证机构等多方利益,认证模式的选择尤显重要。单从风险防范角度出发,最全面的认证模式当然是最安全的,但从认证成本的角度来看,却可能是不可接受的。因此,针对某一具体的认证对象,选择的认证模式是否合适,基于对认证的风险性分担、认证成本投入、认证效果评估等因素的综合分析,认为应从认证结果的可信度、认证活动的可操作性、认证的风险性及经济性进行综合评估,在保证认证结果可信的基础上,在认证参与各方可接受的风险范围内,追求认证参与各方的成本最小。既要避免无限制追求风险最小,导致采用尽可能全面、复杂的认证模式,增加认证成本,也要防止过分追求低认证成本而导致认证风险超出可接受的范围。

目前我国基本采用第五种认证模式,实践证明了认证的有效性和可信度,认证的操作性良好,经济性适度,认证风险可控。因为再制造产品的特殊性,在进行充分认证技术研究和风险评估分析的基础上,根据我国再制造行业的基本情况和再制造零部件产品的特点,以及我国目前的相关法规和国家对再制造领域的政策发展趋向,提出完善的综合认证操作模式,是当前再制造产业发展过程中亟须解决的问题之一。

根据实际情况进行调研和分析,再制造产品认证采用第五种认证模式——型式试验+工厂质量体系评定+认证后监督,初始工厂检查应含质保体系和环保体系的审核,监督检查应采用飞行检查及现场抽样检测,同时根据产品的不同分别选取不同的认证操作模式。

1. 第三方认证结合技术可行性评审或第二方审核相结合的模式

对于非通用类的再制造零部件,因产品的结构设计、材料要求等技术性能的基本要求均来自整机企业或者 OEM 零部件工厂,而且这些再制造零部件也全部用于原配整机售后维修,第二方在参数管理、制造规范上有明确的要求,并进行第二方审核,而且再制造企业为不同的委托方服务时,委托方的技术、质量要求有所差别,而第三方认证操作模式基本一致,质量控制和质量保证要求一致,评价标准统一,认证结果公平、公正。因此,采取第二方审核和第三方认证的认证操作模式,能够使再制造产品认证的可操作性更强,认证有效性更能保证。认证中第二方与第三方的工作内容和要求应在产品认证实施规则中予以明确,适合这种方式的有发动机、变速箱等汽车零部件产品。

对于再制造产品认证,因其产品结构复杂,使用寿命周期较长,对整机的质量性能、安全环保性能等影响大,认证除有证书外还有符合性声明——一致性证书,以便整机用户的选择使用和相关管理部门的管理。

对于未得到原生产商授权的独立再制造企业,因缺少第二方审核环节和整机厂的技术支持,应在认证流程上进行严格的质量控制,在认证申请阶段进行技术可行性评审,以确保其质量保证能力及生产能力达到再制造产品的要求;在工厂审核时应进行全条款审查,确保质量保证体系达到或超过原机的要求,型式试验要进行全项试验,包括可靠性试验,保证再制造产品的性能和质量不低于原型新品的水平。

2. 认证过程采用产品认证和体系认证相结合的模式

再制造产品有其特殊性,其使用报废的零部件进行再制造,报废件的拆解、清洗、废物处理及再制造的加工过程中都有二次污染的防治及监管问题,而且再制造零部件产品的质量保证体系建设不容忽视。根据产品的不同、企业需求的不同,可以采用产品认证、体系认证联合进行的操作模式,即产品认证+质量体系认证。产品认证与体系认证一体化的方式高效、方便,而且可以节省认证费用。

鉴于再制造生产的特殊性和国家建设环境友好型社会的要求,应建议再制造产品认证结合环境管理体系认证同时进行,以达到二次污染的防控目的。

认证模式采用技术可行性评审或第二方审核和第三方认证结合的优化模式,认证机构可以为再制造企业进行一体化认证服务,企业可以一次认证取得多项证书认证,减少了企业负担,提高了监管效率。

认证实施规则是对机电产品再制造过程的基本要求,申请认证者应保证执行本规则并接受认证检查。认证机构根据审查报告的情况,为符合标准的生产厂颁发再制造产品认证证书,并授权他们在再制造产品上使用认证标志。

再制造产品认证模式如图5.1所示。

5.3　再制造认证工作的形式及措施

再制造认证认可工作的开展对于再制造当前面临问题的解决有积极的促进作用,再制造认证认可工作所采取的形式通常有以下三种[4~8]。

5.3.1　再制造产品的认证

再制造产品的质量、性能水平不应低于同类新品。为了保证使用者的利益,再制造产品的质量水平应有明确的规定,不能把只具有翻新水平的二手产品充当再制造品直接交付市场。因此,再制造企业在向顾客交付产品时应明示其产品是否为再制造品,同时应证明其质量水平达到了相关要求。

认证认可可以在国内及国际贸易中保护相关方的利益,对再制造产品进行认证可采取以下办法。首先,企业应具有相应的再制造设备、再制造工艺手段、再制造技术规范及再制造标准指标体系及试验方法,从流程的角度来保证产品的质量。其次,社会相关部门应对再制造企业所生产的产品进行型式试验和质量保证,采用的方法可以是型式试验、型式试验加认证后监督——市场抽样检验、型式试验加认证后监督——供方抽样检验及型式试验加认证后监督——市场和供方抽样检验,也可以采取类似中国强制认证(China compulsory certification,CCC)的方式来规范和促进企业生产出合格的再制造产品。具体的型式试验如下所示。

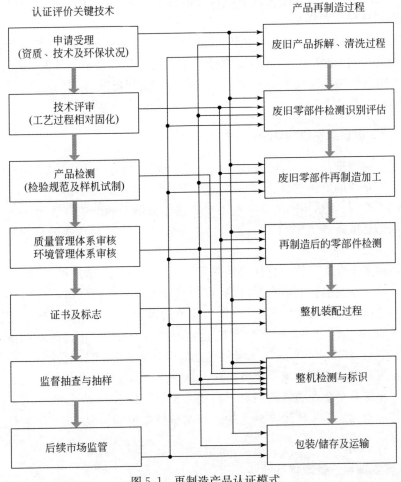

图 5.1　再制造产品认证模式

（1）应在提交认证资料并确认试验方案后进行，试验完成后出具符合本规则要求的认证型式试验报告。

（2）一般情况下，产品送样试验应在初始工厂审查前进行。为方便委托人，产品送样也可以和初始工厂审查同时进行。

（3）对于有原制造商授权并提供技术保证的再制造产品，生产厂应提供相关检测报告或原制造商出具的再制造产品符合性证明。

（4）认证单元中只有一个型号的，抽此型号的样品。以多于一个型号的产品为同一认证单元申请认证时，应由认证机构从中选取具有代表性的一个典型型号进行检测，其他型号需要时进行差异试验。

（5）样机在工厂生产的合格品中（包括生产线、仓库）随机抽取。

（6）送样检验的产品应保证所有涉及的再制造零部件(尺寸恢复法/换件法)都应用到了送样试验样品上。

（7）原则上,抽取的样品送指定的检测机构进行试验。工厂具备认证机构认可的检测能力时,检测机构可以派遣检验人员借用工厂的检测设备进行型式试验。

（8）检测机构应按规定格式出具试验报告。认证批准后,申请人凭证书在检测机构领取一份试验报告。

5.3.2　再制造企业资质的认证

为了使再制造获得良好的发展环境,不仅要对再制造产品的质量进行认证,还要对再制造企业的资质进行认可。再制造的技术含量较高,对环境和社会贡献大,与传统的大修、翻新是不同的。一些不具备再制造能力的企业打着再制造的旗号实际开展的是维修的工作,不仅对再制造的发展造成影响,更重要的是使消费者的利益受到极大损害。

对再制造企业的资质进行认可通常采取以下办法。一是从设备、技术及人员配备上来衡量企业的再制造水平,以确保该企业具备开展再制造的能力。不同于国外的换件修理法或尺寸修理法(减法),我国的再制造技术主要是基于先进表面工程技术(加法),对企业素质要求较高,这是再制造产品质量保证的基础条件。二是从资源节约、环境保护的角度来考察企业的再制造水平,可以利用再制造率的概念来衡量再制造企业的环境及社会贡献,如利用计数再制造率、计重再制造率及计价再制造率来考察企业的资源回收再利用及价值再创造的情况,同时还可以结合再制造环境指标体系来衡量再制造的废弃物排放减少的情况,以体现企业开展再制造的意义。

5.3.3　再制造企业管理体系的认证

为了使再制造企业的相关资源得到最大化利用,以及确保具备持续提供优质再制造产品的能力,除再制造设备、技术及人员的配备外,一套规范而灵活的再制造管理体系必不可少。再制造管理体系的内容包含再制造设备管理、再制造技术/工艺管理、再制造生产管理、再制造质量管理、再制造人力资源管理及再制造战略管理、再制造企业管理、再制造经营管理等,内容涵盖企业运营的方方面面。

对再制造企业管理体系的认证工作可以参考 ISO9000 的模式,通过第一方内审、第二方审核及第三方认证相结合的形式来开展。第一方内审是指企业根据或参考相关要求建立组织管理结构、管理制度,用于规范企业所开展的运营活动,在一定的时间点按照规定的指标体系进行自我评审和成熟度测定,以判断企业的管理水平并向顾客提供。第二方审核是指顾客对再制造企业的管理体系进行评审并核实企业的再制造规范运营水平,以此来保证所购买再制造产品的质量。第三方认证则是通过具有权威性且独立于供购双方的第三方组织对供应商的管理体系进行审核并给予相关证明的形式来保证贸易的正常开展,优点在于避免了大量社会重复性劳动,节约供购双方的时间和资源。

目前我国的再制造认证认可工作处于起步阶段,还没有形成一套合适的体系。因此,需要开展的基础性工作有很多。

1. 再制造标准体系的建立

标准为认证认可工作的开展提供了依据,再制造标准化及标准化体系建设工作是再制造实现产业化发展的基础性工作之一。再制造标准的内容较为广泛,包括再制造技术标准、再制造工作标准、再制造管理标准等。再制造技术标准包括再制造产品的物理规格和化学性能规范,以及再制造技术的工艺标准等。再制造工作标准和管理标准内容广泛,包括再制造零部件件的设计、回收、拆解、清洗、检测、再制造加工、组装、检验、包装等操作的规范性步骤及方法等。再制造的对象产品不同(如汽车发动机再制造、机床再制造和轮胎再制造等),则对应的产品再制造标准也不同,各类再制造企业应按照所生产的产品特点来选用合适的国家、行业标准或制定合适的再制造相关企业标准。

2011 年 10 月,全国绿色制造标准化技术委员会再制造分技术委员会成立,挂靠装甲兵工程学院装备再制造技术国防科技重点实验室,主要负责再制造术语标准、再制造技术工艺标准、性能检测标准、质量控制标准,以及关键技术标准的制定等相关工作,为再制造在我国的发展提供规范化的保证。

2. 再制造认证认可机构的设立

再制造认证认可机构可以由国家相关监管部门指定设立,分两级组成。第一级为国家级或行业级管理部门(如中国合格评定国家认可委员会),主要工作是关注国家政策的调整对再制造的影响,并对下面层级再制造认证认可机构进行指导及监管。第二级为社会级机构,由具备认证认可资格并符合《中华人民共和国认证认可条例》要求的组织机构自愿申请,并由上一级监管部门进行资格认定,主要工作是对再制造企业的再制造产品、再制造企业资质或再制造企业管理体系的有效性进行认证并明示于顾客及相关方,也可以在有需求的情况下指导再制造企业开展认证认可工作。

3. 再制造检验检疫实验室的设立

再制造检验检疫实验室可以由第一级管理部门指定设立,也可以是第二级机构设立并由第一级管理部门依据《实验室和检查机构资质认定管理办法》认可并监管。再制造检验检疫实验室的主要职责是:首先,公平地对再制造企业所生产的再制造产品进行检测、鉴定,并进行质量、性能等方面的评定;其次,对再制造毛坯的再制造性能进行检验以判定其是否适合进行再制造,包括再制造毛坯的拆洗、受损状况检测、剩余寿命评估等内容。再制造检验检疫实验室也可以向有需求的再制造企业提供相关的技术支持。

我国的再制造技术正处于快速发展阶段,再制造检验检疫实验室设立之后要根据再制造技术的发展对再制造检验检疫设备及技术进行更新,以更好地满足社会及再制造企业的实际需要。因此,要求再制造检验检疫实验室具备独立的研发部门与研发人员,或是与专业研发机构进行紧密合作,以确保再制造检验检疫设备及技术的先进性和适用性。

4. 再制造认证认可专业人员队伍的建设

上述三项工作的开展都离不开再制造专业技术人员,而再制造在我国起步较晚,人才培养及人员配备方面还不是很完善,因此亟须建立一支包括再制造专业技术人员及认证认可技术人员在内的再制造认证专业人员队伍。再制造专业技术人员首先对再制造有正确的认识,并掌握某一项或若干项再制造专业技术,如再制造毛坯的拆解技术、绿色清洗技术、剩余寿命评估技术等,其次对所掌握技术的相关再制造检验检疫设备操作熟练,如再制造毛坯清洗设备、疲劳试验机、电弧喷涂/电刷镀/等离子弧熔覆系统、无损检测仪等,并具备一定的研发能力。再制造认证认可人员则要具备一定的再制造专业基础并熟练掌握认证认可的操作规范,能开展再制造相关的认证认可工作。

5. 再制造国家政策的协调及实施

循环经济的推行涉及国家各个层面,作为其支撑之一的再制造工程要获得其产业化的健康稳定发展,需要包括经济、环保、工商、公安、立法、科研等在内的相关部门继续努力及协调,给目前还不是很强大的再制造企业予以各种形式的支持,鼓励其开展相关产品的再制造,并在此过程中建立完善的再制造市场准入制度,为再制造认证认可工作提供良好的环境。同时,加大对再制造的宣传力度,正确宣扬再制造的环境及社会效益,开发目标顾客资源,帮助再制造企业及再制造认证认可机构开拓生存及发展空间,以引导或促进再制造形成产业化规模,为我国循环经济的发展做出贡献。

5.4　再制造产品认证的审查及过程控制

在进行现场审查前,应对生产厂提供的相关认证资料进行审核,并进行技术可行性评估(能力评估),对于得到整机厂授权和技术支持的再制造企业,可减免技术可行性评估条款。

工厂审查应在型式试验合格后进行。工厂的审查应包含管理体系的符合性审核、再制造产品的可追溯性审核及一致性检查。管理体系的符合性审核应覆盖申请认证产品的加工场所,再制造产品的可追溯性审核应覆盖申请认证产品。

1. 工厂审查

1) 审查依据

再制造企业在建立质量管理体系时,应参考 ISO9001 及相关标准的要求。再制造质量管理体系的建立可参考 4.4 节所阐述的内容。

再制造生产厂的质量管理体系、环境管理体系及生产过程、二次污染的防治应该符合认证规则的规定。企业获得 ISO9001、ISO14001 认证证书的或者具有认证机构认可的第二方审核报告的可以减免相关检查。

综上所述,目前再制造企业的工作应向规模化生产、规范化管理努力。完善管理体系,致力于达到发展循环经济、建设节约型社会和环境友好型社会的要求。

2) 产品的可追溯性审核及一致性检查

工厂审查应在生产线或仓库经检验合格的产品中进行,随机抽取认证产品进行的检查包括但不限于下述内容:

(1) 认证产品的标识(如名称、规格、型号和商标等)是否与试验报告或委托认证提交的资料所标明的一致。

(2) 认证产品的结构是否与抽样样品及委托认证提交的资料一致。

(3) 认证产品所用的关键件,是否与抽样样品及委托认证提交的资料一致。

(4) 是否具有再制造零部件(整机)的来源登记及再制造前后的标示记录。

工厂审查应覆盖申请认证产品的加工场所,产品一致性检查应覆盖申请认证产品。

2. 工厂审查的评价

工厂审查的评价分为三种:合格、存在不合格项、不合格。

工厂检查若未发现不合格项,则检查结果为合格。

工厂检查若存在不合格项,则允许限期(不超过 3 个月)整改,认证机构采取适当方式对整改结果进行确认。逾期不能完成整改,或整改结果不合格、工厂检查结果不合格的,终止本次检查。

工厂检查若发现严重不符合项或实际生产产品与试验样品一致性存在重大差异,甚至难以进行产品及生产过程追溯,则工厂检查结果不合格,终止本次检查。

3. 获证后的跟踪检查

获证后跟踪检查的内容包括工厂监督检查和产品监督抽样检测。

一般情况下,获证后跟踪的频次在初次检查结束后应安排年度监督。若发生下述情况之一可增加监督频次:

(1) 获证产品出现严重质量问题或用户提出质量方面的投诉并经查实为生产厂责任时。

(2) 认证机构有足够理由对获证产品与标准要求的符合性提出质疑时。

(3) 有足够信息表明生产厂因变更组织机构、生产条件、质量管理体系等可能影响产品符合性或一致性时。

4. 工厂监督检查

进行工厂监督检查时,采购和进货、生产过程、认证标志和认证证书的使用情况,是每次监督检查的必查项目。其他项目可以选查,证书有效期内要覆盖本规则中管理体系要求的全部条款。在监督时进行抽样,样品应在工厂生产的合格品中(包括生产线、仓库)随机抽取。

5. 获证后监督结果的处理

认证机构组织对工厂管理体系监督检查结论、产品一致性检查结论和监督抽样检测进行综合评价,评价合格的,认证证书持续有效。当监督检查不通过或监督抽样检测不合格时,则判定年度跟踪检查不合格。

监督复查时发现产品本身存在不符合要求的,则视情况做出暂停或撤销证书的决定,停止使用认证标志,并对外公告;质量保证能力有不符合项的,应在 3 个月内完成纠正措施,逾期将撤销认证证书,停止使用认证标志,并对外公告。

5.5 再制造全过程的环境控制方法及评价

环境影响控制及评价是指对规划和建设项目实施后可能造成的环境影响进行分析、预测和评估,提出预防或者减轻不良环境影响的对策和措施。进行跟踪监测的方法与制度是指对拟议中的建设项目、区域开发计划和国家政策实施后可能对环境产生的影响(后果)进行的系统性识别、预测和评估。通俗地讲,就是分析项目建成投产后可能对环境产生的影响,并提出污染防止对策和措施。

再制造产品的质量和性能达到或超过新品,成本却只有新品的 50%,节能 60%,节材 70%,而且在耐磨、耐蚀、耐疲劳等性能上达到甚至超过新品,对环境的不良影响显著降低,然而再制造生产过程和工艺流程与新品的产生过程还是有很大的差异,对环境的影响主要表现在回收、拆解、表面修复工程及再制造产品检测等环节,如表 5.3 所示。

表 5.3　再制造过程中主要的污染物及其来源(以发动机再制造为例)

工序步骤	手段	主要污染物	来源
回收	运输	—	
拆解	拆机(物理方法)	废料、废油、废水、废渣	无再制造价值或因损坏严重而无法再利用的零部件;发动机拆解前的初步清洗;废旧机器里的废油、废渣等
清洗	抛丸处理、高温分解、清丸处理、干喷砂、湿喷砂、煤油清洗、超声波清洗、高压清洗、震动研磨、打磨、酸洗、碱洗等	废水、废油、废液、废气;噪声	废旧零部件的清洗用水/用油;喷砂/抛丸产生的粉尘(SO_2、Al_2O_3等);酸洗/碱洗后的废液;零部件表面打磨产生的锈沫及污垢;零部件高温处理后产生的废气(CO_2、SO_2及氮化物等);各种清洗过程带来的噪声污染等
检测	超声检测、涡流检测、磁粉检测、渗透检测、量具检测等	废液、废水;噪声	各种检测过程(如磁记忆检测等)中产生的废液、废水等
再制造加工	物理加工、电刷镀、电弧喷涂、激光熔覆、等离子弧熔覆、纳米黏接技术、固体润滑、冷焊等	废料、废液、废渣;噪声、燃料燃烧气体、化学污染物、电磁辐射、光电污染	一般物理加工所产生的边角料;刷镀产生的废弃镀液;激光熔覆、等离子弧熔覆及电弧喷涂产生的光电、废料、粉尘/烟雾(金属氧化物等)、废气(CO_2、SO_2及氮化物等)及噪声等
重新装配	装机(物理方法)	废油(较少)	装配过程中使用的润滑油等
整机检验	试机/试车(台架试验)	废气;噪声	试车过程中产生的废气、噪声等
包装	木箱包装	包装废料	木料及相关捆扎设备的剩余及浪费

　　再制造企业必须通过当地环境部门的环评,才能进行再制造产品的生产制造。再制造生产环节的环境影响因素及防治措施主要有以下方面。

1. 废气的来源及预防措施

　　废气主要来源于废旧产品及其零部件清洗产生的水蒸气、废油雾、再制造试验产生的尾气及喷漆工序产生的废气。

1) 清洗产生的水蒸气

废旧产品拆解前后的清洗工序会产生水蒸气,清洗工艺自带风机,水蒸气采用侧吸、顶吸、密闭罩等方式,并应满足《大气污染物综合排放标准》(GB 16297—2017)的排放要求。

2) 废油雾

废旧产品拆解后的高温清洗工艺会使附着在零部件表面的废油污在高温作用下挥发形成油雾(主要污染因子为非甲烷总烃),清洗环节需配备废油雾净化装置,废油雾被净化处理后,需满足《大气污染物综合排放标准》(GB 16297—2017)的排放标准后再排放。

3) 再制造产品试验产生的尾气

再制造产品试验产生的尾气主要污染物为颗粒物、氮氧化物和二氧化硫等,需采用活性炭吸附装置去除污染物,收集后高空排放,并满足《大气污染物综合排放标准》(GB 16297—2017)的要求。

4) 喷漆工序产生的废气

再制造产品喷漆烘干工序产生有机废气,主要含有二甲苯。喷漆室的有机废气必须经过滤净化装置处理达标后排放。收集的漆雾废水进入循环水池,去漆渣后循环使用,不得外排或经过净化处理达标后纳入市政污水管网排放。再制造企业需具备上述净化处理设备及处理能力,使废气对环境影响较小,防止二次污染的发生。

2. 废水处理设施和系统

再制造企业应具备废水处理设施及处理能力,生产环节产生的废水经废水处理系统处理后达到《城市污水再生利用 城市杂用水水质》(GB/T 18920—2002)标准,可进行循环利用或用于绿化,满足《城镇污水处理厂污染物排放标准》(GB 18918—2002)的废水应纳入市政污水管网。通过以上处理,可有效减少废水对水环境的影响,防止二次污染的发生。

3. 固废处理评价及防治措施

再制造生产过程中产生的废金属、漆渣、不能再制造的报废旧机电产品和报废零部件等,应按不同性质分别堆放,废矿物油、废机油等危险废物分类收集后,并设置专用危险废物贮存场所和一般固体废物贮存场所,危险废物贮存场所地面应进行防腐、防渗处理,满足《危险废物贮存污染控制标准》(GB 18597—2001)相关要求;一般固体废物贮存场所设置防雨设施,满足《一般工业固体废物贮存、处置场污染控制标准》(GB 18599—2001)相关要求。分类收集后,委托相关单位落实综合利用措施或委托有资质的单位进行处理。

4. 噪声防治措施

噪声主要来自再制造产品试车噪声、机加工设备噪声、废水处理站风机和泵类噪声及交通噪声等，应采取严格的控制措施和隔声降噪措施，边界噪声值应符合《工业企业厂界环境噪声排放标准》(GB 12348—2008)的要求，确保噪声对项目区及周围声环境基本没有影响。

5. 再制造全过程的污染与排放控制

再制造企业应大力研发和引进物理清洗处理设备(如再制造高压清洗系统、再制造内腔件无污处理系统等)、再制造循环水处理系统、自动化台架试验设备等一批先进的设备，使得再制造生产线绿色度显著提升，实现无污染和零排放，充分体现节能减排、循环利用、环境友好的原则。

5.6　再制造认证风险

再制造产品认证风险是指获证产品出现不符合认证要求，并由此导致的对人的生命和健康的危害、对人或社会财产的危害及对社会环境等公共危害，这些危害所导致的后果需要由认证机构承担的概率。这种后果从两个方面体现：①认证机构承担法律责任；②获证产品不合格，造成社会大众对认证机构能力产生怀疑，使认证机构的信誉受到损害。从概率论的角度来看，认证后生产的产品 100% 合格是不可能达到的，总会出现不合格产品。

5.6.1　再制造认证模式风险分析

ISO 提出了 8 种认证模式，对于具体的认证对象，应选择哪种认证模式缺少明确的指引。由于认证是一种由第三方确认产品、过程或服务符合特定要求并给予书面保证的程序，涉及生产厂、销售商、消费者和认证机构等多方的利益，认证模式的选择尤为重要。单从风险防范角度出发，最全面的认证模式当然是最安全的，但从认证成本的角度来看，可能是不可接受的。因此，针对某一具体的认证对象，选择的认证模式是否合适，基于对认证风险性分担、认证成本投入、认证效果评估等因素的综合分析，认为应从认证结果的可信度、认证活动的可操作性、认证的风险性、经济性进行综合评估，在保证认证结果可信的基础上，在认证参与各方可接受的风险范围内，追求认证参与各方的成本最小。既要避免无限制追求风险最小，导致采用尽可能全面、复杂的认证模式，增加认证成本，也要防止过分追求低认证成本而导致认证风险超出可接受范围。

1. 第一种模式

由于只对样品负责,认证机构的直接责任是很小的。但是,目前我国的再制造产业处于初步发展阶段,诚信体系并未完善,产品的合格率可能会比较低,有质量缺陷的再制造产品就会流入市场,从而发生安全事故,对认证的信誉造成严重损害,同时带来较高的认证风险。因此,采用这种模式的可信度很低。

2. 第二种模式

不同品牌及不同厂家的质量控制体系和生产工艺不同,其产品再制造的过程也有很大差别,而该认证模式没有对此过程进行控制,造成市场抽样的偶然性和不确定性,从而导致认证风险。这种认证风险的降低可通过增加市场抽样的频次来实现,但考虑到再制造产品的分散性和试验的周期性,认证的操作性和经济性会受影响。同时,由于采取市场抽样检验,存在样品来源的确认,认证机构运输样品及企业未能提供产品关于再制造产品的原始技术资料等问题,都会增加认证机构承担责任的风险,其操作性和经济性较低。

3. 第三种模式

和第二种模式一样,该认证模式也未对企业生产过程进行控制,同样会造成市场抽样的偶然性和不确定性,同时样品不是来自市场,因此认证信誉的风险性高于第二种。但由于采取工厂抽样,认证机构不存在样品来源的确认,认证机构运输样品及企业未能提供产品关于再制造产品的原始技术资料等问题,因此认证机构承担的风险高于第二种,其可信度和经济性较低。

4. 第四种模式

该模式是第二种认证模式和第三种认证模式的结合,该模式的风险也应是上述两种模式的综合。

5. 第五种模式

该模式导致的认证活动既围绕企业生产的产品,又关注企业的生产过程。体现了结果与过程并重、预防为主的方针。对采购件与生产过程的控制是持续稳定批量地生产出符合认证要求的产品的主要手段。围绕这两个过程,认证机构会从设计、人员能力、资源、质量控制、程序等方面对其进行评定,看其是否能保证持续稳定批量地生产出符合认证要求的产品。该模式将第二、三种模式增加抽样密度产生的企业控制生产过程的效果提前到了认证开始阶段,因此在相同的抽样密度条件下,采用第五种模式产生的市场合格率将显著高于第二、三种模式,认证信誉受损的风险将显著降低。

同时,为取得相同的市场合格率,相比第二、三种模式,若采用这种认证模式就可以减少抽样的频次,检验的项目也可大幅减少,从而降低了认证机构直接承担责任的风险。另外,第五种模式在认证前和认证后都增加了对工厂质量体系评定的环节,需要检查人员具有一定的专业能力、较好的职业操守,并严格按照认证机构的规定工作,认证机构所承担的责任风险也是可以降低的。在再制造企业严格执行国家法规的条件下,认证机构承担的认证风险较小。

因此,对于安全性要求较高、重复一致性明显的批量化生产的产品,采用第五种认证模式信任程度就较高,其操作性和经济性都较好。

6. 第六种模式

此模式主要适用于那些难以在实验室内进行完整检验或试验的服务和产品,包括那些固定设施产品(如道路、桥梁等建设类产品)。这种认证模式属于质量体系认证模式,与产品认证无关。

7. 第七种模式

根据概率统计的理论,该模式对批量产品合格率的判定结果(即认证结果)的正确度可以事先确定,因此该模式认证结果的有效性是可控的,认证的风险几乎不存在,但是经济性很低。在认证过程中,认证人员的误操作、设备的故障等问题会给认证机构带来风险。

8. 第八种模式

由于是100%检验,综合认证机构直接承担责任风险和认证信誉受损的风险,认证的风险可以忽略。对于批量小或特性差异明显、检验不带破坏性的产品,往往采用第八种认证模式(100%检验)或再辅以其他操作的认证模式。但是,大部分再制造产品检验成本费用较高、检验周期长且带有破坏性,采用100%检验的认证模式是行不通的。

在考虑以上认证影响的同时,还需要结合市场发展阶段确定产品的认证模式。市场不同发展阶段与认证模式对比如表5.4所示。

综合考虑认证的可信度、可操作性、风险性和经济性,第五种模式特别适用于批量生产的硬件产品,尤其是涉及安全问题的产品。这种模式可促使企业在最佳条件下持续稳定地生产符合标准要求的产品,使顾客买到不合格产品的风险降到最低。

另外,鉴于我国再制造产业还处于初步发展阶段,其技术规范尚未完善、缺乏信用体系、企业数量庞大,所以建议采用的认证模式为:技术定型审查＋型式试验＋生产一致性控制＋工厂后续监督。

表 5.4　市场不同发展阶段与认证模式对比

市场发展阶段	初期	中期	成熟
阶段特点	规范未完善 缺乏信用体系 企业数量大	规范已建立 信用体系形成中 企业数量逐步减少	规范完善 信用体系健全 企业数量形成少量有序竞争的局面
认证模式	技术定型审查 型式试验 生产一致性控制 后续监督	型式试验 生产一致性控制 后续监督	自我声明 市场抽样监督

5.6.2　再制造产品认证风险

再制造产品认证主要涉及 4 个阶段,分别为认证申请阶段、产品型式试验阶段、初始工厂审查阶段及获证后监督阶段。

1. 认证申请阶段

认证初始阶段,再制造工厂需向认证机构提出认证申请并提供必要的书面材料。认证工程师对工厂提供的材料进行符合性判定。合格的进入下一个阶段,不合格的重新申请或重新提供资料。

2. 产品型式试验阶段

企业提交的资料符合要求、评价合格的,认证工程师安排工厂检查员进行指定型号的产品工厂现场抽样。工厂检查员现场抽取样品后,需将其送到指定实验室做试验。所送样品应按照新机的标准进行整机性能指标测试,应满足新机的设计要求。

3. 初始工厂审查阶段

初始工厂审查时,应覆盖申请认证产品的加工场所,产品一致性检查应覆盖申请认证产品,并应对委托认证的产品进行一致性检查,具体包括以下内容:

(1) 认证产品的标识(如名称、规格、型号和商标等)应与试验报告及委托认证提交的资料一致。

(2) 认证产品的结构应与抽样样品及委托认证提交的资料一致。

(3) 认证产品所用的关键件,应与抽样样品及委托认证提交的资料一致。

产品一致性检查出现问题时,认证机构应视情况做出限期整改、重新进行型式试验、中止本次认证的处理。

若整个审查过程未发现不符合项,则审查结论为合格;若发现轻微的不符合项,不危及认证产品符合质量标准,工厂应在规定的时间内采取纠正措施[可限期

(不超过 3 个月)整改],报审查组确认其措施有效后,则审查结论为合格(认证机构采取适当方式对整改结果进行确认);若发现严重不符合项,或工厂的质量保证能力不具备生产满足认证要求的产品,则终止审查,申请人整改并自认为符合要求后方可重新申请认证。

4. 获证后监督阶段

监督方式是工厂质量保证能力复查 ＋认证产品一致性检查＋产品抽样检测。

认证监督检查频次这样设置:一般情况下从获证后的 12 个月起,每年至少进行 2 次监督检查,且间隔不得大于 8 个月,监督审核应在通知从事再制造产品企业后的 3 日内进行。

(1) 产品一致性的检查,从获证起,按初始工厂检查的规定进行现场核查,若发生下述情况之一可增加监督频次:

① 获证产品出现严重质量问题或用户提出质量方面的投诉并经查实为生产厂责任时。

② 认证机构有足够理由对获证产品与标准要求的符合性提出质疑时。

③ 有足够信息表明生产厂因变更组织机构、生产条件、质量管理体系等,可能影响产品符合性或一致性时。

(2) 监督时的产品抽样不能覆盖所有产品时,易产生认证风险,应重新抽样或必要时增大抽样比例。

在监督时进行抽样。样品应在工厂生产的合格品中(包括生产线、仓库)随机抽取。对抽取样品的检测由指定的检测机构实施。

表 5.5 给出了再制造产品认证过程控制要求。

表 5.5　产品认证过程控制要求

功能	项目	
	认证风险点	认证控制要求
认证申请阶段	没有原始产品生产厂授权的再制造企业	企业需要有相关技术研发实力,并提供相应的技术规范,通过技术专家组进行鉴定; 技术专家组对工厂的再制造技术可行性进行分析; 需提供自行承担知识产权纠纷等声明; 对于缺陷产品,提供缺陷产品召回声明
	企业未进行相应环保评审或环保评审未得到批复	环保评审通过后再申请,并提供有效的环保评审证明文件

续表

功能	项目	
	认证风险点	认证控制要求
产品型式试验阶段	没有原始产品生产厂授权的再制造企业	整机需做耐久试验； 抽取风险程度最高的产品做试验； 后续监督追加抽样程序，发现不合格等情况则增加监督抽样频次
	技术规范、试验标准、检验项目不明确、不统一	统一规范、统一标准、统一试验项目
	废旧产品损伤情况各不相同，零部件及整机的寿命预测难度较大	产品设计定型前进行整机匹配验证试验
初始工厂审查阶段	没有原始产品生产厂授权的再制造企业	对工厂的质量保证能力、产品一致性进行审核，并进行抽样试验
	设备资源、技术条件落后	鼓励企业增加投入； 对工序进行严格监控，以确保产品质量
	人员培训、操作不规范	加强人员培训管理
	管理体系不健全、不完善	建立健全的质量管理体系
	易产生环境污染的工序和环节未进行有效监控	审核企业是否建立了全程的环保监控及环保监控是否得到有效实施
	回收的废旧产品来源复杂	提供合法的回收资质证明或授权证明
后续监督阶段	再制造产品遭到顾客投诉等	追加型式试验项目和抽样次数； 增加后续召回等缺陷管理措施
	产品偏差较大，正常监督频次不能保证认证的有效性和一致性	增加监督频次；增加抽样数量及次数
	再制造产品未申请标识或标识使用不符合规范	对企业再制造标识管理、使用情况进行审核

参 考 文 献

[1] 韩涛. 认证认可促进产品质量安全[J]. 品牌与标准化,2011,(8):8,9.

[2] 胡正国,谢常欢. 认证认可对促进产品质量安全的作用[J]. 中国质量技术监督,2009,(10):58,59.

[3] 茅庆潭. 认证认可工作的作用和意义[J]. 交通标准化,2009,(16):1.

[4] 中华人民共和国国务院令. 中华人民共和国认证认可条例[M]. 北京:中国标准出版社,2004.

[5] 张惠才. 我国认证认可制度概况[J]. 住宅产业,2006,(11):70-74.

[6] 曹雅斌. 美国的标准体系和认证认可[J]. 监督与选择,2004,(12):27,28.

[7] 耿利娜,王蕊. 国外管理体系认证认可制度简介[J]. 信息技术与标准化,2005,(4):57-61.

[8] 郭金发. 论政府在构建中国特色的认证认可制度中的主导作用——以政府信用为视角[D]. 长春:吉林大学,2010.

第 6 章　再制造物流管理

6.1　再制造逆向物流体系

逆向物流也称反向物流,是指为重新获取产品的价值或使其得到正确处置,产品从其消费地到生产商的移动过程,其主要包含投诉退货、终端退回、商业退回、维修退回、生产报废及包装六大类。逆向物流主要包括退货逆向物流和回收逆向物流两部分。退货逆向物流是指下游顾客将不符合订单要求的产品退回给上游供应商,其流程与常规产品流正好相反。回收逆向物流是指将最终顾客所持有的废旧物品回收到供应链上的各节点企业[1],回收逆向物流是再制造毛坯的来源,是再制造生产过程必不可少的一个环节。

6.1.1　再制造逆向物流的内涵

再制造是通过必要的拆解、检修和零部件更换等,将废旧产品(或零部件)恢复得如同新的一样的过程。先从消费者处回收废旧产品,经回收中心拆解、检测、分类等处理后,不可再制造的零部件运往其他处理点(如再循环、废弃处置等),剩下的可再制造零部件送往工厂进行再制造处理,在再制造过程中还需要从供应商采购新的零部件,一起重新组装成再制造产品,最后再制造产品通过分销中心进行销售。再制造工程中的逆向物流是逆向物流的重要组成部分,它是指以再制造生产为目的,为重新获取产品的价值,产品从其消费地至再制造加工地并重新回到销售市场的流动过程。对于产品的再制造,由于它是对废旧产品进行回收并对回收的废旧产品中具有利用价值的零部件进行再制造加工处理,因此再制造主要涉及逆向物流中的回收逆向物流。

再制造物流包含将废旧产品从消费地运回生产地的逆向物流及将再制造产品从生产地运往消费地的正向物流,涉及废旧产品收集、检测/分类、再制造、再分销等环节,是一种闭环物流系统,如图 6.1 所示。

再制造物流的内涵可以从目标、对象、功能要素和行为主体等方面进行描述:

(1) 从再制造物流的目标来看,再制造物流是为了重新获取废旧产品的使用价值或对其进行合理处置。

(2) 从再制造物流的对象来看,再制造物流是废旧产品从供应链上某一成员向同一供应链上任一上游成员或其他渠道成员的流动过程。

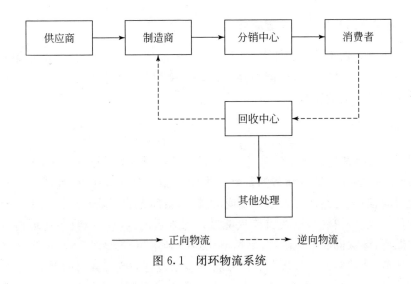

图 6.1　闭环物流系统

（3）从再制造物流的功能要素来看，再制造物流包括对废旧产品进行收集、检测/分类、再制造、再分销和其他处理等活动。

（4）从再制造物流的行为主体来看，主要包括 OEM 供应链和专业的第三方再制造物流渠道。

根据上述再制造物流的内涵，构建再制造物流的体系结构如图 6.2 所示。

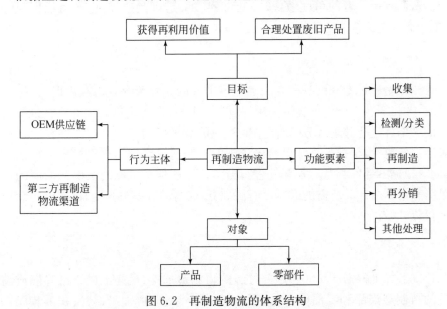

图 6.2　再制造物流的体系结构

6.1.2　再制造逆向物流的关键环节

再制造逆向物流是从消费者处回收废旧产品,通过必要的拆解、检修和零部件更换等,将废旧产品恢复得如同新品一样进行销售并最终报废的过程。再制造逆向物流包括以下关键环节[1]。

1. 回收

回收是再制造逆向物流的第一步,也是涉及再制造最关键的一步,因为选择可再制造的废旧零部件是再制造的基础。废旧产品完全拆解后,将其零部件分为可继续使用的、通过再制造加工可修复或改进的、目前无法修复或经济上不合算而通过再循环变成原材料的,以及目前只能做环保处理的四类。回收是将可再利用的零部件保留,淘汰彻底报废的零部件,其中可再利用的零部件进入再制造生产流程的下一环节,开始新的寿命周期。回收将顾客所持有的废旧或过时产品,通过有偿或无偿的方式返回收集中心,再由收集中心运送到再制造工厂。这里的收集中心可能是供应链上任何一个节点,如来自顾客的产品可能返回上游的供应商、制造商,也可能是下游的配送商、零售商,还有可能是专门为再制造设立的收集点。回收通常包括收集、运输和库存等活动。产品回收是一种逆向过程,其中各功能模块可能由一个或多个企业来承担,采取的形式也可以是控股、委托、外包甚至政府来承担。从回收承担者的角度考虑,有三种回收渠道可供选择:生产商承担回收模式、生产商外包经销商回收模式、第三方承担回收模式。

2. 检测与分类

检测是指通过专有设备和方法确定零部件的失效情况及可利用度,分析其性能状态,并将零部件分为可直接利用件、可再制造件和更新件三类。分类是指对检测后的零部件进行整理区分,以便采取对应的处理措施。所有零部件都经过评估以确定损坏范围,根据检查结果给出详细的再制造方案和需要更换零部件的一览表,同时根据零部件类型对零部件进行分类。这些信息可以用来确定恰当的再制造策略和再制造产品所需的成本,一旦再制造成本的方案被接受,该部件再制造过程就可以开始。

3. 再制造加工

再制造加工包括产品级和零部件级的再制造加工,最终形成质量等同或高于新品的再制造产品和零部件,其过程包括修复、维修、再加工、替换和再装配等步骤。回收物流的到达时间、质量和数量的不确定性,以及产品拆解程度与拆解时间的不确定性,增加了再制造生产的难度,可以借助逆向物流信息网络,提供产品特征(如产品结构、制造、市场和使用等)的数据资料,制订再制造生产计划,优化再制造加工业务的流程。

4. 再装配

再装配是指将达到标准的再制造件、直接利用件和替换件按照规定标准装配成再制造产品的过程。在选择零部件进行装配时要保证零部件间的相对运动精度、相互位置精度及密封性、清洁度和调整要求等,同时要提高配合表面间的配合质量和接触质量。

5. 销售与服务

再制造产品的销售与服务是将再制造产品送到有此需求的用户手中并提供相应的售后服务。其一般包括销售、运输和库存等步骤。再制造物流网络优化设计研究对再制造产品销售的主要影响因素是顾客对再制造产品的接纳程度,因此在销售时必须强调再制造产品的高质量,并在价格上予以优惠。

6. 报废处理

报废处理是对那些无法再恢复其使用价值或对环境有严重危害的回收品或零部件,通过机械处理、地下掩埋或焚烧等方式进行销毁。

6.1.3　再制造逆向物流的特点

再制造逆向物流是指以再制造生产为目的,为重新获取产品的附加价值,产品从其消费地运输至再制造加工地并重新回到销售市场的流动过程。再制造逆向物流是再制造系统的重要组成部分,可使再制造企业优化生产结构,提高生产效率,降低生产成本,为再制造的顺利进行提供保障。

逆向物流中的原材料来源于顾客放弃使用的产品,再制造逆向物流体系还存在一系列不确定因素,主要包括:回收废旧产品的品牌、使用年限、工作环境、物理和化学性能、完好程度等;废旧产品的包装程度和运输时间间隔;再制造生产线员工文化程度、相关工作经验、技术熟练程度,以及他们的身体健康情况等;再制造生产工艺和再制造生产所用的机器设备的精度、保养状况;客户对再制造产品的认可程度。再制造逆向物流体系要比常规的物流体系复杂得多,各个环节之间的相关性和不确定因素影响了再制造逆向物流体系的设计。再制造中逆向物流的特点可总结为 5 个不确定性[2]。

1. 废旧产品到达时间和数量的不确定性

再制造逆向物流中废旧产品的接收方是再制造企业,供应方是客户,送样就形成了一对多的局面,客户的分散性和随机性显著增大了逆向物流供应链中废旧产品产生的时间和数量的不确定性,进一步导致回收废旧产品的到达时间和数量的不确定性。废旧产品产生的时间和数量的预测困难较大,严重影响了再制造生产中原料的供应。在工程机械行业,废旧产品到达时间和数量的不确定性可折射出工程机械使用寿命的不确定性,这一点在废旧产品的报废率上得到了集中体现。要直接降低工程机械的报废率,从而提高废旧工程机械回收率的一个关键就是利用数量庞大的经销商同客户建立稳定关系来搜集废旧产品,为客户拓宽废旧产品回收渠道,从而扩大废旧产品来源,保证废旧产品回收数量满足再制造生产的需求。

2. 维持回收与需求间平衡的不确定性

除废旧产品回收的高度不确定性之外,再制造产品的市场也有不确定性,主要受到废旧产品需求量难以预计产生的影响,因此难以掌握废旧产品回收的供需平衡。再制造厂要把废旧产品库存量与再制造产品的需求量相平衡,这时出现两个问题:废旧产品的库存量过大和再制造产品的产能不足,这为废旧产品库存管理造成很大的困难。回收的不确定性导致很难完全控制废旧产品的库存量,当再制造产品需求不足时,导致废旧产品库存积压,库存成本增加;但是当再制造产品需求量猛增时,废旧产品的库存量过少,而废旧产品回收后需要经过分拣、再加工、维护等环节,这一系列过程需要时间较长,也会导致一定时间内再制造产品产能不足。

3. 废旧产品的可拆解性及拆解时间的不确定性

再制造逆向物流的对象种类繁多,差异很大。工程机械消费群体使用习惯的差异、不同品牌的质量差异、不同用途的性能差异等因素导致工程机械的回收十分困难。工程机械所涉及的零部件种类多、数量大,不同的材料复合起来,相互掺杂,回收后的废旧产品不能直接使用,要经过拆解、分离清洗后才能进一步处理,大大增加了分类、检测、再处理等工作的难度。拆解至最小单位的零部件才可进入下一道工序。废旧产品的拆解会影响之后再制造的各个环节,是再制造生产的一个重要步骤,是零部件重新回流的门槛。废旧产品的品牌、型号、工作环境、使用年限、磨损程度等情况各不相同,因此废旧产品的可拆解情况和拆解时间都具有很大的不确定性。在拆解过程中无法估计作业时间,无法设定准确的拆解速度。

4. 废旧产品的可再制造率的不确定性

废旧产品拆解后可分为可用零部件、可修复零部件和废弃零部件 3 种。可用零部件可用来直接组装再制造产品,可修复零部件在修复后也可用于再制造产品,废弃零部件出于安全考虑会被统一回收处理。其中,废弃零部件的比率在拆解之前无法预计,可用零部件配套率也无法预计,因此回收废旧产品的可再制造率也无法确定。

5. 再制造加工工序的不确定性

并非所有的部件在再制造过程中都要经过相同的作业流程。有些作业比较统一,所有废旧产品都要进行,如拆解、清洗、检测等;但其他的再制造生产作业,如修复、喷漆等具有随机性,依赖于废旧产品自身的状况:可直接使用的零部件可以跳过这些作业,需要修复的零部件则必须经过这些作业。废旧产品状况的不确定导致生产路线的不确定和零部件加工时间的不确定。

再制造逆向物流的 5 个不确定性显著增加了再制造生产管理的难度,因此为了保证产品质量,降低生产成本,控制再制造生产活动的各个环节和优化再制造逆向物流体系显得非常必要。

6.1.4　再制造逆向物流体系的模式

在构建逆向物流体系时,从不同角度有不同的划分依据,例如,从供应链循环角度可分为开环回收模式和闭环回收模式;从逆向物流回收商的角度,可分为逆向物流自营回收模式、逆向物流联营回收模式和逆向物流外包(第三方)回收模式,这也是逆向物流最主要的一种分类方式[3]。

1. 逆向物流自营回收模式

逆向物流自营回收模式是指企业自身投资建立一套单独的逆向物流体系,对逆向物流渠道拥有完全的自主管理权。企业单独进行投资来购买构建逆向物流体系所必需的设备,构建逆向物流渠道,设立逆向物流运作部门和管理部门,自主完成所有逆向物流活动。

1) 逆向物流自营回收模式的优点

该模式能够让企业在回收废弃物阶段具有较高控制力;有效减少企业交易成本;防止泄露企业商业机密;提升企业自身品牌价值及方便企业盘活原有资产等。

2) 逆向物流自营回收模式的缺点

企业逆向物流自营回收模式具有高度专业化的特征,它在人员和基础设施的配置上只是针对有限种类的产品,这就会使企业决策层进一步减少废弃物回收处理中心的数量,从而造成产品运输成本进一步提高,而物流成本中,运输成本占很大比例,因此物流成本也随之增高。企业采取逆向物流自营回收模式会导致资金和人员方面比较分散,尤其对实力较弱的企业而言,会由此产生较高的财务风险。因此,逆向物流自营回收模式的缺点是高成本和高财务风险。

3）逆向物流自营回收模式的适用范围

由回收物品所具有的特点来看，通常情况下，这些被回收产品具有较高的再利用价值，或者具有较强的专业性，再或是法律强制规定企业必须进行回收处理的，如产品的退货、维修及包装材料的再次利用等。由采用该模式的企业特点去看，该模式要求企业必须具备较强的经济实力和技术实力，并且在物流管理及服务等方面都具有一定的能力和经验。

2. 逆向物流联营回收模式

逆向物流联营回收模式是指在一定区域内，整个逆向物流渠道的某一个或多个环节具有较高专业化的企业，采取协议或其他方式同别的企业协同合作，共同构建一条完整的逆向物流渠道所采用的一种模式。

1）逆向物流联营回收模式的优点

该模式能够将不同逆向物流服务企业所具有的专业优势进行优化整合，从而实现资源利用最大化。

2）逆向物流联营回收模式的缺点

该模式的最大缺点就是无法及时准确地对产品回收信息进行反馈，这就会为企业在计算逆向物流成本及改进技术等方面带来不良影响。

3）逆向物流联营回收模式的适用范围

该模式主要适用于两种企业，一种是生产同一产品或产品相似度较高的企业，这类企业在逆向物流基础设施及技术等方面具有相似之处，比较容易整合；另一种是通过合资途径建立的面向各个企业从事逆向物流尤其是废弃物回收处理的企业。

3. 逆向物流外包回收模式

逆向物流外包回收模式是指企业将逆向物流渠道通过委托的形式交由第三方逆向物流服务管理部门进行管理，同时企业对逆向物流全过程进行控制和管理的一种模式。

1）逆向物流外包回收模式的优点

采用该模式的企业能够集中精力抓主业，降低投资，规避风险，减少企业生产成本等。

2）逆向物流外包回收模式的缺点

生产企业在将逆向物流委托给第三方物流中心进行管理时，还必须向其提供相关产品的设计信息，而对那些具有保密技术及设计专利的产品而言，存在一定的泄露风险。另外，因为逆向物流在我国尚属新生事物，企业很难通过以往业绩对接受委托的第三方物流提供商的服务能力做出精准判断，这会对企业的战略决策产生一定影响。

3) 逆向物流外包回收模式的适用范围

该模式适用于逆向物流的大部分企业。对那些经济实力及技术水平不是很高的企业而言,它们都希望将逆向物流业务交由第三方物流企业进行管理,从而减少企业的投资及生产运营成本;对那些具有较强经济实力的企业而言,将废弃物的回收业务委托给第三方,是其进行专业化运作、集中精力抓优势业务的重要举措。该模式对第三方物流企业具有较高要求,不但要求其必须具备一定的回收网络、物流基础设施及人才,还要求其了解并掌握对废旧产品进行分解拆解的专业知识。

由上述内容可知,不同回收模式适用范围不同所具有的优缺点也各不相同,企业在选择逆向物流回收模式时,可以同自身实际情况相结合,选择与之相符合的逆向物流回收模式。

6.2　再制造资源获取与采购管理

再制造生产过程中涉及的零部件资源情况分为可再制造件和更新件等,可再制造件来源于回收的再制造毛坯,更新件一般为无再制造价值的零部件,可以通过采购获得。

6.2.1　一般情形下的采购原则

在产品采购过程中要遵循一定的原则,才能使采购效益最大化,一般在产品采购时要遵循以下原则[4]。

1. 及时性原则

采购管理最基本的职能是满足生产经营活动对各种物料的需要,保证及时供应是采购管理的第一原则。采购是由企业生产经营活动需要消耗和使用大量的物料衍生的,采购管理的产生也同样以此为条件。现代企业对各类物料供应的要求越来越高:一是企业生产经营能力不断扩大,物料使用量剧增;二是现代生产方式向多品种、小批量转变,物料的数量、品种、结构更加多样化和复杂化;三是现代生产日益精细化,强调对市场需求的快速反应,物料供应要与生产的快速反应相对应。及时性原则就是强调采购管理作业必须实时满足企业的物料需要,防止由采购管理作业迟缓导致的供应与生产的脱节,从而为生产经营活动提供有力的保障,减少生产停顿等方面的损失。

2. 准确性原则

采购管理不仅要及时、快速,还要做到准确无误。采购管理准确性原则的提出立足于以下背景:一是现代企业需要的物料比较复杂,具有多种形态和类别,要做到一个不多、一个不少,势必要求运输准确无误;二是物料供应地和供应商比较分散,物料的需要地和需要方也比较分散,在采购过程中不能发生差错;三是现代企业采取准时生产方式,这种生产方式要求运输作业必须按要求的时间、要求的地点、要求的品种和要求的质量实施准时运输。准确性原则就是要求采购管理具有针对性、精确性和无差错性,从而保证企业生产经营的必要精度,它有助于企业实行精益生产、准时生产和敏捷制造等先进的生产方式。

3. 安全性原则

企业生产经营活动是连贯的、经常的和长期的,采购管理必须适应生产经营的上述特点,无故障、无中断和持续地提供物料服务,这就对采购管理的安全性提出了要求。采购管理的安全性具有十分重要的意义:首先,采购管理的安全性是企业生产经营安全性的基本体现,是安全生产原则在采购管理活动中的延伸;其次,物料的安全有效和无故障可以减少生产经营过程的风险,防止原材料导致的生产事故和产品缺陷等问题;最后,提高采购管理的安全性可以起到稳生产、稳士气等方面的作用。安全性原则就是要求物料供应无间断、无故障,排除各种运输事故,防范采购管理中的各种危机事件,确保采购管理正常、有序和健康地发展。

4. 经济性原则

企业是营利性经济组织,生产经营活动的中心是获取经济效益,采购管理必须坚持效益性原则。采购管理对经济效益的关注源于以下原因:首先,产品成本中包含很多物料转移成本,物料成本在产品成本中占有较高比例,降低物料成本是提高经济效益的重要途径;其次,采购活动要花费较多的谈判、交易费用,只有注意采购费用的节约才能抑制产品成本的上升;最后,采购管理作业伴随着较大的成本开支,运输设备投资、保有和使用过程中发生的折旧、修理和保养费用居高不下,运输过程中的运输、保管、损耗等费用也不可忽视。

5. 开放性原则

开放性原则就是要求采购管理以更加广阔的视野看待采购市场、运输市场,积极适应采购管理内外条件的变化,提高采购管理的灵活性和随机性,加强与外部资源的对接。按照开放性原则的要求,采购管理应注意做好以下工作:构建开放的采购管理体系,防止封闭性,利用信息技术和网络技术建立采购管理信息系统,如电子订货系统、物料运输系统、战略采购系统等;增强采购管理与企业内外的联系和沟通,完善信息共享机制;重视对外部资源的调研,掌握丰富的采购管理资源,加强与外部资源的合作,发展采购管理外包。

6. 管理性原则

采购管理对企业生产经营活动具有重要影响,是决定产品质量、价格和竞争力的主要因素之一,必须对采购管理全过程和活动进行科学的管理:做好采购管理组织工作,建立和完善采购管理组织,合理地配备人员,科学地组织采购管理过程和开展作业活动;做好采购管理工作,如资金管理、成本管理、设备管理、质量管理、安全管理等;做好采购管理的基础工作,制定完善的采购管理规章制度和各类作业标准;做好采购管理控制工作,加强全过程的跟踪、检查、处理和反馈工作,及时发现和纠正偏差。

6.2.2　再制造资源的回收模式

对产品的再制造来说,它是对废旧产品进行回收并对回收的废旧产品中具有利用价值的零部件进行再制造加工处理,因此回收废旧产品是再制造资源获取的重要途径,也是再制造逆向物流的关键步骤。因此,选择合理的回收组织模式和再制造企业模式,可以为废旧产品的循环利用提供具有实践价值的运作模式,从而提高循环利用资源的效率及环境效益。

废旧产品逆向物流的回收模式分为制造商回收、零售商回收和第三方回收三种。在生产商延伸责任制制度下,依据回收活动的主导角色不同,废旧产品回收模式主要有生产者负责回收(自营)、生产者联合体负责回收(联营)和第三方回收商负责回收(外包)[5]。

1. 生产者负责回收(自营)

企业的自营模式就是生产者建立自己独立的废旧产品回收体系,自己管理回收处理业务。这种模式也是生产者延伸责任制的主要形式。企业一旦实施这种模式,不但会重视产品的生产销售和售后服务,也会重视消费之后废旧产品的回收和处理。企业可以在原有的正向物流网络的基础上构建遍及本企业产品销售区域的逆向回收网络,并将回收的废旧产品送到专门的回收处理中心进行集中处理。这种模式可以充分利用原有的物流网络。生产者自营模式的废旧产品回收过程如图 6.3 所示。

2. 生产者联合体负责回收(联营)

企业的联营模式就是生产相同或相似产品的生产者之间通过合作,共同出资(或与第三方回收商合作)建立共同的废旧产品回收体系,包括回收网络和处理中心。由生产者共同建立联合责任组织,该组织负责整个废旧产品回收体系的构建和运行,为合作企业甚至包括非合作企业提供废旧产品回收服务。企业间形成相

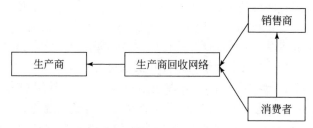

图 6.3　生产者自营模式的废旧产品回收过程

互信任、共担风险、共享收益的物流合作伙伴关系,形成优势互补。生产者联合体联营模式的废旧产品回收过程如图 6.4 所示。

图 6.4　生产者联合体联营模式的废旧产品回收过程

3. 第三方回收商负责回收(外包)

企业的外包模式是指企业在销售产品后,自己并不直接参与寿命终端产品的回收工作,而是以业务外包的方式将废旧产品的回收处理业务通过支付费用等方式,交由专业从事逆向物流的第三方回收商负责实施。第三方回收商利用其专业优势,为不同的生产者提供逆向物流服务,并将回收后的寿命终端产品根据合同的要求转交生产者或者通过交易输送到供应链各环节相应的企业。第三方回收商负责回收模式的废旧产品回收过程如图 6.5 所示。

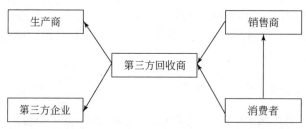

图 6.5　第三方回收商负责回收模式的废旧产品回收过程

废旧产品回收有两种情形：一种是交换回收，即以前购买过该公司的产品，便拥有一个交换资格，当回收的废旧产品符合废旧产品验收标准时，可以按照更新件价格的一定比例进行结算；另一种是直接回收，即没有购买过公司的产品，但是为了市场和再制造生产的需要，直接从废旧产品市场上回收废旧产品，当回收的废旧产品符合废旧产品验收标准时，可以按照更新件价格的一定比例进行结算。当回收废旧产品被鉴定为不合格废旧产品时，即按照废品价格处理。

6.2.3　再制造资源回收中心选址的原则

废旧产品回收中心作为逆向物流网络的物流节点，其选址问题在整个物流系统中占有非常重要的地位，因此选择合适的回收中心尤为重要。废旧产品回收中心选址时主要遵循以下原则[6]。

适应性原则：废旧产品回收中心的选址必须与国家及地区的经济发展方针、政策相适应，与我国的物流资源分布和需求分布相适应。

协调性原则：废旧产品回收中心的选址应将物流网络作为一个大的系统来考虑，使废旧产品回收中心的设备设施，在地域分布、物流能力等方面相互协调。

经济性原则：在废旧产品回收中心发展的过程中，有关选址的费用主要包括建设费用和物流费用。无论废旧产品回收中心的选址是市区还是近郊，各个地址的物流辅助设施的建设费和物流费用都是不同的，选址时应以总费用最低作为废旧产品回收中心选址的经济性原则。

战略性原则：废旧产品回收中心的选址应具有战略性。既要考虑全局，又要考虑长远。局部服从全局，眼前利益服从长远利益。除了考虑目前实际需要，还要考虑日后发展的可能。

6.2.4　再制造产品的库存管理

1. 加强再制造库存管理的意义

库存是再制造企业一项巨大的投资，其目的是支持生产连续不间断和满足客户的需求。良好的库存管理能够加快企业资金使用效率、周转速度，增加投资收益；同时，提高物流系统效率，增强企业竞争力。

库存的经济意义在于支持生产，提供货物和满足客户需求，加强再制造库存管理具有以下意义：

一是平衡供求关系。由于回收品到达的数量、质量和时间的不确定，以及客户对再制造产品需求的不确定，需要通过库存来缓冲回收品和再制造产品的供求不平衡。

二是实现再制造企业规模经济。再制造企业如果要实现大规模生产和经营活动,必须具备废旧产品回收、再制造加工、再制造产品的销售等系统,为使得这一系统有效运作,拥有适当的库存是十分必要的。

三是帮助逆向物流系统合理化。再制造企业在建立库存时,为了考虑物流各环节的费用,尽量合理选择有利地址,减少再制造毛坯到仓库和产成品从仓库到客户的运输费用,这样不仅节约费用,还可以大大节省时间[7]。

2. 再制造库存的分类

再制造库存可按以下两个方面进行分类。

(1) 按货物所处状态分类,库存可分为静态和动态两种。静态库存是指人们一般认识意义上的库存,它是长期或短暂处于储存状态的库存;动态库存不仅包括静态库存,而且包括再制造加工状态和运输状态的库存。

(2) 按货物的形态分类,库存可分为以下几种:①回收废旧产品的库存;②经检测可直接使用零部件和补充新零部件的库存;③再制造加工后零部件的库存;④再制造产品的库存。

3. 再制造库存管理的研究内容

产品回收之后,库存管理是十分复杂的,既要考虑外购原材料和产成品库存、在制零部件的临时库存,又要考虑回收品的库存、拆解过程中的库存及再制造生产的产成品库存,如图 6.6 所示。同时,还要考虑回收品的回收率、质量和及时性对库存的影响,因为生产者对此没有控制的能力。如何将再制造过程中的库存和再制造过程中的库存集成起来是一个亟须解决的问题[8]。

对再制造库存的研究工作主要有以下方面:①建立能够对原材料需求提供可视的系统和模型;②建立再制造的批量模型,能够明确地考虑原材料匹配限制和策略;③研究再制造对物料需求计划使用的影响问题;④在考虑产品独立返回率的情况下,建立库存/生产的联合模型;⑤建立能明确考虑返回产品的大批量库存模型。

图 6.6　再制造库存管理

6.3　再制造供应链模型

闭环供应链是指产品从制造商生产流通到消费者手中,废旧产品再从消费者手中退回给制造商,最后制造商将回收来的废旧产品进行再制造的完整供应链循环。

6.3.1　闭环供应链

计国君[7]将闭环供应链归纳为两部分:一部分是"原料—生产—销售—消费"的正向物流部分;另一部分是"废旧产品—终端回收—再制造—再销售—消费"的逆向物流部分。降低运营成本,对资源的流动进行集中处理,尽可能减少对环境污染的同时还可以为顾客提供服务是闭环供应链的主要目的[9]。

1. 闭环供应链的分类

Fleischmamn 等[10]曾对闭环供应链做了研究,依据逆向物流的特征,将再制造闭环供应链分为以下三类:

(1) 再循环网络。该网络重点在于闭环供应链中资源的合理使用,并且这种资源不仅可以作为生产产品的材料,还可以同时辅助供应链环节上其他产品的生产,如废纸、废金属等的再循环与生产。然而,这种资源的再循环网络也有一些限制,如前期需要大量的资金投入,需要先进技术的支持等。

(2) 再使用网络。这种网络所包含的再制造活动比较简单,回收来的废旧产品只需要进行简单的处理即可再次利用,这种网络结构简单,成本主要为运输成本,如包装物的回收等。

(3) 再制造网络。这是一种比较成熟的再制造闭环供应链,常见于一些有价值的产品。这种再制造产品的市场与新产品的市场是相同的,再制造工序也十分复杂,需要占用一定的生产成本,此类物品的再制造一般由制造商负责,供应链网络结构一般也比较复杂。

2. 闭环供应链系统的主要特征

闭环供应链管理是一种体现产品全生命周期管理的管理理念,该理念强调要通过供应链上各个实体的协同运作来实现整个系统的最大经济与环境效益。相对于传统供应链系统,闭环供应链系统的特点主要表现在以下方面。

(1) 系统的高度复杂性。闭环供应链系统无论从其深度还是广度,都大大超越了传统供应链系统。在广度上,闭环供应链不仅包含正向系统,还包含逆向系统。在深度上,整个系统不是简单的正向和逆向,它涉及从战略层到运作层的一系列整合,特别是在运作层面,系统的复杂性尤其显著。

(2) 逆向渠道的高度不确定性。在传统供应链中,上游向下游提供的产品或零部件,在交货时间、数量及质量上是已知的,并且配送的具体路径也是已知的。但在闭环供应链中,终端消费者在何时废弃产品、废弃多少及废弃时产品的质量如何是未知的。此外,回收的产品必须经过测试分类才能明确进一步的流向,在此之前,废旧产品的流向是不确定的。可能流向再制造设施点、翻新设施点、修理地点,也可能进入零部件拆分点或原材料分类点。另外,由于耗损程度不同,每个废旧产品所需要的再处理时间也是不确定的,这些不确定性加剧了闭环供应链管理的复杂性。

(3) 对正向物流和逆向物流集成规划及控制的难度大。在现实的许多例子中,都是由生产商进行产品再制造活动。正向物流和逆向物流的集成规划及控制极具挑战性,这种困难具体体现在生产运作和物流管理方面。逆向物流的高度不确定性、多种再处理方式的选择及每个返回产品需要不同的修复过程,使生产规划变得极其复杂。废旧产品的返回,使制造商面临双重库存补充方式,即向供应商外购还是利用再处理的产品,外部订单和产品再处理之间如何协调,以及再处理产品对库存水平的影响多大,这些方面导致库存决策复杂化。相关设施的选址、产品全生命周期的考虑、双向流的运输及库存的设置也增加了物流网络规划的难度。

(4) 优化目标的多样性。闭环供应链管理的目的是实现经济与环境的综合效益,从而突破传统供应链管理中单纯追逐经济效益最大化的狭隘视角,在更深层的角度上将环境问题纳入企业经济运营的整体战略框架中,将自然环境的完善与企业的经济目标有机地结合起来。因此,闭环供应链系统结构的设计不仅要考虑成本因素,还要考虑环境绩效因素。

(5) 系统内在的供需失衡特性。在闭环供应链系统中,回收的废旧产品将作为生产过程中的主要供应源。然而,由于产品回收流和市场需求流之间存在时间滞后效应,当前被满足的市场需求在一段时间后成为可以回收的产品,导致废旧产品的供应和制造商的需求不匹配。当产品处于需求高峰时,其返回流往往处于低谷期,此时返回的产品难以满足外部市场需求。而随着新技术的发展,当产品逐渐过时进入需求衰退期时,其返回流却进入高峰期,此时返回的产品又超出了市场需求。因此,在闭环供应链系统中,开展产品再制造的制造商必须充分考虑产品本身的生命周期及市场生命周期,以避免在产品进入衰退期时处理过多的废旧产品。

6.3.2　再制造闭环供应链

1. 再制造供应链网络模型的设计与优化

再制造闭环供应链是当前学术界的研究热点。闭环供应链的运行流程大体是：首先，制造商生产产品，然后把产品出售给零售商，零售商再把产品出售给消费者，消费者接着把使用过的产品出售给回收商，回收商最后把回收来的废旧产品出售给制造商，从而形成一个生产、销售、回收的循环。再制造闭环供应链则突出了产品的回收再制造。因此，再制造闭环供应链大体生产两种产品：一是全新制造产品，简称新产品，指使用全新原材料生产的产品；二是再制造产品，指使用废旧产品进行再制造的产品。一般而言，新产品与再制造品在质量、价格上是有差异的。

目前已有很多国内外学者研究了再制造供应链的网络模型的设计与优化，国内外核心期刊也收录了大量再制造供应链的网络模型，并且有相关文献进行了总结。针对再制造供应链网络模型设计与优化网络设计的研究较多，大部分为定量研究，研究时建立的模型主要有混合整数规划模型、模糊规划模型、随机规划模型，如表 6.1 所示。

表 6.1　再制造供应链的网络模型

模型	决策目标	求解方法
混合整数规划模型	成本最小化、系统费用最小化、收益最大化等	遗传算法；Lingo 软件；包含禁忌搜索法和遗传算法的混合启发式算法；仿真法和敏感性分析；Benders 算法
模糊规划模型		多目标粒子群算法；Lingo 软件；模糊模拟和遗传算法相结合的混合智能算法
随机规划模型		遗传算法和启发式算法；集合了随机模拟、模糊模拟和遗传算法的混合智能算法；分支定界法

目前，关于闭环供应链网络设计的研究较多地运用线性规划及非线性规划等运作管理方法，在模型的算法上较多地运用了模糊理论、遗传算法等，可以看出当前有关网络设计与优化的研究已比较深入，但同时发现，有关闭环供应链网络模型设计的研究还比较分散，不同文献中对模型环境参数的设置也不同，而且很大一部分研究是对分散式决策的一种简化，与现实环境中供应链成员所进行的分散化决策不符合，这些不足之处都值得进行更进一步的研究。

2. 再制造闭环供应链的回收渠道

实践中，不同类型的产品在返回时间、数量和质量、产品本身运输特性和再制造的复杂程度方面,以及再制造之后的二次配送和销售方面各不相同,闭环供应链的具体形式及其管理的关注点有所不同,因此所选择的回收渠道也不相同。根据回收主体不同,其可分为制造商负责的回归渠道、零售商负责的回归渠道和第三方负责的回归渠道三种[10]。

(1) 制造商负责的回收渠道。制造商负责的回收渠道是指生产企业建立独立的逆向物流体系,自己管理废旧物品的回收处理业务。在这种回收渠道下,企业不但重视产品的生产销售和售后服务,还重视产品在消费之后的废旧物品及包装材料的回收和处理。企业建立了遍及所有销售区域的逆向物流网络以便回收各种回流物品,并将其送到企业回流物品处理中心进行集中处理。制造商回收方式下,由企业自身回收自己生产销售的产品,企业能根据市场销售渠道掌握产品的流向,具有信息快速反馈的优势,使其回收工作运作高效。同时,企业熟知回收产品的设计流程,能进行准确的拆解,节省了拆解时间,提高了经济效益。再者,企业对回收的产品具有独占性,拆解下来的零部件和材料经过适当的处理即可进行生产再利用,实现了资源的闭环再循环。但是,任何事物都具有其两面性。在制造商自营回收模式下,生产商只对自己销售产生的产品进行回收,其专业化程度较高,回收产品有限,从而对整个地区来说,不同的企业各自为政建立各自的回收再制造中心,造成了资源的极度浪费。同时,有限的回收产品产生不了规模效应,使得回收的流程加长,回收成本增加。

(2) 零售商负责的回收渠道。零售商负责的回收渠道是指制造商通过与零售商达成协议,由零售商帮助完成废弃产品的回收工作,而由制造商给予一定的补贴。在这种方式下,零售商不仅负责产品的销售,还负责产品在消费之后的废旧物品及包装材料的回收,并将回收的产品以一定的价格出售给制造商或再制造商。在这样的情况下,制造商或再制造商只需要负责生产和再制造,不需要负责收集废旧产品和管理回收流。选择由零售商负责回收的方式,其好处有良好地利用了零售商的网络,避免了对回收网络的大量投资和分散管理,制造商可以集中资源进行生产活动。另外,零售商已经具有正向的物流网络,掌握着比较详细的消费者信息,与消费者保持着紧密的联系,而且当产品的正向销售网络与逆向回收网络有很大程度上的重合时,由零售商来进行回收是最好的选择。平时生活中接触到的各种玻璃酒瓶和桶装水罐的回收就是这种情况。然而,在这种回收网络下,制造商无法完全掌控回收产品的信息,不能直接从消费者身上得到关于产品的直接反馈。与此同时,由零售商代理回收还存在代理成本。制造商需要设立良好的激励机制和合约机制,来激励零售商进行良好的渠道设计和回收工作。可以根据回收产品的特性来判断零售商是否能够帮助供应商进行回收工作。

(3) 第三方负责的回收渠道。第三方负责回收的方式是指生产企业通过协议形式将其回流产品的部分或全部回收业务以支付费用等方式交由专门从事逆向物流服务的企业负责实施。在第三方负责回收的模式下,产品的回收工作由专业的第三方物流回收公司来完成。此时制造商可以专注于产品的生产销售而将产品的回收处理工作留给专业公司去完成。这样,不但可以将更多的精力用于提高生产销售的业绩,同时可以精简部门机构,而且制造商可以通过该方式将由产品的不确定性带来的风险转嫁给第三方。另外,随着社会的发展,许多的现代产品越来越普及,政府的环境监管措施越来越严格,单个企业可能难以独力承担建立完善的回收渠道,而专门负责逆向回收的第三方物流企业的出现,不仅可以减轻单个企业在建立逆向物流系统上的投资压力,还可以为与其合作的再制造企业提供廉价的原材料实现企业间的合作共赢。可以预见,这个行业前景会非常广阔。与零售商负责回收的方式相比,由第三方回收同样使制造商从建立回收渠道中解放出来。但是,第三方回收更适合于制造商和再制造商不一致的情况。如果正向物流与逆向物流的重合性不高,也更适合由第三方进行回收。因此,不同的企业可以选择不同的回收渠道模式,对具有一定生产规模、产品种类少但批量很大的企业来说,适合选择自营模式,而对于那些产品种类很多但产量很少的中小企业来说,适合选择零售商回收或第三方回收模式,一方面可以减少逆向物流的成本,另一方面也可以避免相应的风险。在现实的逆向物流过程中,企业通常会根据不同的逆向物流活动,根据需要将逆向物流的某部分活动或者某项功能进行模式选择,综合利用这几种方式来实施逆向物流。

参 考 文 献

[1] 鲁良栋,赵嵩正,胡剑波. 面向再制造的逆向物流体系结构研究[J]. 现代制造工程,2008,(10):1-5.

[2] 张力夫. 工程机械再制造逆向物流体系的构建及运作模式的研究[D]. 南宁:广西大学,2016.

[3] 刘濛. 循环经济背景下的逆向物流体系构建研究[J]. 物流技术,2013,32(5):192-194.

[4] 付莹. BBA 公司零部件采购流程管理研究[D]. 沈阳:东北大学,2010.

[5] 杨雪影. 再制造产品回收网络研究[D]. 哈尔滨:哈尔滨商业大学,2011.

[6] 梁岩. 汽车再制造企业旧件回收业务系统的优化研究[D]. 苏州:苏州大学,2013.

[7] 计国君. 闭环供应链下的配送和库存理论及应用[M]. 北京:中国物资出版社,2007.

[8] 徐滨士,等. 再制造与循环经济[M]. 北京:科学出版社,2007.

[9] 方文超. 基于产品差异和第三方回收的再制造闭环供应链模型[J]. 广东技术师范学院学报,2014,35(4):72-78.

[10] Fleischmann M,Krikke H R,Dekker R,et al. A characterisation of logistics networks for product recovery[J]. Omega,2000,28(6):653-666.

第 7 章 再制造风险管理

7.1 再制造风险管理的概念

对顾客来说,再制造产品是一种新型产品,从认识到接受并使用需要一个过程。对再制造企业来说,开展废旧产品的回收、再制造产品的生产及营销活动相当于一种新型产品的研发过程。根据新产品的开发成功曲线可知,新产品开发面临着费用高、成功率低、风险大、回报下降等压力。鉴于再制造产品及生产过程本身的特点,其运营过程会面临各方面的影响,因此有必要对再制造生产过程中的风险因素进行早期识别和诊断,并开展预警预控管理,以防患于未然,确保再制造生产运营系统的顺利进行。

风险管理已成为企业项目管理过程中除质量管理、成本管理、进度管理之外的另一项重要管理内容。风险管理是指企业通过识别和衡量企业运营过程中的可知风险,采用合理的经济和技术手段对风险加以处理,以最小的成本获得最大的安全保障,达到企业追求的目标。

不同的研究者对风险管理的程序做出了各自的阐述,但通常分为 3 个步骤:风险识别、风险评估和风险控制[1~3]。

风险识别是指发现潜在风险的过程,包括确定风险来源、风险产生条件,研究风险特征,并确定哪些风险有可能影响本项目,是项目风险管理的基础和重要组成部分[4~7]。

风险评估是对风险进行量化的过程,能够为风险分析和风险处理提供数据基础和决策依据。

风险控制是指根据风险评估的结果,通过适当的策略和工具,消除或降低风险发生的可能性或减少风险造成的损失,以达到企业的目标。

再制造企业的风险来源于企业内部和外部两个方面。企业外部的风险主要是再制造产品会受到新品和二手产品的挤压,顾客对再制造产品的认知度不高等因素导致的市场不确定性较大。企业内部的风险则是由再制造企业自身的素质造成的,如再制造基础设施的建设、再制造生产工艺和再制造专业人才的配备等。在对企业内部风险进行分析时,也会受到企业外部环境的影响,如废旧产品的供应问题、再制造过程中产生的废弃物对环境的影响限制等问题。本章的研究内容为再制造生产过程风险管理,为再制造企业开展再制造的决策制定过程提供参考,涉及企业外部的独立风险在分析过程中不予考虑。

7.2　再制造生产过程的风险识别

再制造生产比一般产品生产更为复杂,因此如何正确地识别再制造生产过程中的风险成为开展再制造产品风险管理的首要任务。

目前常用的风险识别方法主要有访谈法、问卷调查法、德尔菲法(Delphi method)、头脑风暴法、流程图法、因果图法、工作分解结构(work breakdown structure,WBS)法、风险分解结构(risk breakdown structure,RBS)及 WBS-RBS 矩阵等[8,9]。由于再制造产品及其生产过程具有特殊性,风险因素大于一般项目,因此,简单采用某一种方法不一定能得到满意结果,对再制造产品开发中的风险必须综合应用多种方法。

在风险识别方法中,访谈法、问卷调查法、德尔菲法、头脑风暴法等主要是基于专家的经验,带有一定的主观性,在一般的项目风险识别中使用较为简单,也能得到较为理想的结果,但是在再制造生产过程中,就体现出一定的局限性。

对再制造生产过程中面临的风险进行识别是风险管理的首要任务,而目前相关的研究还比较少见。Thierry 等[10]对再制造过程中存在的不确定性因素进行了分析,基于 Thierry 等的研究成果,国内的谢家平等[11]、赵忠等[12]也对再制造生产计划的影响因素做出了分析,主要包括产品回收的不确定性、回收与需求的不平衡、可再制造率不确定性、再制造时间不确定性等。上述内容都可以视为再制造过程的风险因素,在实际的生产过程中要加以关注。上述研究是针对再制造过程的宏观运营方面进行的阐述,而非针对具体再制造生产过程的风险识别,因此有必要结合具体的再制造生产流程对其生产过程风险因素做出分析及识别。

基于上述分析,再制造生产过程中的风险识别技术主要采用较为客观的流程图法、WBS 法和 RBS 法等,这些方法主要是基于过程的具体流程及构成情况,对每一个流程或结构所涉及的风险源进行识别,确认其对项目的影响程度,并采取相应的措施进行控制。

再制造生产流程示意图如图 7.1 所示,再制造生产过程的风险因素识别可以在此基础上展开。利用表面工程技术开展发动机再制造的生产过程风险因素分析,如表 7.1~表 7.6 所示,主要分为设备风险、技术风险、管理风险、操作风险及环境风险五个方面。

图 7.1　再制造生产流程示意图

表 7.1 废旧产品拆解、清洗过程风险点分析

风险点	问题表现	潜在后果	原因分析	建议措施
设备与资源	企业大多采用手工方式拆解废旧发动机	拆解具有破坏性,效益低下	回收拆解技术、设备落后	尽量采用机械化、流水线式拆解设备
	清洗过程中,企业大多采用手工清洗方式	清洗质量差、效率低;易污染环境	工厂设备投入不足;清洗技术、设备落后	尽量采用机械化等自动化清洗方式和设备
	清洗过程中过多采用煤油、汽油等化学清洗方法	腐蚀或损坏发动机部件;易污染环境		尽量采用物理清洗等绿色清洗方法和设备
管理体系	拆解前没有进行各个废旧发动机状态的确认	选择的拆解方式和工具不正确,拆解过程中易损坏发动机及其部件	发动机采购回收渠道不规范;工序遗漏	规范回收渠道;制定作业规范,拆解前需确定各个发动机的状态,根据其状态,选择不同的拆解方式/方法
	对拆解后的零部件没有进行分类保存	不合格品或不可利用件流入后续加工过程	管理不到位;工序遗漏	对不同部件进行分类标识和保存
	清洗时,清洗液温度过高或过低	清洗不净,易留有污垢等杂质	对清洗液温度未进行有效监控	加强对温控设备的检查和监控
	清洗液浓度不足或超标	清洗洁净度达不到要求	清洗液配比不良,清洗时间长时,清洗液浓度降低	严格控制清洗液浓度,并定期对清洗液浓度进行测量
	对清洗液生产日期、使用期限等未进行有效标识	清洗液过期	采购原料管理不到位	要求供应商明确清洗液使用期限并做有效标识
	油道等管道清洗后仍留有铁屑等杂质	清洁度达不到要求,表面处理后,喷涂层、镀层黏结不牢,易脱落	油道曲折复杂,清洗困难;清洗方式单一,清洗不彻底;清洗液浓度不够等	增加清洗方式;定期对清洗液浓度进行测量;增加清洗后检验工序
	表面清洗不净,留有铁锈等杂质	影响后续加工,喷涂层/刷镀层黏结不牢,易脱落	氧化层、杂质影响镀层与底层结合强度	加强清洗过程控制;增加清洗后检验工序
	清洗后防锈处理不良	发动机易锈蚀	表面氧化	增加入库检验措施

续表

风险点	问题表现	潜在后果	原因分析	建议措施
人员操作不规范	拆解时,未按规定的顺序和拆解工具拆解废旧发动机附件和螺栓	拆解困难;易损坏发动机零部件	工人未按规定操作;未制定详细的拆解作业指导书	加强人员培训管理;针对不同发动机,制定完善的拆解作业指导书
	拆解后的缸体、缸盖等重要部件随意丢置、拖行	破坏缸体、缸盖上下平面	工人操作不当,管理不到位	加强人员培训管理
环保	拆解、清洗过程中产生的废水、废液、废渣直接排放、丢弃	造成环境的二次污染,违反国家相关法律、法规	环保相关设施投入不足;环保监控、管理不到位	加强环保设备的投入;加强拆解清洗过程环保的监控和管理

表 7.2　废旧产品零部件检测、识别、评估过程风险点分析

风险点	问题表现	潜在后果	原因分析	建议措施
设备	产品检测过程中,检测方法单一,大多采用目测等传统检测手段	微小裂纹等缺陷不易检测出;内部裂纹无法识别	检测设备和检测技术落后;无损检测等新技术运用推广不足	加大新技术推广力度,鼓励企业增加设备、技术投入
	检测仪器精度达不到规定要求	产品不合格	设备落后,投资不足	鼓励企业增加设备、技术投入
管理体系	关键工序遗漏,如缺少修复前的产品尺寸检验	确定修理等级错误或不准确	管理不到位,关键工序控制不到位	对关键工序予以识别,并进行有效监控
	检测出的不合格品没有进行标识,隔离等处理	产品流入正常加工环节,存在质量隐患	管理措施不完善、不规范	建立不合格品识别和隔离等控制程序
	检测频次不够,检验仪器存在偏差,例如,采取一次检测时,部分缺陷没有检测出来	部件报废,发动机最终质量不合格	检测受环境、温度及零件表面缺陷情况等影响,存在误差;检测仪器失效	增加检测频次;对检测设备周期性进行鉴定和校准
	产品寿命评估失真	影响最终产品寿命	表面清洗不彻底等	增加后续检验工序
	内部裂纹没有识别	产品寿命评估不准确,影响产品寿命	人员操作失误,检测不到位	增加检测频次
人员管理	工人未按规定使用检测仪器进行检测	检测不到位,产品存在缺陷	人员培训管理不足	加大人员培训力度

表 7.3　尺寸恢复法表面处理过程风险点分析

风险点	问题表现	潜在后果	原因分析	建议措施
表面处理技术规范	经过表面处理后局部效果不理想,不同部位表面处理层厚度不均匀	尺寸精度达不到要求,装配困难	不同零件损伤形式复杂多样,材质与形状大多不同	需要针对不同损伤情况的零部件采用不同的修复处理措施
	镀前珩磨疲劳层及损伤缺陷去除不净	影响镀层结合强度	珩磨量不足	更根据产品实际损伤情况确定修复参数和工艺,并适当增加检测方法和频次
	喷砂粗化处理时表面粗糙度达不到要求	喷涂层/刷镀层黏结不牢,易脱落	表面面积小,结合力度小	根据实际情况加强喷砂力度,增加喷涂次数
	待加工底层清除不净,清洁度差	喷涂时,喷涂不牢,涂层易脱落	底层清洁度差,涂层难附着	加强底层清理,清理完毕后立即喷涂
	基体表面净化不充分	后续加工困难,表面处理层附着不牢固,易脱落	工件清洁度差,氧化层、杂质阻隔镀层附着	调整电压及镀液,重复净化过程
	一次、二次活化不足	电镀失败,镀层易脱落	电压控制及镀液配比不良,活化液纯度质量差	调整电压及镀液,确保镀液质量
	表面加工处理前,磨削过量或不足	表面修复层太厚或出现斑坑	加工表面氧化层未去除干净	在刷镀前进行彻底清洗,磨削过程中做必要的测量
	涂层、焊接层出现裂纹、翘起、脱落,涂层粒子表面氧化严重;表面粗糙度达不到要求	喷涂层结合强度不够、易脱落	再制造零部件的材质、成形方法等均不相同,选用的喷涂材料不同时,结合强度也不相同	根据零件材质和成形方法选择不同喷涂材料
	镀层组织疏松、粗糙或过于致密	镀层质量不高,出现裂纹、易脱落,结合强度不高	电镀电压控制偏高或偏低,镀笔与工件的相对运动速度控制不好	按不同电镀液确定电压范围;完善表面修复工艺

续表

风险点	问题表现	潜在后果	原因分析	建议措施
设备 与仪器	镀前准备样件不足,测量错误	影响刷镀及刷镀不成功	测量器具失效,测量产生误差	定期对测量器具进行校准
	确定修理等级不准确	返工、返修	测量器具产生误差	定期检测测量器具;增加检验频次
管理与 人员操作	镀液洁净度不足	镀层结合强度不够,易脱落	镀液长期使用,杂质增多,质量下降	镀液需要定期进行报废处理
	缸盖破损有凹坑、碰伤或划痕	缸盖漏水、漏气	检验不到位	增加检验频次和环节
	缸盖鼻梁区及喷油器衬套周围有裂纹	缸盖漏水、漏气,严重烧蚀	检验不到位	

表7.4　尺寸修复法加工过程风险点分析

风险点	问题表现	潜在后果	原因分析	建议措施
设备	镗削时,精度超差	影响配合间隙	镗刀磨损或镗杆摆动	使用完好的镗缸机,正确选用刀具材料、刀头角度及宽度
	精磨主轴颈、连杆轴颈时尺寸超差	影响配合间隙	测量器具不准	增加检验频次;对轴颈尺寸全检
	倒角不规则	影响油压,磨损轴承	加工中测量系统不稳定、倒角修整不佳	定期对加工、测量系统进行检验
操作技术 规范和管理	镗削时,镗刀没有及时进行修磨	气缸上下加工尺寸有明显差别	刀具在加工始末锋利程度不同	加工时,必须利用装置在镗缸机上的刀具砂轮对镗刀进行修磨
	镗缸机找正时,把定心器放在最大磨损部位进行定心	容易形成气缸的中心距不等,降低修理质量	该方法操作容易,可使磨削量减小	应该在气缸导向部分定心,把气缸原始中心作为基准进行加工
	某一个气缸的尺寸加大值与其他各气缸不同	引起发动机振动剧烈	各气缸磨损程度不同,加工时确定的加工量不同	必须使各气缸缸径的尺寸加大值相同
	装气门导管,底孔加工不到位	导管与底孔配合不良,导管松动漏气烧蚀	刀具在加工过程中出现磨损	定期对刀具进行检验、报废

风险点	问题表现	潜在后果	原因分析	建议措施
操作技术规范和管理	磨缸盖下平面,缸盖高度低于标准	活塞碰气门	多次加工	更换新的气缸盖
	珩磨大头孔,孔径超差	后续加工余量过大或过小	刀具磨损后未及时调整;刀片用错	加工前对刀具进行检查;加工过程中及时修磨刀具
	镗削衬套底孔、小头孔径尺寸时,孔径尺寸超差	衬套、活塞销磨损	加工过程中刀具磨损	定期对刀具进行检查、报废
	连杆称重分组不正确	影响发动机平衡,发动机严重故障	出现故障;摆放标识不清	定期对设备进行检验;加强标识管理
	精磨过程中,粗糙度超差	造成磨损、漏油等	砂轮等未定期修整	定期对砂轮等加工设备进行检验
人员管理	压出气门导管,导管底孔出现划伤	缸盖漏气	人工操作时不注意	加强人员培训,加强下一工序检验控制
	镗削气门座圈,座圈孔尺寸超差	气门密封不严,缸盖漏气	刀具磨损;工人凭经验控制产品尺寸	
	打磨连杆,齿形结合面磕碰或毛刺修复不彻底	降低配合精度;后续加工尺寸及形位公差不易控制	人员操作失误,加工不彻底	

表 7.5　再制造加工后检测风险点分析

风险点	问题表现	潜在后果	原因分析	建议措施
技术规范	表面修复层厚度检测困难	影响发动机装配精度及使用寿命	表面处理后涂层较薄、组织复杂、存在的缺陷大部分都比较细小(微米级)	开展无损检测等综合检测技术研究;针对不同情况的产品,制定更加详细的检验技术规范
	沉积成形,金属体与零部件基体(镀层/涂层/焊接层)结合部位的结合强度检测困难	再制造后的产品达不到标准要求,再制造后的产品存在安全隐患	再制造零部件的材质、成形方法、加工过程等均不相同,再制造表面处理层厚度较薄、组织复杂、存在的缺陷大部分都比较细小(微米级)	
	再制造部位沉积成形,金属体(镀层/涂层/焊接层)自身的缺陷、残余应力及组织和性能检测困难			

风险点	问题表现	潜在后果	原因分析	建议措施
技术规范	缸体等水检失败	缸体未检出泄漏等	温度、水温、气压错误；工装漏气,检测方法不明确	增加检验频次
	废旧零部件及整机寿命预测难度较大	影响再制造产品质量的高低及服役寿命的长短	废旧发动机的各个零件损伤情况各不相同	增加再制造机与原机的匹配验证和技术验证
管理体系	检测不合格的产品没有标识、隔离等处置措施	不合格产品流入装配环节,整机检测不通过或产生安全隐患	管理不到位,缺少必要的控制程序	建立不合格产品的控制程序及报废处理措施
	采购的更新件没有进行必要的检测而直接装配	再制造产品存在质量隐患	更新件中可能存在不合格品	增加更新件检验程序

表 7.6　整机装配、检测风险点分析

风险点	问题表现	潜在后果	原因分析	建议措施
技术规范	产品装配力矩超差	后续加工形位超差	力矩扳手调整不当;用力不均	对设备、工装周期进行检验
	装配零件存在切削、砂粒、灰层、毛刺等情况	不符合清洁度要求,装配精度达不到要求	在装配前没有进行必要的清理和清洗工作	装配前进行必要的清理工作
	油漆未干的零部件直接进行装配	破坏油漆表面,或漆皮掉进产品内部,影响产品的清洁度	进行油漆工序后,需搁置一段时间后再进行装配	完善相关操作技术规范
	出厂例行检验项目不足	存在质量缺陷或安全隐患	检验项目不明确	完善相关检测规范和标准
	再制造发动机缺少与原发动机的匹配验证过程	再制造后的发动机无法达到新发动机要求	目前技术规范和要求还不够完善	

风险点	问题表现	潜在后果	原因分析	建议措施
管理体系	部分再制造件或外购、外协件不具有检验合格证	产品检测不合格，发动机返工或存在安全隐患	再制造加工后没有加贴是否检验合格的标识；外构、外协件库存一段时间后发生腐蚀等失效情况	所有零部件必须具有检验合格证才能进行装配
	装配过程中出现磕碰、划伤、腐蚀等情况	影响装配精度；影响发动机预期使用寿命	装配操作不规范，管理不到位	制定相应的操作规范和处置程序
人员操作	装配时采用普通扳手或电动扳手进行装配	拧紧力矩不足或过大，螺纹损坏，螺栓失效	操作人员未按规定使用扭力扳手；或扭力扳手未定期进行校核	加强人员培训，严格按照工艺规程规定使用设备；定期对设备进行检验
	拧紧螺栓时，未按规定的拧紧顺序操作	容易漏拧；装配后机器运转不良	人员操作不规范	加强人员培训管理
设备、加工环境	装配环境温度、湿度等不符合标准或规范要求	影响装配精度	季节、气候等发生变化；工作环境发生变化	定期对装配环境进行检测

WBS 方法是按照项目的内在结构或实施顺序将之分解成各种活动，而根据运作或管理的方便性，还可以将分解后的活动进一步分解为更详细、范围更小的次级活动，在分解的过程中要注意上下层次及同层次之间的关联性和协调性。随着分解层次的增加，活动涉及的范围越小、工作越具体。

RBS 是指按风险类别和子类别来排列已识别项目风险的一种层级结构图，用来显示潜在风险的所属领域和产生原因。RBS 通常依具体项目类型定制。

Rafele 等[13] 和 Hillson 等[14] 将 WBS 法与 RBS 结合在一起综合考虑，建立了 WBS-RBS 矩阵用以对项目的风险进行识别。WBS-RBS 矩阵的建立分为 3 个步骤：建立项目的 WBS；建立项目的 RBS；构建 WBS-RBS 矩阵。WBS-RBS 矩阵的行是项目的 RBS 底层风险因子集合，列是项目的 WBS 底层风险因子集合，行与列的交叉点就是风险点，如图 7.2 所示。

WBS-RBS 矩阵的优点在于能够比较全面地识别项目中涉及的各种风险，并且能够清晰地表示风险所处的过程或结构。国内有很多学者采用这种风险识别方法，并应用在诸多领域，其中也包括复杂产品的运营风险识别。

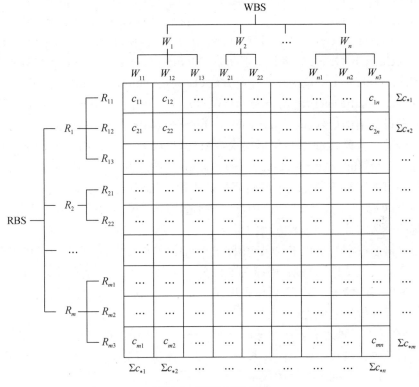

图 7.2　WBS-RBS 矩阵

7.3　再制造生产过程的风险评估方法

目前,并没有直接针对再制造生产过程的风险评估方法,可以将企业的再制造生产过程看作一个项目过程,因此可以利用项目管理中的风险评估方法对再制造生产过程的风险进行评估。

根据景劲松[8]的归纳,现有的关于项目风险评估的研究可归结为三类:一是从投资角度借用传统的财务风险评估方法进行评估;二是使用一些评估模型对项目风险的高低进行归类或排序;三是综合评估。本章的研究将采用第二种评估方法,对再制造生产过程中识别出的风险因素进行高低排序,找出关键风险因素。

从技术的角度来讲,现有的风险评估方法主要分为定性分析、定量分析及定性与定量相结合的综合分析三类。其中,常用的定性分析方法包括专家调查法、主观评分法、故障树分析(fault tree analysis,FTA)法等。常用的定量分析方法则有概率风险分析(probability risk analysis,PRA)法、失效模式及后果分析(failure mode and effects analysis,FMEA)法、风险因子评价法(risk factor evaluation method,RFEM)、网络分析法(network analysis method,NAM)、风险评审技术(venture evaluation review technique,VERT)、图示评审技术(graphical evaluation and review technique,GERT)、蒙特卡罗仿真(Monte Carlo simulation,MCS)法、影响图(influence diagram,ID)法、贝叶斯方法(Bayesian method,BM)、有序加权平均算子(order weight average operator,OWAO)方法、风险价值(value at risk,VAR)法及基于设计结构矩阵(design structure matrix,DSM)的风险评估等。定性与定量相结合的综合评估法主要包括层次分析法(analytic hierarchy process,AHP)、模糊综合评价(fuzzy comprehensive evaluation,FCE)法、ANN法。这些评估方法为不同项目的产品开发提供了风险评估的手段,但是各方法在应用中也存在一定的优缺点,如表7.7所示[15~20]。因此,再制造生产过程中的风险评估要根据实际需求选择合适的评估方法或方法的组合。

在对再制造生产过程中的风险因素进行评估的过程中,涉及的风险因素较多,且相互之间的关系错综复杂,用简单的评分法对风险因素进行识别及评价并不能很好地反映实际情况。因此,可以采用模糊综合评定法对其进行合理的评价,FCE法是借助模糊数学的概念,运用模糊集理论对某一考核系统进行综合评价的一种方法,是在考虑多种含有模糊性的因素影响下对事物做出的综合评价。采用FCE法对再制造生产过程中的风险因素进行识别与评价的主要任务是利用AHP来建立评价指标体系并确定指标的权重[21~24]。

利用AHP的再制造生产过程风险评估过程主要有以下四个步骤。

第一步,建立层次结构模型,即确定再制造生产过程中的风险因素指标体系。

根据再制造生产过程的实际特点及指标间的相互关系,可以划分为目标层、准则层和指标层三级,再制造生产过程中的指标体系结构如图7.3所示。

第二步,构造判断矩阵,即设定模糊集。

表 7.7　各种风险评估方法的优缺点

风险评估方法	优点	缺点
定性方法:专家调查法、主观评分法、FTA法	评估周期短,简单,易于实施	以个人的经验作为评估依据,使结果具有很大的不确定性和模糊性,可行性及合理性不高
定量方法:PRA法、FMEA、RFEM、NAM、MCS法、ID法、BM、VAR法等	结构严谨,对不完整及不确定信息的处理能力较强,具备较大的确定性及可信性	部分评估方法的数据需求量大,导致计算量大,建模困难

续表

风险评估方法	优点	缺点
定性与定量结合方法：AHP、FCE 法、ANN 法等	自动决策，能将专家经验与历史数据相结合；部分评估方法还具备非线性、多影响因素信息处理能力及自学习能力，数据改变时可自动调整权重分配(如 ANN 等)	部分结果受到专家意见的影响，不同的意见会导致权重的确定产生不一致性；部分方法计算量大

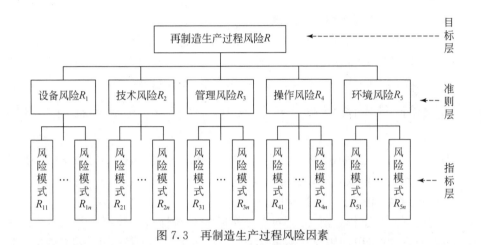

图 7.3　再制造生产过程风险因素

判断矩阵中的元素反映了某一层次风险因素之间的相互关系，可以表示为 $A=(a_{ij})_{n \times n}$，其中 a_{ij} 表示元素 i 相对于元素 j 的重要程度，可以采用德尔菲法来确定，n 为元素个数，$a_{ji}=1/a_{ij}$。a_{ij} 的取值如表 7.8 所示。

由此可得准则层相对于目标层的判断矩阵及指标层相对于准则层的判断矩阵。准则层相对于目标层的判断矩阵如表 7.9 所示，指标层相对于准则层的判断矩阵构建与此类似。

表 7.8　判断矩阵取值

a_{ij}	重要性比较
1	元素 i 与元素 j 一样重要
3	元素 i 比元素 j 稍微重要
5	元素 i 比元素 j 重要
7	元素 i 比元素 j 明显重要
9	元素 i 比元素 j 极度重要
2、4、6、8	上述重要性的中间值

表 7.9　准则层相对于目标层的判断矩阵

R	R_1	R_2	R_3	R_4	R_5	W
R_1	a_{11}	a_{12}	a_{13}	a_{14}	a_{15}	W_1
R_2	a_{21}	a_{22}	a_{23}	a_{24}	a_{25}	W_2
R_3	a_{31}	a_{32}	a_{33}	a_{34}	a_{35}	W_3
R_4	a_{41}	a_{42}	a_{43}	a_{44}	a_{45}	W_4
R_5	a_{51}	a_{52}	a_{53}	a_{54}	a_{55}	W_5

第三步，确定各层次指标的权重。

表 7.3 中的 W 为准则层各元素的权重，具体计算方法如下：

（1）计算判断矩阵每一行元素的乘积 $M_i(i=1,2,\cdots,n)$。

（2）计算 M_i 的 n（n 为判断矩阵阶数）次方根，得向量 $w=(w_1,w_2,\cdots,w_n)^{\mathrm{T}}$。

（3）对向量 w 进行归一化处理 $W_j=\dfrac{w_j}{\sum\limits_{j=1}^{n}w_j}$，得到特征向量 $W=$

$(W_1,W_2,\cdots,W_n)^{\mathrm{T}}$。其中，$W_i(i=1,2,\cdots,n)$ 可作为相应风险因素的权重，其他层次的风险元素权重按同样方法进行计算。

第四步，判断矩阵的一致性检验。

在进行下一步工作之前，需要对判断矩阵的一致性进行检验。若判断矩阵满足一致性要求，则可以利用此判断矩阵确定的权重来进行风险评估；若不满足一致性要求，则需要对判断矩阵进行调整，直至满足一致性要求。判断矩阵的一致性检验步骤如下：

（1）计算判断矩阵最大特征值 $\lambda_{\max}=\dfrac{1}{n}\sum\limits_{i=1}^{n}\dfrac{(\boldsymbol{AW})_i}{W_i}$，其中 $(\boldsymbol{AW})_i$ 为矩阵 $\boldsymbol{AW}$ 的第 i 个元素。

（2）计算一致性指标：$\mathrm{CI}=\dfrac{\lambda_{\max}-n}{n-1}$。

（3）计算一致性比例：$\mathrm{CR}=\dfrac{\mathrm{CI}}{\mathrm{RI}}$，RI 的取值与判断矩阵的阶数 n 有关，如表 7.10 所示。若 CR<0.10，则认为判断矩阵满足一致性要求。

表 7.10　RI 取值表

n	1	2	3	4	5	6	7	8	9
RI	0	0	0.58	0.90	1.12	1.24	1.32	1.41	1.45

同理，可以运用 AHP 对指标层风险元素相对于准则层风险元素的相对权重及相对于目标层风险元素的总权重进行确定。

根据表 7.1~表 7.6,将再制造生产过程中的风险因素进行划分,可得表 7.11。

表 7.11　再制造生产过程中的风险因素

目标层	准则层	指标层
再制造生产过程风险(R)	设备风险(R_1)	手工拆解的破坏性及效率低下(R_{11})
		不具备清洗设备导致的清洗质量差及效率低(R_{12})
		传统检测手段的落后导致质量检测准确率低(R_{13})
		表面预处理设备不符合产品要求(R_{14})
		没有根据产品特点选择专用加工设备(R_{15})
		不具备具有针对性的表面涂层性能测量设备(R_{16})
		再制造产品缺少与原型新品的匹配验证过程(R_{17})
		再制造加工设备的投资大且通用性不高(R_{18})
	技术风险(R_2)	没有掌握产品结构导致的拆解技术或顺序错误(R_{21})
		清洗技术及材料的错误导致清洗不干净(R_{22})
		检测技术不完善导致产品剩余寿命评估失真(R_{23})
		不具备合格的表面预处理技术导致表面涂层脱落(R_{24})
		再制造加工技术及材料选择的盲目性影响涂层性能(R_{25})
		表面涂层性能检测技术不具备或不完善(R_{26})
		后续加工达不到原产品精度要求(R_{27})
		整机寿命预测难度大(R_{28})
		再制造核心技术的研发周期长且针对性强(R_{29})
	管理风险(R_3)	废旧产品回收渠道不畅通(R_{31})
		拆解前没有对废旧产品的状态进行确认(R_{32})
		清洗设备及材料的选择错误(R_{33})
		不可利用件流入后续加工过程(R_{34})
		对拆解后零部件的检测频次不够(R_{35})
		对内部损伤件没有做出标示(R_{36})
		用于再制造产品的更新件没有进行检测而直接装配(R_{37})
		废旧产品损坏状态不一致导致再制造生产计划制订困难(R_{38})
		没有掌握市场需求导致再制造产品不足或剩余(R_{39})
	操作风险(R_4)	未按规定的顺序和工具进行拆解而导致损坏(R_{41})
		检测过程不规范致使缺陷没有被检出(R_{42})
		预处理过程前确定的修理等级不够(R_{43})
		再制造加工过程的不规范导致返工、返修或报废(R_{44})
		未按要求的装配顺序及设备进行装配(R_{45})
		未按原型新品的要求进行试机导致产品质量不达标(R_{46})

目标层	准则层	指标层
再制造生产 过程风险(R)	环境风险(R_5)	拆解后的报废品随意丢弃(R_{51}) 大量采用化学清洗技术(R_{52}) 没有对再制造生产过程中产生的废物进行处理(R_{53}) 没有对再制造加工过程中的噪声污染进行隔绝处理(R_{54})

首先利用德尔菲法针对准则层构建判断矩阵,如表 7.12 所示。

表 7.12　准则层相对于目标层判断矩阵($R-R.$)

R	R_1	R_2	R_3	R_4	R_5	W
R_1	1	$\frac{1}{2}$	3	4	6	W_1
R_2	2	1	4	5	7	W_2
R_3	$\frac{1}{3}$	$\frac{1}{4}$	1	3	4	W_3
R_4	$\frac{1}{4}$	$\frac{1}{5}$	$\frac{1}{3}$	1	2	W_4
R_5	$\frac{1}{6}$	$\frac{1}{7}$	$\frac{1}{4}$	$\frac{1}{2}$	1	W_5

此时判断矩阵为

$$
\boldsymbol{A}=\begin{bmatrix}
1 & \dfrac{1}{2} & 3 & 4 & 6 \\[2mm]
2 & 1 & 4 & 5 & 7 \\[2mm]
\dfrac{1}{3} & \dfrac{1}{4} & 1 & 3 & 4 \\[2mm]
\dfrac{1}{4} & \dfrac{1}{5} & \dfrac{1}{3} & 1 & 2 \\[2mm]
\dfrac{1}{6} & \dfrac{1}{7} & \dfrac{1}{4} & \dfrac{1}{2} & 1
\end{bmatrix}
$$

将判断矩阵每一行元素相乘,并对结果开 $n(n=5)$ 次方:

$$
w_1=\sqrt[5]{1\times\frac{1}{2}\times3\times4\times6}=2.0477
$$

$$
w_2=\sqrt[5]{2\times1\times4\times5\times7}=3.0863
$$

$$
w_3=\sqrt[5]{\frac{1}{3}\times\frac{1}{4}\times1\times3\times4}=1.0000
$$

$$
w_4=\sqrt[5]{\frac{1}{4}\times\frac{1}{5}\times\frac{1}{3}\times1\times2}=0.5065
$$

$$w_5 = \sqrt[5]{\frac{1}{6} \times \frac{1}{7} \times \frac{1}{4} \times \frac{1}{2} \times 1} = 0.3124$$

对向量 $\boldsymbol{w} = (w_1, w_2, w_3, w_4, w_5)^{\mathrm{T}}$ 进行归一化处理：

$$W_j = \frac{w_j}{\sum\limits_{j=1}^{n} w_j}$$

得到特征向量：

$$\boldsymbol{W} = \begin{bmatrix} W_1 & W_2 & W_3 & W_4 & W_5 \end{bmatrix}^{\mathrm{T}} = \begin{bmatrix} 0.2945 \\ 0.4439 \\ 0.1438 \\ 0.0728 \\ 0.0449 \end{bmatrix}$$

对判断矩阵的一致性进行检验，计算判断矩阵最大特征值，得 $\lambda_{\max} = \frac{1}{n} \sum\limits_{i=1}^{n} \frac{(\boldsymbol{AW})_i}{W_i} = 5.1455$，则 $\mathrm{CR} = \frac{\mathrm{CI}}{\mathrm{RI}} = \frac{\frac{\lambda_{\max} - n}{n-1}}{\mathrm{RI}} = 0.0325 < 0.10$，判断矩阵满足一致性要求。

特征向量 $\boldsymbol{W}$ 中的 W_i 即为相应风险因素的权重，如表 7.13 所示。

表 7.13　准则层权重计算结果

R	R_1	R_2	R_3	R_4	R_5	W
R_1	1	$\frac{1}{2}$	3	4	6	0.2945
R_2	2	1	4	5	7	0.4439
R_3	$\frac{1}{3}$	$\frac{1}{4}$	1	3	4	0.1438
R_4	$\frac{1}{4}$	$\frac{1}{5}$	$\frac{1}{3}$	1	2	0.0729
R_5	$\frac{1}{6}$	$\frac{1}{7}$	$\frac{1}{4}$	$\frac{1}{2}$	1	0.0449

同理，构建指标层相对于准则层的判断矩阵，并对其进行权重计算及一致性检验，所得结果如表 7.14~表 7.18 所示。

表 7.14　指标层相对于准则层的判断矩阵（$R_1 - R_1$.）

R_1	R_{11}	R_{12}	R_{13}	R_{14}	R_{15}	R_{16}	R_{17}	R_{18}	W
R_{11}	1	3	2	2	2	3	4	$\frac{1}{3}$	0.1740

续表

R_1	R_{11}	R_{12}	R_{13}	R_{14}	R_{15}	R_{16}	R_{17}	R_{18}	W
R_{12}	$\frac{1}{3}$	1	1	$\frac{1}{2}$	$\frac{1}{5}$	$\frac{1}{3}$	$\frac{1}{2}$	$\frac{1}{6}$	0.0409
R_{13}	$\frac{1}{2}$	1	1	1	$\frac{1}{2}$	1	3	$\frac{1}{5}$	0.0776
R_{14}	$\frac{1}{2}$	2	1	1	$\frac{1}{2}$	1	2	$\frac{1}{5}$	0.0804
R_{15}	$\frac{1}{2}$	5	2	2	1	4	5	$\frac{1}{2}$	0.1748
R_{16}	$\frac{1}{3}$	3	1	1	$\frac{1}{4}$	1	1	$\frac{1}{4}$	0.0695
R_{17}	$\frac{1}{4}$	2	$\frac{1}{3}$	$\frac{1}{2}$	$\frac{1}{5}$	1	1	$\frac{1}{5}$	0.0481
R_{18}	3	6	5	5	2	4	5	1	0.3346

由表 7.10 可知，当 $n=8$ 时，RI＝1.41，此判断矩阵的最大特征值 $\lambda_{max}=$ 8.3988，其一致性比例 CR$=\dfrac{CI}{RI}=0.0404<0.10$，满足一致性要求。

表 7.15　指标层相对于准则层的判断矩阵($R_2 - R_2.$)

R_2	R_{21}	R_{22}	R_{23}	R_{24}	R_{25}	R_{26}	R_{27}	R_{28}	R_{29}	W
R_{21}	1	3	$\frac{1}{3}$	$\frac{1}{3}$	$\frac{1}{4}$	2	2	$\frac{1}{4}$	$\frac{1}{6}$	0.0524
R_{22}	$\frac{1}{3}$	1	$\frac{1}{5}$	$\frac{1}{3}$	$\frac{1}{4}$	$\frac{1}{3}$	$\frac{1}{4}$	$\frac{1}{5}$	$\frac{1}{7}$	0.0242
R_{23}	3	5	1	1	2	3	3	1	$\frac{1}{3}$	0.1389
R_{24}	3	3	1	1	1	2	4	$\frac{1}{2}$	$\frac{1}{5}$	0.1049
R_{25}	4	4	$\frac{1}{2}$	1	1	2	5	$\frac{1}{2}$	$\frac{1}{5}$	0.1061
R_{26}	$\frac{1}{2}$	3	$\frac{1}{3}$	$\frac{1}{2}$	$\frac{1}{2}$	1	4	$\frac{1}{2}$	$\frac{1}{3}$	0.0639
R_{27}	$\frac{1}{2}$	4	$\frac{1}{3}$	$\frac{1}{4}$	$\frac{1}{5}$	$\frac{1}{4}$	1	$\frac{1}{5}$	$\frac{1}{7}$	0.0333
R_{28}	4	5	1	2	2	2	5	1	$\frac{1}{2}$	0.1639
R_{29}	6	7	3	5	5	3	7	2	1	0.3123

由表 7.10 可知，当 $n=9$ 时，RI＝1.45，此判断矩阵的最大特征值 $\lambda_{max}=$

9.6903,其一致性比例 CR=$\dfrac{\text{CI}}{\text{RI}}$=0.0595＜0.10,满足一致性要求。

表 7.16　指标层相对于准则层的判断矩阵($R_3 - R_3.$)

R_3	R_{31}	R_{32}	R_{33}	R_{34}	R_{35}	R_{36}	R_{37}	R_{38}	R_{39}	W
R_{31}	1	3	3	$\frac{1}{3}$	$\frac{1}{2}$	$\frac{1}{5}$	$\frac{1}{2}$	2	1	0.0762
R_{32}	$\frac{1}{3}$	1	3	$\frac{1}{3}$	1	$\frac{1}{3}$	1	4	3	0.0899
R_{33}	$\frac{1}{3}$	$\frac{1}{3}$	1	$\frac{1}{3}$	$\frac{1}{2}$	$\frac{1}{4}$	$\frac{1}{5}$	2	2	0.0467
R_{34}	3	3	3	1	5	2	2	5	5	0.2505
R_{35}	2	1	2	$\frac{1}{5}$	1	$\frac{1}{2}$	1	3	4	0.1037
R_{36}	5	3	4	$\frac{1}{2}$	2	1	5	6	7	0.2486
R_{37}	2	1	5	$\frac{1}{2}$	1	$\frac{1}{5}$	1	3	4	0.1148
R_{38}	$\frac{1}{2}$	$\frac{1}{4}$	$\frac{1}{2}$	$\frac{1}{5}$	$\frac{1}{3}$	$\frac{1}{6}$	$\frac{1}{3}$	1	1	0.0344
R_{39}	1	$\frac{1}{3}$	$\frac{1}{2}$	$\frac{1}{5}$	$\frac{1}{4}$	$\frac{1}{7}$	$\frac{1}{4}$	1	1	0.0353

由表 7.10 可知,当 $n=9$ 时,RI=1.45,此判断矩阵的最大特征值 $\lambda_{\max}$=
9.8170,其一致性比例 CR=$\dfrac{\text{CI}}{\text{RI}}$=0.0704＜0.10,满足一致性要求。

表 7.17　指标层相对于准则层的判断矩阵($R_4 - R_4.$)

R_4	R_{41}	R_{42}	R_{43}	R_{44}	R_{45}	R_{46}	W
R_{41}	1	3	3	2	2	4	0.3296
R_{42}	$\frac{1}{3}$	1	1	$\frac{1}{2}$	1	3	0.1283
R_{43}	$\frac{1}{3}$	1	1	$\frac{1}{3}$	$\frac{1}{2}$	1	0.0889
R_{44}	$\frac{1}{2}$	2	3	1	2	3	0.2331
R_{45}	$\frac{1}{2}$	1	2	$\frac{1}{2}$	1	3	0.1540
R_{46}	$\frac{1}{4}$	$\frac{1}{3}$	1	$\frac{1}{3}$	$\frac{1}{3}$	1	0.0660

由表 7.10 可知,当 $n=6$ 时,RI$=1.24$,此判断矩阵的最大特征值 $\lambda_{\max}=6.1509$,其一致性比例 CR$=\dfrac{\text{CI}}{\text{RI}}=0.0243<0.10$,满足一致性要求。

表 7.18　指标层相对于准则层的判断矩阵($R_5-R_5.$)

R_5	R_{51}	R_{52}	R_{53}	R_{54}	W
R_{51}	1	$\dfrac{1}{3}$	$\dfrac{1}{3}$	2	0.1464
R_{52}	3	1	$\dfrac{1}{2}$	3	0.3107
R_{53}	3	2	1	3	0.4393
R_{54}	$\dfrac{1}{2}$	$\dfrac{1}{3}$	$\dfrac{1}{3}$	1	0.1035

由表 7.10 可知,当 $n=4$ 时,RI$=0.90$,此判断矩阵的最大特征值 $\lambda_{\max}=4.1207$,其一致性比例 CR$=\dfrac{\text{CI}}{\text{RI}}=0.0447<0.10$,满足一致性要求。

由以上分析结果可以得出指标层相对于目标层的权重:

$$W..=W_{R_i}\cdot W_{R_i.}$$

其中,$W..$ 为指标层指标总权重;W_{R_i} 为准则层相对于目标层的权重;$W_{R_i.}$ 为指标层相对于准则层的权重。

最终的权重分配情况如表 7.19 所示。

表 7.19　再制造生产过程中的风险因素权重分配表

目标层	准则层	指标层
再制造生产 过程风险	设备风险 (0.2945)	手工拆解的破坏性及效率低下(0.0512) 不具备清洗设备导致的清洗质量差及效率低(0.0120) 传统检测手段的落后导致质量检测准确率低(0.0229) 表面预处理设备不符合产品要求(0.0237) 没有根据产品特点选择专用加工设备(0.0515) 不具备具有针对性的表面涂层性能测量设备(0.0205) 再制造产品缺少与原型新品的匹配验证过程(0.0142) 再制造加工设备的投资大且通用性不高(0.0985)

续表

目标层	准则层	指标层
再制造生产过程风险	技术风险 (0.4439)	没有掌握产品结构导致拆解技术或顺序错误(0.0233) 清洗技术及材料的错误导致清洗不干净(0.0107) 检测技术不完善导致产品剩余寿命评估失真(0.0617) 不具备合格的表面预处理技术导致表面涂层脱落(0.0466) 再制造加工技术及材料选择的盲目性影响涂层性能(0.0471) 表面涂层性能检测技术不具备或不完善(0.0284) 后续加工达不到原产品精度要求(0.0148) 整机寿命预测难度大(0.0728) 再制造核心技术的研发周期长且针对性强(0.1386)
	管理风险 (0.1438)	废旧产品回收渠道不畅通(0.0110) 拆解前没有对废旧产品的状态进行确认(0.0129) 清洗设备及材料的选择错误(0.0067) 不可利用件流入后续加工过程(0.0360) 对拆解后零部件的检测频次不够(0.0149) 对内部损伤件没有做出标示(0.0357) 用于再制造产品的更新件没有进行检测而直接装配(0.0165) 废旧产品损坏状态不一致导致再制造生产计划制订困难(0.0049) 没有掌握市场需求导致再制造产品不足或剩余(0.0051)
	操作风险 (0.0728)	未按规定的顺序和工具进行拆解而导致损坏(0.0240) 检测过程不规范致使缺陷没有被检出(0.0094) 预处理过程前确定的修理等级不够(0.0065) 再制造加工过程的不规范导致返工、返修或报废(0.0170) 未按要求的装配顺序及设备进行装配(0.0112) 未按原型新品的要求进行试机而致产品质量不达标(0.0048)
	环境风险 (0.0449)	拆解后的报废品随意丢弃(0.0066) 大量采用化学清洗技术(0.0140) 没有对再制造生产过程中产生的废物进行处理(0.0197) 没有对再制造加工过程中的噪声污染进行隔绝处理(0.0046)

7.4　再制造生产过程的风险控制

再制造生产过程风险控制包括回避风险、抑制风险、转移风险和接受风险[25]。

回避风险是指企业主动地放弃风险的行为,主要方法为放弃开展再制造业务,这是一种企业不得已而为之的风险控制行为,企业在放弃风险的同时也放弃了可能的目标收益。企业也可以通过采取利用成熟技术代替新技术的行为来回避风险。

　　抑制风险是指企业在开展再制造业务过程中通过制订各种计划和措施来抑制风险发生的可能性和风险带来的损失。在开展再制造业务之前首先识别风险,减少风险发生的概率,在开展过程中通过各种手段减少风险带来的损失。抑制风险需要企业投入一定的资源将风险抑制在一个可以接受的水平上。

　　转移风险是指企业通过合约的形式将开展再制造业务过程中的风险转移给合约对象以降低企业自身风险的行为,这是企业比较常用的风险控制方法,例如,通过产品外包加工或协同加工的形式可以使风险让多个承受主体承担,最大限度地降低各方损失。

　　接受风险是指企业自身承担风险所带来的各种损失。当企业对未来可能受益的估计大于风险所带来的损失时,可以采取接受风险的策略,但此时企业也面临一定的估计错误风险,因为当企业对风险损失及未来受益的估计有误时,会给企业带来新的风险及损失。

　　再制造风险控制的手段与其他产品的风险控制手段类似,本章不再做相关阐述。

参 考 文 献

[1] 段秉乾. 复杂产品系统创新的风险管理研究[D]. 上海:复旦大学,2006.

[2] 陈劲,景劲松,童亮. 复杂产品系统创新项目风险因素实证研究[J]. 研究与发展管理,2005, 17(6):62-69.

[3] 杨军,林谦,沈建明. 航天器研制项目风险管理研究[J]. 项目管理技术,2011,9(8):85-89.

[4] Hobday M,Rush H. Technology management in complex product systems(CoPS):Ten questions answered[J]. International Journal of Technology Management,1999,17(6):618-638.

[5] Hansen K,Rush H. Hotspots in complex product systems:Emerging issues in innovation management[J]. Technovation,1998,18(9):555-561.

[6] Cooper R G. The components of risk in new product development:Project new prod[J]. R&D Management,1981,11(2):47-54.

[7] Halman J I M,Keizer J A,Song X M. Perceived risk in product innovation projects:Development of a risk skeleton[J]. Eindhoven Center for Innovation Studies Working Paper,1999,83(3): 446-456.

[8] 景劲松. 复杂产品系统创新项目风险识别、评估、动态模拟与调控研究[D]. 杭州:浙江大学,2005.

[9] 张志清,王文周. 基于 WBS-RBS 矩阵的项目风险识别方法的改进及应用[J]. 项目管理技术,2010,8(4):74-78.

[10] Thierry M C,Salomon M,Nunen J V,et al. Strategic issues in product recovery management[J].

California Management Review,1995,37(2)：114-135.

[11] 谢家平,赵忠,孔令丞,等．再制造生产计划的影响因素及其模式[J].系统工程,2007,25(7)：53-59.

[12] 赵忠,谢家平,任毅．废旧产品回收再制造计划模式研究述评[J].管理学报,2008,5(2)：305-311.

[13] Rafele C, Hillton D, Grimaldi S. Understanding project risk exposure using the two-dimensional risk breakdown matrix[C]//PMI Global Congress Proceedings, Newtown Square：PMI,Edinburgh,2005.

[14] Hillson D,Grimaldi S,Rafele C. Managing project risks using a cross risk breakdown matrix[J]. Risk Management,2006,8：61-76.

[15] Abdelsalam H M E, Bao H P. A simulation-based optimization framework for product development cycle time reduction[J]. IEEE Transactions on Engineering Management(S0018-9391),2006,53(1)：69-85.

[16] 王丹,周涛,武毅,等．基于贝叶斯网络的可信平台控制模块风险评估模型[J].计算机应用,2011,31(3)：767-770.

[17] Guimaraes A C F, Lapa C M F. Fuzzy inference to risk assessment on nuclear engineering systems[J]. Applied Soft Computing Journal,2007,7(1)：17-28.

[18] 陈阳．产品创新项目风险评估方法及应用研究[D].长沙:国防科学技术大学,2007.

[19] Hallikas J,Karvonen I,Pulkkinen V,et al. Risk management processes in supplier networks[J]. International Journal of Production Economics,2004,90：47-58.

[20] Shalev D M, Tiran J. Condition-based fault tree analysis(CBFTA)：A new method for improved fault tree analysis(FTA),reliability and safety calculations[J]. Reliability Engineering & System Safety,2007,92(9)：1231-1241.

[21] 洪微,蒋根谋．WBS-RBS与改进的FAHP法在代建制企业风险评估中应用[J].工程管理学报,2011,25(1)：105-109.

[22] 段秉乾,司春林．基于模糊层次分析法的产品创新风险评估模型[J].同济大学学报(自然科学版),2008,36(7)：1002-1005.

[23] Mustafa M A. Project risk assessment using the analytic hierarchy process[J]. IEEE Transactions Engineering Management,1991,38(1)：46-52.

[24] Akomode O J,Lees B,Irgens C. Evaluating risks in new product development and assessing the satisfaction of customers through information technology[J]. Product Planning & Control,1999,10(1)：35-47.

[25] 沈建明．项目风险管理[M].北京:机械工业出版社,2003.

第8章　再制造评价体系

8.1　概　　述

再制造工程是以机电产品全寿命周期设计和管理为指导,以废旧机电产品实现性能跨越式提升为目标,以优质、高效、节能、节材、环保为准则,以先进技术和产业化生产为手段,对废旧机电产品进行修复和改造的一系列技术措施或工程活动的总称。简言之,再制造是废旧机电产品高科技维修的产业化。再制造可使废旧资源中蕴含的价值得到最大限度的开发和利用,缓解资源短缺与资源浪费的矛盾,减少大量失效、报废的产品对环境的危害,是废旧机电产品资源化的最佳形式和首选途径,是节约资源的重要手段,是实现循环经济和可持续发展的主要途径之一[1]。

再制造是制造产业链的延伸,是先进制造和绿色制造的重要组成部分,其成本仅是新品的50%左右,可实现节能60%、节材70%、污染物排放量降低80%。再制造由于其显著的经济效益、社会效益和生态效益而得到世界各国的重视。我国的再制造发展经历了产业萌生、科学论证和政府推进三个主要阶段,经十余年的创新发展,已形成了以尺寸恢复和性能提升为特征的中国特色再制造。中国特色的再制造是在维修工程、表面工程基础上发展起来的,大量应用了寿命评估技术、复合表面工程、纳米表面工程和自动化表面工程等先进技术,可以使废旧产品尺寸精度恢复到原设计要求,并提升零件的质量和性能。我国这种以尺寸恢复和性能提升为主的再制造模式,在提升再制造产品质量的同时,还可大幅度提高废旧产品的再制造率。再制造高度契合了传统生产和消费模式的巨大变革需求,是实现废旧机电产品循环利用的重要途径,是资源再生的高级形式,也是发展循环经济、建设资源节约型和环境友好型社会的重要举措,更是推进绿色发展、低碳发展、促进生态文明建设的重要载体。再制造优先考虑产品的可回收性、可拆解性、可再制造性和可维护性等属性的同时,保证产品基本目标(优质、高效、节能、节材等)的实现,从而使退役产品在对环境的负面影响最小、资源利用率最高的情况下重新达到最佳的性能,并实现企业经济效益和社会效益协调优化[2]。

目前我国再制造缺乏完善的再制造评价指标体系和系统的评价标准。因此,在综合分析国外再制造的现状和成功经验的基础上,结合我国国情,遵循循环经济发展战略,针对再制造技术发展特点,综合考虑多层面要素的协调发展,本章提出了面向全寿命周期的再制造评价指标体系,构建了再制造综合评价指标体系,从技术可行性、经济可行性和环境可行性三个层面建立废旧产品再制造评价体系和建模方法,提出了再制造经济效益、环境效益和社会效益评价方法。

8.2　再制造评价体系的构成

再制造评价体系应符合我国再制造的基本特点,其指标体系的构成应遵循一定的原则,所构成的体系也应能针对再制造企业和再制造产品进行相关评价。

8.2.1　再制造评价体系建立的原则

再制造评价体系的建立,应该力求准确、全面地反映和衡量我国再制造产业发展状况及再制造产品的质量问题,同时应该很好地衔接循环经济和突出再制造在循环经济中的地位和作用。在借鉴国外再制造产业化发展经验的同时,必须结合我国的实际国情、自身的发展特点及目标,参考其他相关产业的发展历程,确立我国再制造的评价体系的建立原则[3]。

1. 符合循环经济的要求

循环经济是物质循环利用、高效利用的经济发展模式,再制造、再利用、再循环构成了循环经济的主要内容。其中,再制造是以废旧机电产品为其加工的原材料,利用先进的表面工程技术使其恢复到或超过新品的状态,它可以最大限度地保持和利用原先产品的剩余价值。

再制造的一个重要特征就是节能、减排和节材,因此在指标的选取过程中,对能源、环境和资源指标的选取及处理时要反映再制造的节能、减排和节材作用。

2. 科学性原则

再制造评价体系应建立在充分认识和系统研究的基础上。具体指标的选取要求概念明确、数据来源准确和具有一定的科学内涵,从而能够客观地反映再制造的发展变化和预测再制造的发展趋势。

3. 整体性原则

再制造评价体系是一个复杂的系统工程,指标体系是一个有机的整体,指标的选取虽然可以从不同的角度反映再制造的发展状况,但是其指标之间应该相互联系、相互协调统一,这样才能对再制造的整体性有很好的评价,才能全面反映再制造的发展状况。

4. 模块化原则

再制造评价体系由多个不同的子系统组成。例如,把再制造指标评价体系分成再制造性评价、再制造企业评价和再制造产品评价三个子系统,每个子系统都有一个相对独立的指标评价体系,三个相对独立的指标评价体系构成了再制造指标评价体系。指标评价体系的模块化不仅简化了指标评价体系,使评价体系更容易操作,而且模块化更利于模型的增添和修订,对系统的集成有很好的可控性,便于系统的升级。

5. 层次性原则

再制造指标评价体系由多个处于同一层次具有不同作用和特点的要素组成。在评价体系中既有再制造前的再制造性评价,又有再制造生产过程的再制造企业评价,还有再制造的最终产品评价。子系统再制造毛坯的评价又从经济、技术和环境三个不同层次去诠释废旧产品的可再制造性,使用不同层次来建立评价模型。一方面使得模型的结构更加清楚,另一方面使得问题更加简单,突出重点指标,弱化一般性的指标。

6. 前瞻性原则

评价模型的建立不仅要符合现阶段的需求,而且还应该根据事物的发展规律,使得模型在很大程度上适应未来的需求。一方面使模型经过较少的变动适应未来的再制造评价,另一方面验证评价模型的合理性和科学性。

另外,在再制造评价体系的选取过程中还要遵循概念明确、涵盖全面、定量表达、数据获取可行、处理方法得当等原则。同时,评价体系在再制造的发展过程中可以做适合的动态调整,以适应再制造的发展实情,确保对再制造健康发展的积极引导性及支持性。

8.2.2 再制造评价体系的设计

根据我国再制造产业发展的特点及再制造评价体系的设立原则可知,再制造评价体系主要包含以下方面。

(1) 再制造的节能减排指标:指节能、节约金属、节约用水、减少排放等方面的反映指标。

(2) 再制造的社会经济效益:指产值、回收附加值、税收、利润、就业等方面的反映指标。

(3) 再制造的综合利用指标:指资源回收与废旧产品利用率、工业固体废物处置量、工业固体废弃物综合利用率、废水循环利用率、生产废液/废气/粉尘排放达标率等方面的反映指标。

在设计相关环保指标时,需要注意的是再制造在减少环境污染的同时,生产过程中会产生一些新的污染物。因此,在对再制造评价体系进行具体分解时,要注意这一方面的体现。

本书参考其他循环经济指标体系,提出再制造评价体系构成,如表 8.1 所示。该指标体系的目标层为再制造发展综合评价指标体系,主要由环境发展、经济发展及社会发展三个子系统组成,并进一步细分为状态层和要素层的具体指标,从总体及各相关方面都详细描述了再制造的发展情况。在对具体指标进行核算时,需要较大的工作量,可以将此视为一项系统工程,需要企业内或是行业内各组成单位的全力配合,争取获得全面的真实数据,以更好地反映再制造发展实际情况及其对经济社会发展的影响。同时,在再制造综合评价中还需要考虑政策的引导及影响、生产者责任的延伸等,在对再制造评价体系完善的过程中,可以考虑政策状态层的加入。

表 8.1　再制造评价体系

目标层	系统层	状态层	要素层
再制造评价体系	环境发展子系统	资源节约	节约能量、节约金属量、节约用水量、减少排放量、提高再制造率
		资源消耗	资源材料的消耗率、万元工业增加值综合能耗、万元工业增加值取水量
		环境改善	资源回收与废旧产品利用率、不可再制造部分资源化比例、工业固体废弃物综合利用率、废水循环利用率、生产废气/粉尘排放达标率
		废弃物排放	万元产值废气排放量、万元产值废水排放量、万元产值废液排放量、万元产值废渣(固体废弃物)排放量
	经济发展子系统	综合经济指标	企业总产值、企业再制造部分产值、企业再制造部分资产总值、企业再制造产品出口创汇总值
		经济收益	净资产收益率、销售净利率、净利润现金流量比例、万元投资回报率、固定资产产值率
		成本	万元产值废弃物处理成本
	社会发展子系统	就业	再制造部分就业人员吸收率、就业岗位增长率
		经济	年社会公益性贡献支出、年缴纳税金、年人均工资水平
		社会保障	享有社会保障人员数量及比重

8.2.3　再制造评价体系中指标选取方法

评价体系的建立主要在于指标的选取和指标间相互关系的确立,一般采取理论指标评价体系和操作指标评价体系相结合的方式进行指标的选取。理论指标评价体系主要是强调可研究性,从再制造的主要特征并结合循环经济的特点入手,从各个方面较为全面地反映再制造的发展水平、发展潜力,以及再制造的节能、减排和节材效果,并紧密结合循环经济,反映再制造和循环经济之间的相互关系。可以采用定性方法进行研究。操作指标评价体系主要是强调实用性和可操作性,各项指标的确立应该根据企业的实际情况和统计的数据得出,从微观的角度评价再制造的发展能力及再制造在循环经济体制下的作用。

1.定性方法选取指标

首先利用综合法将已有的一些指标按照一定的规则进行聚类,使之体系化;再利用分析法将度量对象和度量目标划分成若干个子系统,并逐步细化直到每个子系统都可以用单一的指标去衡量。例如,对再制造发动机进行评价时,可以将评价指标集聚类分析成再制造发动机性能、再制造发动机经济性和再制造发动机对环境的影响三个类别;根据度量对象的不同,可以将再制造发动机性能细化成整机性能和再制造件的性能;根据度量目标的不同,又可以划分为零件间的兼容性、再制造零部件的寿命、整机的可升级性及整机的寿命等。利用定性方法确定的指标并不需要有准确的数值去反映指标所代表的含义,只需一个比较模糊的数值。

2.定量方法选取指标

和定性方法选取指标不同,利用定量方法选取的指标都是可以运用统计或者计算后得到的,具有相对准确的数值,能够确切反映指标所表示内容的具体状况。一般从实际的统计数据出发,制订能够反映其统计规律的指标,再通过聚类分析对所确定的指标进行聚类,最后就可以得到一个具有多层次的指标评价体系。例如,对废旧产品进行再制造性评价时,根据工厂提供的实际生产数据制订拆解合格率、检测可靠性、新品可靠性、整机性能、相容性、加工效率、废旧产品利用率、CO_2减排率、利润率和环境收益率 11 个指标,通过聚类分析分成技术、经济和环境三个层面。

8.2.4　再制造评价体系指标权重的确定

目前关于权重的确定方法较多,根据计算权重时原始数据的不同来源,这些方法大致分为两类:一类是主观赋权法;另一类是客观赋权法。主观赋权法的原始数据主要由专家根据经验主观判断而得,如古林法、AHP、专家调查法等;客观赋权法的原始数据由各指标在被评价矩阵中的实际数据形成,如均方差法、主成分分析法、离差最大化法、熵值法、代表计数法、组合赋权法等。这两类方法各有优缺点,主观赋权法客观性较差,但是解释性强;客观赋权法确定的权重在大多数情况下精度较高,但是有时会与实际情况相悖,而且解释性较差,对于所得结果难以给出明确的解释[4]。

目前对于主观赋权法的研究比较成熟,这些方法的共同特点是各评价指标的权重是由专家根据自己的经验和对实际的判断主观给出的。选取的专家不同,得出的权重也就不同。这些方法的主要缺点是主观随意性较大,为了克服这一缺陷,可通过增加专家数量、选择细分专业的顶级专家等减少误差的产生。根据统计学规律:当和评价对象无关的专家数量达到一定数目(实际经验为 15 个)时,得到的权重具有很好的独立性。较常用的方法有 AHP、BP 神经网络法和逼近理想解的排序方法(technique for order preference by similarity to an ideal solution,TOPSIS)等。

1. AHP

美国运筹学家 Saaty 于 20 世纪 70 年代提出 AHP,它是对多个方案多个指标系统进行分析的一种层次化、结构化决策方法,它采用数学方法将哲学上的分解与综合思维过程进行描述,从而建立决策过程的数学模型,具有适用性、简洁性、有效性和系统性等特点。AHP 作为规划、决策和评价工具,自问世以来,已在世界各地得到迅速普及和推广,取得了大量的研究成果[5]。使用 AHP 的一般步骤如下:

(1)通过对系统的深刻认识,确定该系统的总目标,弄清规划决策所涉及的范围,所要采取的措施方案和政策,实现目标的准则、策略和各种约束条件等,广泛地收集信息。针对再制造还应了解再制造评价所要求达到的目的。

(2)建立一个多层次的递阶结构,按目标的不同、实现功能的差异,将系统分为几个等级层次,并绘制相应的层次递阶结构图。

(3)确定以上递阶结构中相邻层次元素间相关程度。通过构造两两比较判断矩阵及矩阵运算的数学方法,确定对上一层次的某个元素而言,本层次中与其相关元素的重要性排序,并根据事先准备好的 AHP 标度(见表 8.2)为相应的指标确定相应的权重,得到两两判断矩阵 $\boldsymbol{B}=(b_{ij})_{n\times n}$,$n$ 为指标数。

表 8.2　AHP 标度

标度	含义
1	表示两个因素相比,一个因素与另一个因素同样重要
3	表示两个因素相比,一个因素比另一个因素稍微重要
5	表示两个因素相比,一个因素比另一个因素明显重要
7	表示两个因素相比,一个因素比另一个因素强烈重要
9	表示两个因素相比,一个因素比另一个因素极为重要
2	1、3 两个相邻判断的中间值
4	3、5 两个相邻判断的中间值
6	5、7 两个相邻判断的中间值
8	7、9 两个相邻判断的中间值

(4) 层次排序的一致性检验。根据判断矩阵,可以得到相对重要性的权重,但其权重是否合理还要进一步检验。通过对判断矩阵的深入研究来说明权重的有效性,其方法如下。

对列进行归一化处理,得到

$$\bar{b}_{ij} = \frac{b_{ij}}{\sum_{k=1}^{n} b_{kj}}, \quad i,j=1,2,\cdots,n \tag{8.1}$$

归一化处理后的判断矩阵按行相加:

$$\bar{\omega}_i = \sum_{j=1}^{n} \bar{b}_{ij}, \quad i=1,2,\cdots,n \tag{8.2}$$

对向量 $\bar{\boldsymbol{\omega}} = [\bar{\omega}_1 \quad \bar{\omega}_2 \quad \cdots \quad \bar{\omega}_n]^{\mathrm{T}}$ 进行归一化:

$$\omega_i = \frac{\bar{\omega}_i}{\sum_{j=1}^{n} \bar{\omega}_j}, \quad i=1,2,\cdots,n \tag{8.3}$$

计算判断矩阵最大特征值 $\lambda_{\max}$:

$$\lambda_{\max} = \sum_{i=1}^{n} \frac{(b_i\omega_i)_i}{n\omega_i} \tag{8.4}$$

检验判断矩阵的一致性:

$$CI = \frac{\lambda_{\max} - n}{n-1} \tag{8.5}$$

$$CR = \frac{CI}{RI} \tag{8.6}$$

式(8.5)中 CI 为一致性指标,式(8.6)中 RI 为平均随机一致性指标(见表8.3),CR 为随机一致性指标。当 CR<0.1 时,即可以断定判断矩阵 **B** 具有一致性;否则,调整 AHP 标度,直到 **B** 符合一致性要求。

表 8.3　平均随机一致性指标

阶数	1	2	3	4	5	6	7	8	9
RI	0	0	0.58	0.9	1.12	1.24	1.32	1.41	1.45

(5) 计算各层元素对系统目标的合成权重,进行总排序,以确定递阶结构图中最底层各个元素在总目标中的重要程度。

(6) 根据分析计算结果考虑相应的决策。

2. BP 神经网络方法

BP 神经网络是 1986 年由 Rumelhart 和 McClelland 为首的科学家提出的概

念,是一种按照误差逆向传播算法训练的多层前馈神经网络,是应用最广泛的神经网络,其拓扑结构如图 8.1 所示。

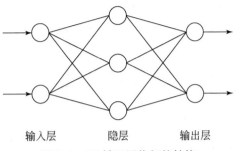

输入层　　　　隐层　　　　输出层

图 8.1　BP 神经网络拓扑结构

　　BP 神经网络的基本思想是:对网络权重(W_{ij},T_{li})和阈值(θ)进行修正,使误差函数(E)沿梯度方向下降。BP 神经网络三层节点表示为输入节点、隐节点 y_i、输出节点 o_l。输入节点与隐节点间的网络权重为 W_{ij},隐节点与输出节点间的网络权重为 T_{li}。当输出节点的期望输出为 t_l 时,BP 神经网络模型的计算公式如下。

（1）隐节点的输出:

$$y_i = f\left(\sum_j W_{ij} - \theta_i\right) \tag{8.7}$$

（2）输出节点的输出:

$$o_l = f\left(\sum_i T_{li} y_i - \theta_l\right) \tag{8.8}$$

（3）输出节点的误差:

$$E = \frac{1}{2}\sum_l (t_l - o_l)^2 = \frac{1}{2}\sum_l \left[t_l - f\left(\sum_i T_{li} y_i - \theta_l\right)\right]^2 \tag{8.9}$$

对式(8.9)关于 T_{li} 求导可得

$$\frac{\partial E}{\partial T_{li}} = -(t_l - o_l)\frac{\partial o_l}{\partial T_{li}} = -(t_l - o_l)f'\left(\sum_i T_{li} y_i - \theta_l\right)y_i \tag{8.10}$$

令 $\delta_l = (t_l - o_l)f'\left(\sum_i T_{li} y_i - \theta_l\right)$,则

$$\frac{\partial E}{\partial T_{li}} = -\delta_l y_i \tag{8.11}$$

同理,对式(8.9)关于 W_{ij} 求导,并令 $\delta_i = f'\left(\sum_i T_{li} y_i - \theta_l\right)\sum_l \delta_l T_{li}$,则

$$\frac{\partial E}{\partial W_{ij}} = -\delta_i x_j \tag{8.12}$$

误差函数按照梯度方向下降速度最快,因此权重和阈值修正如下。

（1）输出节点权重:

$$T_{li}(k+1) = T_{li}(k) + \alpha\delta_l y_i \tag{8.13}$$

（2）隐节点权重：

$$w_{ij}(k+1)=w_{ij}(k)+\beta\delta_i y_j \qquad (8.14)$$

（3）输出节点阈值：

$$\theta_l(k+1)=\theta_l(k)+\mu\delta_l \qquad (8.15)$$

（4）隐节点阈值：

$$\theta_i(k+1)=\theta_i(k)+\lambda\delta_i \qquad (8.16)$$

式(8.13)～式(8.16)中，α、β、μ、λ 为可变的系数。

3. TOPSIS

TOPSIS 由 Hwang 等于 1981 首次提出，是一种适用于根据多属性指标对多个评价对象进行比较的分析方法。其基本原理是构造 n 维属性空间的最优解和最劣解，通过求解评价对象与最优、最劣解的欧氏距离，评测对象靠近最优解同时又远离最劣解的叠加状态［相对贴近度（relative closeness coefficient，RCC）］，并将相对贴近度作为最终衡量评价对象的综合指标[6]。

建立 TOPSIS 评价模型，计算各个方案综合排序，步骤如下。

（1）建立初始评价矩阵。

$$\boldsymbol{X}=(x_{ij})_{m\times n}=\begin{bmatrix} x_{11} & x_{12} & \cdots & x_{1n} \\ x_{21} & x_{22} & \cdots & x_{2n} \\ \vdots & \vdots & & \vdots \\ x_{m1} & x_{m2} & \cdots & x_{mn} \end{bmatrix} \qquad (8.17)$$

式(8.17)表示评价矩阵 $\boldsymbol{X}$ 有 m 个评价单元、n 个评价指标，x_{ij} 表示第 i 个评价对象的第 j 个属性评价指标。

（2）建立标准化决策矩阵 $\boldsymbol{R}=(r_{ij})_{m\times n}$。

被检测对象的不同指标往往具有不同的量纲和量纲单位。为消除由此产生的指标的不可公度性，要对矩阵 $\boldsymbol{X}$ 进行归一化处理，同时消除不同属性指标之间的量纲与数量级影响。

$$r_{ij}=\frac{x_{ij}}{\sqrt{\sum_{i=1}^{m}x_{ij}^2}} \qquad (8.18)$$

式中，r_{ij} 表示第 i 个评价指标在第 j 个属性指标下经过无量纲化处理后的指标值。

（3）确定多属性决策的正理想解 S^+ 与负理想解 S^-：

$$S^+=\{s_1^+,s_2^+,\cdots,s_n^+\}, \quad s_j^+=\max\{r_{ij}\mid 1\leqslant i\leqslant m\} \qquad (8.19)$$

$$S^-=\{s_1^-,s_2^-,\cdots,s_n^-\}, \quad s_j^-=\min\{r_{ij}\mid 1\leqslant i\leqslant m\} \qquad (8.20)$$

（4）计算每个方案正理想解和负理想解的距离。

方案 S_i 到正理想解的距离为

$$d_i^+ = \sqrt{\sum_{j=1}^{n} (s_j^+ - r_{ij})^2}, \quad i = 1, 2, \cdots, m \qquad (8.21)$$

方案 S_i 到负理想解的距离为

$$d_i^- = \sqrt{\sum_{j=1}^{n} (s_j^- - r_{ij})^2}, \quad i = 1, 2, \cdots, m \qquad (8.22)$$

（5）计算各个方案的相对贴近度。

正理想点的相对贴近度，按照从大到小对方案排序：

$$\text{RCC}_i = \frac{d_i^-}{d_i^+ + d_i^-}, \quad i = 1, 2, \cdots, m \qquad (8.23)$$

易见，$0 \leqslant \text{RCC}_i \leqslant 1 (i = 1, 2, \cdots, m)$，正理想解的相对贴近度为 1，负理想解的相对贴近度为 0。

（6）利用相对贴近度的大小对方案进行优劣排序，相对贴近度越大的方案被认为越优越。

8.2.5　机械产品再制造性评价

机械产品再制造性评价的目的是确定退役机械产品及（或）其零部件所具有的实际再制造性；对产品设计时的固有再制造性达标情况进行评估并对所暴露的问题进行纠正。废旧机电产品的再制造性是决定其能否进行再制造的前提，是再制造基础理论研究中的首要问题。随着再制造技术的发展，废旧产品的再制造性也会变化。产品能否再制造及再制造的效果如何，不仅关系到再制造生产的继续进行，而且对再制造产品的质量提供了一个基本保证。对产品可再制造性的评价是再制造生产的一个重要环节。可再制造性决定了对产品实施再制造的可能性和经济性。目前对废旧毛坯进行再制造性评价主要从技术可行性、经济可行性和环境可行性三个系统层面进行考虑[7,8]。

1. 技术可行性（R_1）

技术可行性要求废旧产品进行再制造加工时技术及工艺可行，可以通过原产品恢复或者升级恢复达到或者提高原产品性能的目的。再制造加工过程主要包括原产品拆解、清洗、分类检测、修复和升级、再制造零部件检测、装配、整体检测。用可拆解率、清洗满足率和故障检测率对再制造技术可行性进行评价。

1）可拆解率（R_d）

可拆解率是能够无损拆解所获得的零件与全部零件数量的比值。产品的可拆解率需要综合考虑相应的零部件价值、拆解时间、拆解成本、拆解设备等因素，在进行具体拆解分析时应根据实际情况进行选择，并做出明确说明。可拆解率的计算公式为

$$R_d = \frac{Q_{nd}}{Q_{rd}} \times 100\% \qquad (8.24)$$

式中,Q_{nd} 为无损拆解的零件数量;Q_{rd} 为产品含有的零件总数。

2) 清洗满足率(R_c)

清洗后满足清洁度要求的零件数量与需清洗的零件总数的比值。产品的清洗满足率需要综合考虑清洗时间、清洗成本、清洗设备、环境影响等因素,在进行具体清洗分析时应根据实际情况进行选择,并做出明确说明。清洗满足率计算公式为

$$R_c = \frac{Q_{nc}}{Q_{rc}} \times 100\% \qquad (8.25)$$

式中,Q_{nc} 为清洗后满足清洁度要求的零件数量;Q_{rc} 为产品含有的需清洗零件总数。

3) 故障检测率(R_i)

故障检测率是毛坯在给定的条件下,被测单元在规定的工作时间 T 内,正确检测出的故障数与实际发生的故障总数的比值。产品的故障检测率需要综合考虑检测时间、检测成本、检测设备等因素,在进行具体检测分析时应根据实际情况进行选择,并做出明确说明。故障检测率计算公式为

$$R_i = \frac{N_D}{N_T} \times 100\% \qquad (8.26)$$

式中,N_D 为正确检测出的故障数;N_T 为实际发生时故障总数。

2. 经济可行性(R_2)

技术可行性和环境可行性决定了废旧产品能否进行再制造,而经济可行性最终反映了再制造活动是否继续下去的最终判断标准和人们从事经济活动的根本出发点之一。考虑再制造活动的经济因素,不仅要考虑回收、加工及废弃物处理的成本,还要考虑再制造加工过程带来的环境成本。因此,利用利润率、价值回收率、环境收益率、加工效率来评估再制造的经济性。

1) 利润率(R_e)

利润率是单个再制造产品通过销售获得的净利润与投入成本的比值,计算公式为

$$R_e = \frac{R_b}{R_c} \times 100\% \qquad (8.27)$$

式中,R_b 为再制造产品通过销售获得的净利润;R_c 为产品再制造投入成本。

2) 价值回收率(R_{cb})

价值回收率是回收的零部件价值与再制造产品总价值的比值,计算公式为

$$R_{cb} = \frac{R_{rc}}{R_{pc}} \times 100\% \qquad (8.28)$$

式中,R_{rc} 为回收的零部件价值;R_{pc} 为再制造产品总价值。

3）环境收益率(R_{ec})

环境收益率是通过再制造减少的环境污染费用等直接环境经济效益与因再制造所获得的间接经济效益之和和再制造净利润的比值,计算公式为

$$R_{ec} = \frac{R_{dc} + R_{jc}}{R_b} \times 100\% \tag{8.29}$$

式中,R_{dc}为直接环境经济效益;R_{jc}为间接环境经济效益;R_b为再制造净利润。

4）加工效率(R_m)

加工效率是衡量再制造加工环节的时间性指标,用废旧产品再制造平均时间与新品制造所需的时间的比值来表示。产品的加工效率需要考虑相应的生产设备、产品性能与成本价格等因素,在进行具体加工效率评估时应根据实际情况进行选择,并做出明确说明。加工效率的计算公式为

$$R_m = \frac{T_r}{T_m} \times 100\% \tag{8.30}$$

式中,T_r为废旧产品再制造平均加工时间;T_m为新品制造所需的平均加工时间。

3. 环境可行性(R_3)

目前,环保技术中的终端技术及再生技术只是一些过渡性技术,防止污染的根本性措施是在产品设计阶段就考虑对环境的影响,但是再制造技术可以针对原先机电产品在设计过程中未考虑环境保护的缺陷,利用先进的表面工程技术,从根本上将废旧产品变成可以重新利用的再制造产品,降低对环境的不利影响[8]。

再制造的环境可行性是对机械产品再制造加工过程本身及再制造后的产品在社会上使用时对环境影响的估计和预测。再制造作为绿色制造的重要组成部分,是制造的延续与补充,可弥补产品原始制造中的某些缺点,其环境效益显著。

1）节材率(R_{ma})

节材率是再制造件和直接利用件质量之和与整机质量的比值,应选用先进适用的再制造技术提高节材率。节材率的计算公式为

$$R_{ma} = \frac{W_{rm} + W_{ru}}{W_p} \tag{8.31}$$

式中,W_{rm}为可再制造件质量;W_{ru}为可直接利用件质量;W_p为整机质量。

2）节能率(R_{re})

节能率是再制造节约的能量与废旧产品报废处理所消耗能量的比值,应选用先进适用的再制造技术提高节能率。节能率的计算公式为

$$R_{re} = \frac{PW_{md} - PW_{rm}}{PW_{md}} \times 100\% \tag{8.32}$$

式中,PW_{rm}为再制造耗能;PW_{md}为废旧产品报废处理耗能。

3）CO_2减排率（R_{rq}）

CO_2减排率是通过再制造减少的CO_2排放量与对废旧产品进行报废处理产生的CO_2排放量的比值，应选用先进适用的再制造技术提高CO_2减排率。CO_2减排率的计算公式为

$$R_{rq} = \frac{E_{md} - E_r}{E_{md}} \times 100\% \qquad (8.33)$$

式中，E_r为再制造产生的CO_2排放量；E_{md}为对废旧产品进行报废处理产生的CO_2排放量。

4. 机械产品再制造性评价流程

1）废旧产品的失效模式分析

应根据废旧产品的失效模式及可行的再制造方案进行再制造性评价。同时，废旧产品的失效模式分析应考虑以下因素：产品产生不能修复的故障（故障报废）、产品使用中费效比过高（经济报废）、产品性能落后（功能报废）、产品的污染不符合环保标准（环境报废）、产品款式等不符合人们的喜好（偏好报废）。

2）机械产品再制造性影响因素分析

机械产品的再制造性应综合考虑技术可行性、经济可行性、环境可行性、产品服役性等影响因素及其综合作用。应考虑不同的技术工艺流程对机械产品再制造的经济性、环境性和产品服役性产生的影响。再制造产品的服役性是指再制造产品本身具有一定的使用性能，能够满足相应市场需要。再制造产品的服役性由所采用的再制造技术方案确定，也直接影响其环境性和经济性。应根据实际需求提供满足要求的再制造生产保障条件，保障条件包括设备情况、人员技术水平、技术应用情况、生产条件等。应根据技术性、经济性、环境性的要求，通过失效模式预测分析与实物试验相结合的方式，确定机械产品再制造各项量化评价参数[9]。

3）再制造定量评价流程

废旧产品的再制造性定量评价流程如图 8.2 所示。首先根据废旧产品的服役性能要求和失效模式，进行再制造方案选择，其次进行再制造方案的经济性和环境性评价，最后通过多次反复评价对比，得出最佳再制造方案。同时，应根据失效模式、保障条件等充分考虑废旧产品再制造性的个体性及其再制造性。企业应根据实际情况建立合适的再制造性评价方法体系，并以文件形式规范。

4）再制造性评价结果的使用

再制造企业应根据废旧产品的再制造性评价结果，决定是否进行再制造。对于具有再制造价值的废旧产品，利用评价过程中的各因素决策优化因素，制订最优化的再制造方案。

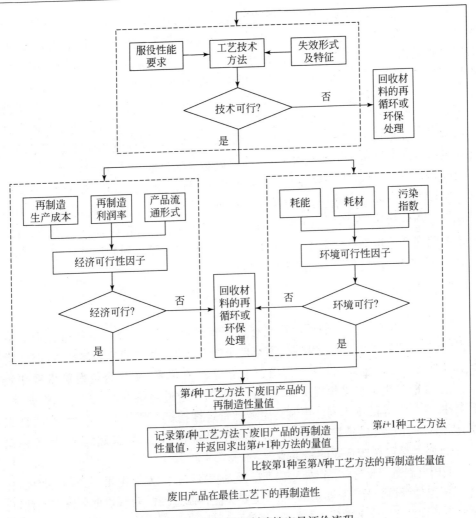

图 8.2　废旧产品的再制造性定量评价流程

8.2.6　再制造企业评价

再制造企业评价可评估再制造企业发展现状和潜力,为制定再制造发展策略提供有效支持。在再制造产业发展的初期阶段,一项重要的工作是做好行业准入,避免不必要的重复建设和资源浪费,再制造企业评价体系和方法对规范和促进再制造产业发展具有重要作用。

1. 指标体系构建原则

为发展工业循环经济,促进工业转型升级,充分发挥试点示范引领作用,结合我国再制造产业发展形势,国家发展改革委及工业和信息化部开展了再制造试点示范工作,为推进我国再制造产业规模化、规范化、专业化发展起到了重要作用。我国再制造企业评价体系的建立既要借鉴国外再制造产业发展的经验,又必须结合我国自身的特点和目标,并参考其他相关产业的发展历程。由此建立的再制造企业评价体系应能全面、本质地反映评估目标,为此所设计的再制造企业评估指标应满足以下原则:①科学性和先进性原则,设计的指标体系应能有效地反映所评估的再制造企业特征;②全面性和系统性原则,合理的指标层次结构应能全面反映所评估再制造企业的基本状态,并能为评估提供必要的数据;③定性和定量分析相结合原则,为了综合评估再制造企业,必须将所设计评估指标定量化、规范化,为采用定量评估分析方法奠定基础;④可行性和可操作性原则,设计的指标应具有可采集性和可量化性特点,各项指标能够有效测度或统计;⑤符合循环经济的要求,再制造企业的综合评价指标体系不仅要反映其经济效益,还要反映其环境效益、社会效益,以突出再制造对循环经济的贡献[10]。

2. 评价体系构建

再制造企业生产过程和经营管理有别于新品制造企业,企业运行过程中需考虑逆向物流、废旧产品拆解和检测、零部件再制造加工、再装配等诸多环节,因此需要从再制造全过程出发,设计一套再制造企业评价体系,衡量企业发展水平和效益,为企业战略决策提供积极参考。评价体系的构建遵循科学性、系统性、综合性、层次性、动态性等基本原则。再制造企业评价定性指标主要从业务策划、全流程控制、废旧产品回收、质量控制体系、生产标准、性能检测、质量追溯体系、标志标识13个方面考察再制造企业的基本能力,如表8.4所示。

我国再制造产业的发展仍处于初期阶段,规模仍较小,发展也很不完善。因此,在这一阶段,重视再制造产品质量的同时,也要关注再制造产品对环境的影响。因此,再制造企业评价过程需考虑环境友好性、经济可行性、社会发展性定量指标体系,定量指标主要从再制造率、节能量、节水量、节材量,单位再制造产品销售净利润率、提供就业岗位等11个指标评估再制造企业环境友好性、经济可行性和社会发展性,指标具体内容如表8.5所示[11]。

3. 再制造企业评价方法

对于定性指标,可根据企业文件资料及现场查验,确定各指标是否符合要求。在满足定性指标要求的基础上,可采用加权平均的方法对定量指标进行综合评价。

1) 定量指标权重确定方法

可采用群决策法确定评价指标的权重。每个专家分别对指标进行分析,在打分表上为每个指标打分,分值为0～10分。收回每个专家的打分表,计算可得每个指标权重的算术平均值。

2) 定量指标评价方法

首先要对定量指标无量纲化。构建的定量指标都属于正向指标(越大越好的指标),可利用式(8.34)对指标进行无量纲化处理:

$$x_i' = \frac{x_i}{x_i^*} \tag{8.34}$$

式中,x_i 为指标原始值,x_i^* 为指标基准值,x_i' 为无量纲化后的指标值。利用式(8.35)计算可得再制造企业定量指标综合得分:

$$P_l = \sum_{i=1}^{m} w_i x_i' \times 100 \tag{8.35}$$

式中,w_i 为指标权重;x_i' 为无量纲化后的指标;P_l 为再制造企业定量指标综合得分,满分为 100 分。

表 8.4　再制造企业定性评价指标及说明

评价指标	指标说明
业务策划	再制造企业能够进行市场分析,制定针对再制造产品销售的市场战略和业务计划,并定期检查业务计划完成情况,逐步形成可依靠再制造产品盈利的生产模式
全流程控制	再制造企业具备拆解、清洗、再制造加工、装配、产品质量检测等方面的技术设备和能力,能提供与现场一致并符合上述要求的设备清单
废旧产品回收	再制造企业可以通过自身或授权企业的销售及售后服务体系回收废旧产品用于再制造
废旧产品检测	再制造企业具备检测和鉴定废旧产品主要性能指标的技术手段和能力,具备可鉴定的废旧产品清单、可再制造的零部件清单
质量控制体系	再制造企业通过 ISO 9001 质量管理体系认证,认证对象是再制造产品,或在原质量控制体系的基础上增加再制造产品范围
生产标准	再制造企业能够采用试验对产品设计、产品设计更改、制造过程(工艺)设计进行确认,确保再制造产品的性能特性符合原型新品相关标准的要求
作业指导书	再制造企业为再制造的全过程制订检验规程或检验作业指导书,制订工艺卡片,明确工艺要求和控制方法,实施过程监控和测量
操作人员	再制造企业技术部门的人员掌握再制造产品的相关工艺,能从事再制造产品工艺设计
性能检测	再制造企业具有再制造产品的性能检验能力,包括使用性、经济性(能量消耗)等方面的测试能力
技术设备及维护	再制造企业具备必要的清洗、检测、加工和装配等设备,可根据设备使用说明书明确设备的保养计划和保养项目,并按规定实施保养,以确保设备完好,保证正常生产
环境控制及管理	再制造企业具备环保设备,根据再制造产品范围和制造工艺变化,在完成技术改造项目的同时,完善相关设施设备改造
质量追溯体系	再制造企业建立完整的产品追溯体系,记录产品总成中各个更新件的类别,保存和管理有关再制造产品的进货、出货及成品中再制造零部件的相关信息

续表

评价指标	指标说明
标志标识	在再制造产品外表面明显部位或产品外包装上标注符合法规要求的再制造标识,标识 应清晰易见、坚固耐久且不易替换

表 8.5　再制造企业定量评价指标及计算公式

一级指标	评价指标	计算公式	符号说明
环境友好 性指标	再制造率(重量计) RR_w	$RR_w = \dfrac{\sum\limits_{i=1}^{n} w_{ri}}{nW}$	w_{ri}:第 i 件再制造产品中再制造零部件的重量,$i=$ $1,2,\cdots,n$,n 为再制造产品的数量; W:每件再制造产品的重量
	节能量 ΔE_c	$\Delta E_c = (e_y - e_z)n$	e_y:同类新品的综合能耗; e_z:单位再制造产品综合能耗
	节水量 ΔV_c	$\Delta V_c = (v_y - v_z)n$	v_y:同类新品的取水量; v_z:单位再制造产品取水量
	节材量 ΔW_c	$\Delta W_c = (w_z - w_g)n$	w_z:合格再制造零部件的总重量; w_g:更新件的总质量
	单位再制造产品 综合能耗 e_z	$e_z = \dfrac{E_i}{n}$	E_i:再制造企业综合能源消耗量
经济可行 性指标	再制造产品 销售净利率 p	$p = \dfrac{P_i}{I_i} \times 100\%$	P_i:再制造产品净利润; I_i:再制造产品销售收入
	再制造产品 投资回报率 ROI	$ROI = \dfrac{P_i}{IN_i} \times 100\%$	P_i:再制造产品净利润; IN_i:再制造投资总额
	再制造企业固定 资产产值率 r_F	$r_F = \dfrac{O_i}{F_i} \times 100\%$	O_i:再制造产品总产值; F_i:再制造企业固定资产总值
社会发展 性指标	提供就业岗位 E	E	E:再制造企业就业人员总数
	年人均工资水平 W	W	W:再制造企业员工人均工资
	年缴纳税金 T	T	T:再制造企业年纳税总额

8.2.7　再制造产品评价

再制造过程的最终产品是再制造产品,其质量至关重要,再制造产品的质量特性不低于原型新品。对再制造产品进行经济性评价是对废旧产品进行再制造的前提,但再制造产品的性能才是对其再制造的最终归宿。

和再制造性评价不同,对再制造产品性能评价是针对已经再制造的产品,是再制造产品在使用过程中所表现的性能上的优势。本节以再制造发动机为典型产品,阐述对再制造产品的性能评价[12]。

再制造产品是再制造零部件和新零部件的有机结合体,其产品的质量不仅由其再制造零部件所决定,同时很大程度上受到再制造零部件和新零部件组成系统的稳定性影响。对再制造产品的质量评价主要包括组成再制造产品的再制造零部件的性能、再制造产品整体质量及再制造产品在使用过程中的环境效益。以再制造发动机为例,阐述再制造产品的评价过程,再制造发动机质量评价示意图如图 8.3 所示。

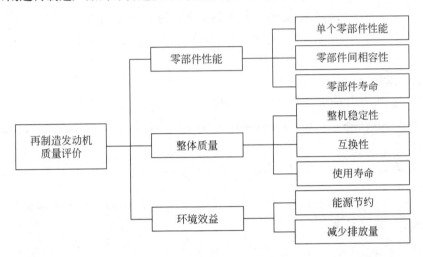

图 8.3　再制造发动机质量评价示意图

1. 零部件性能

再制造产品是由多个单个的再制造零部件和新的零部件共同组成的系统。其中,再制造零部件在这个系统中处于核心地位。因此,再制造零部件性能的好坏直接影响和决定再制造最终产品的质量;同时由于再制造产品与新品的零部件构成存在差异,零部件间的相容性也是影响其性能的关键[13]。

1) 单个零部件性能

整体的质量很大程度上由个体的质量所体现,再制造发动机的质量也受单个再制造零部件所影响。当单个零部件的质量低于原先新品的质量时,再制造最终产品——再制造发动机的质量很大可能低于原先产品的质量。单位个零部件的性能可表示为

$$SNP = \frac{Q_{ac}}{Q} \times 100\% \tag{8.36}$$

式中,Q_{ac} 为不低于原来新品的再制造零部件数量;Q 为再制造零部件总数量。

2) 零部件间的相容性

再制造发动机是一个由再制造零部件组成的系统,当零部件的性能不低于原先新品零部件的性能时,零部件间的相容性就决定了最终系统的性能。本节考虑的相容性是指两个再制造零部件之间的相容性,其评定方法为

$$C = \frac{\sum\limits_{i=1}^{n}\sum\limits_{j=i+1}^{n} 2c_{ij}}{n(n-1)} \qquad (8.37)$$

式中,C 为零部件间相容性;n 为单机再制造件总数;c_{ij} 表达式为

$$c_{ij} = \begin{cases} 0, & \text{再制造件 } i \text{ 和 } j \text{ 替换后整机性能低于新品} \\ 1, & \text{其他} \end{cases}$$

3) 零部件的寿命

再制造零部件的寿命直接影响再制造发动机的可靠性,一台好的再制造发动机不仅要在其性能上不低于新品,而且在寿命上不能低于原先新品,零部件的寿命评估方法为

$$\text{CL} = \frac{Q_{\text{lc}}}{Q} \times 100\% \qquad (8.38)$$

式中,CL 为零部件寿命指数;Q_{lc} 为达到下一个生命周期的再制造零部件数目;Q 为再制造零部件总数。

2. 整体质量

再制造零部件性能最终表现在再制造发动机的整体质量上。主要从整机的稳定性、零部件的互换性和使用寿命三方面来评估再制造发动机的整体质量。

1) 整机稳定性

稳定性是衡量再制造发动机连续工作的能力,在一个生命周期内,再制造发动机出现的故障越少,其稳定性越好,其评估方式为

$$s = \frac{f_{\text{reman}}}{f_{\text{new}}} \qquad (8.39)$$

式中,f_{reman} 为再制造发动机在一个生命周期出现故障的次数;f_{new} 为新品发动机在一个生命周期出现故障的次数;s 为再制造发动机的稳定性。

2) 互换性

再制造产品在使用过程中难免会出现故障,良好的互换性可以使再制造产品更容易修理和维护。其评估方式为

$$\text{ul} = \frac{\text{at}}{\text{dl}} \times 100\% \qquad (8.40)$$

式中,ul 为使用寿命指数;dl 为再制造产品的设计寿命;at 为再制造产品的使用时间。

3. 环境效益

再制造对环境的贡献不仅体现在因再制造减少的废旧产品回炉及再制造加工过程中减少的温室气体排放,同时包括在再制造产品使用过程中所节约的能源和减少的二氧化碳排放。

1) 节约能源

产品经过一个服役周期后进行报废,而废旧产品经再制造得到再制造产品,从废旧产品到再制造产品的过程中,新材料和先进表面技术的使用,使得再制造发动机在使用过程中能源利用率得到提升,从而节约能源。据统计,在年行驶 10 万 km 的货车上装载再制造的斯太尔发动机每年可以减少燃油消耗 400L,减少支出 3000 元。

2) 减少 CO_2 排放量

减少 CO_2 排放量首先表现在再制造产品在使用过程中能源的节约,同时技术的更新让燃料的燃烧更加充分,减少了其他有害气体的排放。据统计,在年行驶 10 万 km 的货车上装载再制造的斯太尔发动机每年可以减少 CO_2 排放量 1.6t[14]。

8.3　再制造经济效益评价

再制造经济效益非常明显,再制造经济效益评价是在全生命周期费用相关理念的基础上开展的。

8.3.1　再制造产品全寿命周期费用分析

1. 全寿命周期成本分析法

全寿命周期费用(life cycle cost,LCC)是指在装备全寿命周期内为预研、研制、试验定型、生产、采购、使用保障、退役处置装备所支付的费用总和。由帕累托曲线可知,在装备论证阶段,从确定装备设计的需求和技术指标到可行性分析验证和方案制定完成,决定了装备全寿命周期 85% 以上的成本。因此,全寿命周期费用分析是一种全系统的分析方法,常应用于装备建设资源最佳成本的选择和确认,并对各个方案做出经济方面的评价。近年来,全寿命周期费用技术已在大型工程项目应用上取得了良好的效果,如电力系统、交通运输业、建筑业、石油化工、医疗器械等。《武器装备寿命周期费用估算》的颁布标志着装备实施全寿命周期管理进入规范化,全寿命周期费用促进了航空、舰艇、装甲类等武器装备的成本研究。装备全寿命周期成本控制以提高装备全寿命周期费用效益和降低装备全寿命周期费用为目标,在装备全寿命周期费用分析与估算基础上,运用装备全寿命周期费用控制的技术与方法,实现装备全寿命周期费用、效能、效益的最佳状态,为装备全寿命周期过程中的决策提供支持[15]。

2.再制造全寿命周期成本分析

再制造装备全寿命周期是指废旧装备从回收、拆解、清洗、检测、再制造加工、测试、装配、服役直至退役的全过程。再制造工程在综合考虑资源效率和环境保护问题的同时,能够提高废旧装备或零件的使用次数和利用率,从而延长装备服役的寿命周期,甚至实现装备服役的多寿命周期。与传统的装备寿命周期"研制—使用—报废"相比,再制造实现了装备绿色循环寿命周期"研制—使用—再制造—使用",形成了闭环装备生命周期系统。

装备再制造工程采用先进技术恢复和提升装备性能,同时还需控制再制造生产成本,形成批量化、规范化生产,降低武器装备维修保障费用。装备发动机等再制造技术条件已成熟,升级改造发动机性能,减少了库存备件,以最低的经费投入发挥最大的作战效能。全寿命周期成本是指在产品的寿命周期内所支付的成本总和,本章研究的再制造产品成本是指从产品回收开始,至销售到用户这一阶段的费用总和,从费用的产生来看,其涉及回收参数、运营参数、间接参数、市场参数等,如图8.4所示。

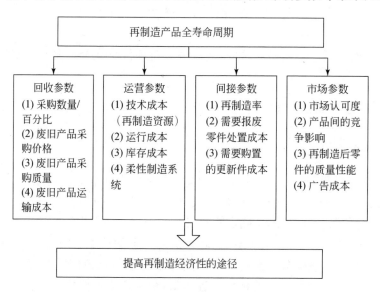

图 8.4　再制造产品经济性的影响参数

1) 回收参数

废旧装备与产品作为再制造毛坯的主要来源,废旧产品回收是再制造过程中的关键环节之一。再制造废旧产品的来源主要有三种渠道:①4S店或修理厂,是零部件再制造毛坯的主要来源;②主机厂下线产品;③报废产品,其来源只占很小比例。再制造企业废旧产品回收困难重重,呈现出回收率较低和废旧产品供应不足等问题,从源头上制约了企业的运营。因此,如何解决废旧产品回收成为再制造企业面临的首要问题,也是再制造供应链研究的热点问题。

影响废旧产品回收成本的因素包括废旧产品采购数量、废旧产品回收价格、废旧产品质量及物流成本四个子参数。子参数不仅影响废旧产品获取成本,还将相互影响。废旧产品的定价机制对废旧产品回收数量和质量具有重要作用。在OEM、第三方再制造企业及经销商三种回收渠道下,定价机制不同将会对同样的废旧产品制订不同的回收价格。从消费者角度来看,对于 OEM、第三方再制造企业和废品经销商,价格是衡量客户意愿和废旧产品走向的决定性因素。

2) 运营参数

废旧产品到达工厂,经过一系列的处理(拆解、清洗、检测、再制造加工、测试、装配),其性能达到新品标准,其间产生的成本来源于技术成本、运行成本及库存成本,与柔性制造系统共同构成工艺参数。

(1) 技术成本。技术成本是指企业拥有的知识,包括技术创新、设备、人员素质、信息及组织等。对于再制造企业,技术和工艺是技术创新特征中非常重要的参数,体现企业将再制造产品恢复到与新品相媲美的能力,设备是再制造过程中的重要资源,设备的先进程度决定企业再制造技术能力的高低,与技术和管理人员的经验和素质,以及研发经费的投入共同决定再制造企业组织协调能力。因此,企业再制造技术能力越强,应用的领域越广,企业获得的效益就越高。

(2) 运行成本。运行成本是指从废旧产品到工厂开始,包括拆解、清洗、加工、装配、检测等方面的成本,也包括其间使用的材料成本与环境投入成本。再制造过程中也会出现不可再制造零件处理费用与可重复使用处理费用,需要监测和控制系统的运行成本,这项成本包括人工成本、机械维修费用等。在激烈的市场竞争下,企业要想获得更高的利润,只有降低运行成本,才能在同类再制造产品与新品竞争中取得价格优势。运行成本是技术成本的直接体现,企业通过提高再制造技术水平以提升再制造产品的质量性能,扩大市场对再制造产品的需求偏好和需求量[16]。

(3) 库存成本。库存成本是指采购的产品、回收作业的零件及购买的新零件存储在仓库至整个过程完成产生的成本,又称为库存承载成本。这是一个不可分割的参数,因为库存无法避免。库存成本主要由新技术的需求和采购决定。科学合理的库存可以使整个企业的生产过程更加高效,控制不当将会给企业带来更高的经营成本,尤其是对再制造企业这样依靠回收废旧产品完成生产的企业,将会造成周转不灵、库存浪费严重、企业资金不足等问题。运用科学合理的库存模式,解决企业实际库存难题,对于企业技术能力的提升具有重要作用。控制库存成本有利于降低再制造综合成本,既能保证其他活动顺利进行,又能提高企业的竞争力,确保企业技术能力持续、稳定、健康地提高。

（4）柔性制造系统。柔性制造系统是一项与企业目标变化有关的系统，包括设备柔性、制造柔性、产品柔性、流程柔性及产量柔性等。柔性系统的构建将会增加企业的固定投入，使得再制造成本增加，但是柔性系统的构建不仅提升了再制造产品的品质，提升售价抵消成本的增加，还引入了更多新的竞争方式，提高再制造产品的产量和销量。特别是企业实现了再制造产品多样化、创新性，满足了客户的需求，获得了更大的市场份额。

3）间接参数

再制造毛坯回收过程中，毛坯质量是成本的关键影响因素之一。毛坯拆解后，检测单个零件受损情况，将可再制造的零件送往加工车间，做进一步处理，已失去利用价值或不可再制造的零件做报废处理。因此，将零件回收率、报废处置成本与更新件购置成本作为共同控制参数。

4）市场参数

再制造产品和零部件的市场参数主要包括市场认可度、产品竞争、推广成本及产品质量。再制造产品的竞争方式主要包括 OEM 与再制造商之间的竞争、新品与再制造产品之间的竞争、同种产品的竞争，主要体现在销售量、质量、销售价、消费者态度、行业排名等。市场推广直接作用于用户，具有说服性功能，进而影响市场结构的变化，获得竞争优势。企业推广投入与企业利润并不是简单的线性关系，而是存在拐点或最高点。推广有利于新厂商和新产品进入市场，而再制造产业正在兴起的关键阶段，更要开展科学合理的推广计划。推广成本直接影响再制造的整体成本，然而这一成本可以得到效益反馈，不仅能增加市场的认可度，还可通过提供优质的产品和售后服务，获得质量更高、数量更多的废旧产品，提高企业整体效益。

3.再制造成本分析框架

1）目标与边界

再制造成本分析的目标是考察再制造过程中各个阶段发生费用的动因、要素及数值，识别再制造关键过程和关键技术，为再制造流程优化、技术创新提供决策依据。

全寿命周期包含装备设计、制造、装配、使用、维修、退役等一系列过程。再制造全寿命周期是指装备的回收、拆解、清洗、检测、再制造加工、零部件测试、装配或作为配件、使用等过程，如图 8.5 所示。因此，再制造成本分析需要从回收阶段开始，考虑再制造整个过程，研究的范围为再制造毛坯进入再制造加工中心到出厂的过程，即"大门到大门"。

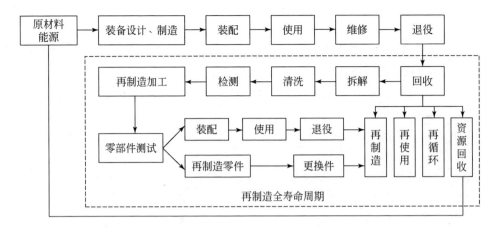

图 8.5　再制造全寿命周期

2）成本分解结构

对于再制造加工,重点关注回收、拆解、清洗、检测、再制造加工、零部件测试及装配等过程内的成本总和。再制造成本主要包括废旧产品获取成本、加工成本、材料购买成本及相关间接成本,其具体分解结构如图 8.6 所示。

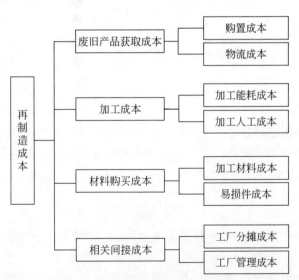

图 8.6　再制造成本分解结构

装备再制造回收过程中发生的废旧产品获取成本包括购置成本和物流成本,其购置成本一般为固定值,而物流成本与运输距离有关,具体表达式为

$$C_q = \frac{lC_l + C_n}{n} \tag{8.41}$$

式中，C_q 为单台装备平均获取成本；l 为运输距离；C_l 为单位距离所需支付的运输成本；n 为运输装备的数量；C_n 为废旧装备购置成本。

加工成本 C_p 包括再制造过程中设备的能耗成本与人工成本，具体表达式为

$$C_p = \frac{\sum_{i=1}^{h} C_{ei} + tfC_f}{n} \tag{8.42}$$

式中，h 为加工的工艺数量；能耗成本 $C_{ei} = C_{wi} + C_{oi} + C_{gi} + C_{eli}$，其中 C_{wi} 为水费，C_{oi} 为油料成本，C_{gi} 为气体成本，C_{eli} 为电费；t 为加工时间；f 为参与人工数；C_f 为工厂单位工时费。

再制造材料成本 C_m 包括清洗使用的材料成本（不包括水费）C_{mc}、加工用料成本 C_{mr}、需要购买零件成本 C_{mp}，具体表达式为

$$C_m = \frac{C_{mc} + C_{mr} + C_{mp}}{n} \tag{8.43}$$

间接成本 C_o 包括工厂分摊成本和工厂管理成本。其中，工厂分摊成本 C_a 包括设备折旧成本 C_d 和设备维护成本 C_s。C_a 表示为

$$C_a = C_d + C_s \tag{8.44}$$

工厂管理成本按总成本的一定比例收取。

再制造成本为以上成本之和，具体表达式为

$$C_{total} = (C_q + C_p + C_m + C_o)(1 + X\%) \tag{8.45}$$

3）费效关系

经济寿命是确定再制造产品服役年限的重要依据，因此再制造产品的经济寿命对于评价再制造非常重要。在装备经济寿命研究的基础上开展再制造经济寿命分析，具体表达式为

$$T = \sqrt{\frac{2(Y - L_i)}{\lambda}} \tag{8.46}$$

式中，T 为装备经济寿命；Y 为装备购置成本；L_i 指第 i 年的净残值；λ 为使用增加值。

产品费效比 E 为产品效能 V 与产品购置投入成本 Y 之间的关系，具体表达式为

$$E = \frac{V}{Y} \tag{8.47}$$

在费效关系基础上引入函数 ε，用于评价不同效能与不同产品下的费效比之间的关系，其表达式为

$$\varepsilon = \frac{E_a}{E_b} \qquad (8.48)$$

式中,E_a 和 E_b 分别指 a 和 b 两种产品的效能。

4. 再制造成本分析流程

再制造成本分析需先确定估算目标,明确再制造成本分析的研究边界和约束条件,然后建立费用分解结构,明确成本函数关系,选择合适的估算方法,对估算方法的可行性进行验证,并对经济寿命、费效关系等结果进行分析。再制造成本分析流程如图 8.7 所示。

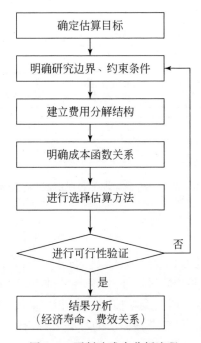

图 8.7　再制造成本分析流程

8.3.2　基于全寿命周期的再制造成本管理流程

再制造流程设计是企业再制造开展的前提,也是成本控制的关键。企业通过对市场需求和消费者需求确立生产的目标,筹划生产所需的资金、人员、物流链条等。再制造方案设计需要相当长时间的分析和模拟生产,是企业必备的一项能力。基于上述内容,建立基于全寿命周期的再制造成本管理流程,如图 8.8 所示。

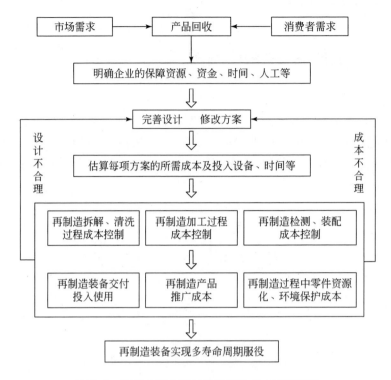

图 8.8　基于全寿命周期的再制造成本管理流程

1. 设计目标

成本管理设计目标是为企业的整体运行服务。在市场经济下,行业间竞争主要集中在成本,在保证再制造质量性能、服务等条件下,实现成本的连续降低,表现为对产品不同生命周期各阶段的成本控制。企业决策中需要考虑的成本信息主要来源于企业内部,并且作为员工考核衡量的标准之一,有利于外部对企业资产估值与盈利能力的估计。

2. 成本预测

企业在整个再制造链上进行成本预测,可分为方案设计阶段成本预估、生产阶段成本预测,以及销售和售后阶段成本预测,三个阶段成本的预测综合起来就是整个再制造成本信息。

3. 成本控制

基于作业理论的成本管理模式利用作业链分析成本问题。成本设计阶段是成本控制的最佳阶段,控制着 85% 以上的成本。针对整个再制造方案的规划设计,预先设定成本效益模型,成本和效益在很大程度上由市场发展趋势和企业技术实力决定,需从成本出发制订再制造工艺、技术、生产及设备等方案。在再制造加工阶段中不断优化设计方案,围绕成本设计目标展开,严格控制再制造成本。

4. 成本分析

再制造成本分析包括事前预测、事中分析和事后分析,三者缺一不可。精确的事前预测、详细的事中分析、及时的事后分析构建了完整的分析体系,有利于各部门间进行整体企业差异评价、部门绩效评价和整体评价。

8.3.3　基于全寿命周期的再制造时机选择

1. 再制造时机选择内涵

产品再制造不是在产品废弃或淘汰后被动地对其进行再制造,而是通过综合决策方法预先确定一段时间区域,在装备使用至该时间区域时,便主动对其进行再制造。如果在这一时间区域进行再制造,将不会使装备功能和性能完全淘汰,而装备的淘汰规律决定了在装备服役过程中客观存在一个再制造时间区域,在该时间区域进行再制造,可以实现装备全寿命周期各项性能指标最优且成本最低,称此行为为再制造时机选择。

通过分析装备性能的退化规律,基于博弈理论,建立优化解算模型,利用不同优化要素之间冲突消解的方法,确定主动再制造时间区域上限;基于神经网络方法,通过对零部件丧失再制造价值的临界状态时刻进行预测来确定下限,进而预测出再制造这一时间区域[17]。与目前的单件再制造不同,合理的再制造时机选择能够最大限度地降低再制造毛坯的差异性,使得再制造过程相对稳定,并能够以低成本和高效率的方式运行,从而实现批量化,提高再制造规模经济性。

2. 再制造时机选择策略

再制造时机的选择又称为再制造策略,是指装备和产品在使用过程中对某一阶段或时间区域进行再制造选择,通过再制造时机选择策略保证产品或装备的寿命周期更长、性能更加稳定,以最小的企业再制造成本投入保障最大限度的消费者经济效益、社会效益、环境效益。因此,再制造策略的制定将影响企业成本管理体系的构建和设计,再制造时机选择决定再制造成本的投入多少。再制造时机选择主要包括定期再制造(升级性再制造)、适时再制造(恢复性再制造)、末端再制造(改造性再制造)和实时再制造(应急性再制造),如表 8.6 所示。4 种形式的再制造时机选择主要取决于企业再制造定位、产品特征和消费者反应。

表 8.6　再制造时机选择类别

企业再制造策略	内容	适用产品及情况	常用技术
定期再制造 （升级性再制造）	应用先进的再制造技术使产品性能与时俱进，高于原型新产品，满足客户和市场的需求	机床、铁轨、活塞、曲轴、转向轴、缸套、变速箱、凸轮轴、盾构机、废旧飞机发动机叶片、压气机叶片	热喷涂技术 电刷镀技术 激光熔覆技术 等离子熔覆等
适时再制造 （恢复性再制造）	利用再制造技术使产品性能恢复到原型新品的标准	大型储油设施、反应炉、水轮机叶片损伤、风力发电机叶片轻微脱落等损伤形式、齿轮等	电镀技术 化学镀技术 焊接技术（堆焊、钎焊）等
末端再制造 （改造性再制造）	利用再制造技术进行结构、性能及使用目的的改变，应用于新方向和多需求	锅炉、冲模、压铸模、钢板等	纳米复合电刷镀 高速电弧喷涂 表面涂覆技术 离子注入技术等
实时再制造 （应急性再制造）	主要针对野外条件下的再制造，使产品以最快的速度恢复原有的性能	设备受现场条件制约，不方便移动	增材制造（3D打印）、激光再制造技术、高速电弧喷涂等

8.4　再制造环境效益评价

环境效益是再制造区别于传统制造的一个重要方面，再制造的环境影响明显低于传统制造，如何对再制造的环境效益进行评价是再制造评价体系的一个重要组成部分。

8.4.1　生命周期评价方法

生命周期评价（life cycle assessment，LCA）方法最早出现于 20 世纪 60 年代末，它是指对一个产品系统的生命周期中输入、输出及其潜在能源和环境影响的汇编和评价，具体包括互相联系、不断重复进行的四个步骤：目的与范围的确定、清单分析、影响评价和结果解释。生命周期评价是一种用于评估产品在其整个生命周期中，从原材料的获取、产品的生产直至产品使用后的处置，对能源和资源影响的技术和方法[18]。

生命周期评价是国际上普遍认同能够彻底、全面、综合地了解人类所从事的各类活动对资源的消耗和环境的影响，以便采取对策、减轻人类对环境影响的一种方法。生命周期评价理论是由美国经济学家雷蒙德·弗农（Raymond Vernon）于 1966 年在《产品周期中的国际投资和国际贸易》中提出的。目前对生命周期评价的定义很多，具有代表性的主要有以下三种。

　　生命周期评价理论能够帮助企业根据行业是否处于成长、成熟、衰退或其他状态来制定适当的战略,可以根据企业在生命周期发展、成长、成熟、衰退每一阶段中竞争状况的不同来查找原因,做出决策[19]。

　　生命周期评价主要通过量化能量、物质消耗及环境排放来评估一种产品、工序和生产活动造成的环境负载,评价能源材料利用和废弃物排放的影响及评价环境改善的方法。生命周期评价注重研究系统在生态健康、人类健康和资源消耗领域内的环境影响。利用生命周期评价理论中对产品生产过程中的能量和物质的定量分析及研究功能,能够充分地、系统地分析产品从原材料到成品整个生命周期过程的全部因素。生命周期评价主要有以下特点:具有灵活性,不存在统一的模式;研究范围、假设及结果具有透明性;研究方法具有包容性,可以融合新的技术和方法。因此,生命周期评价应用非常广泛。

　　尽管生命周期评价的发展受到了人们的空前关注,ISO 也对其实施进行了一系列标准化,但是其在理论和实际应用中依然存在局限性。其主要表现有以下方面:

　　(1) 客观性。生命周期评价中许多环节并不完善,受实际因素影响较大,在进行评价时,实施者既要依赖现行的生命周期评价标准,也要依赖自身生命周期评价对方法的正确理解,受自身评估经验影响较大。评价过程涉及大量的假设,主要包括目的和范围的确定、功能单位的选取、数据收集途径等,都无法脱离人为主观因素的影响。

　　(2) 数据完整性和精确性。生命周期评价需要对大量数据进行分析处理,在数据收集过程中不可避免地会遇到缺失数据的问题,数据获取困难。实施者多采用国家或行业的统计资料,而统计数据往往呈现某一取值范围,不能用单一的指标来表达,文献资料中信息的差异性和数据的时效性对数据收集都有很大影响。

　　(3) 结果的不确定性。由于评价过程中引入大量假设,收集数据的不完整性和不精确性在某种程度上增大了相关数据的误差,甚至可能导致错误结论。在影响评价阶段,目前尚未形成统一的方法,评价结果具有不确定性。

　　(4) 实施完整的生命周期评价过程中,需要收集大量的数据,工作量大,耗时多;评价目的、范围与数据收集的相互作用,加剧了过程的反复性,增加了费用支出。

　　(5) 受地域和时间等方面的影响。在评价过程中,原始数据的收集和最终得出的评价结果,在地域和时间等方面都存在一定的局限性。地域范围和时间发生变化,环境清单数据也会随之改变,对应的评价结果也会不同。

8.4.2　生命周期评价技术框架

　　《环境管理　生命周期评估　原则与框架》(GB/T 24040—2008)中,生命周期评价的技术框架为目标和范围的确定、清单分析、影响评价和结果解释 4 个阶段。这 4 个阶段紧密相连,相互支撑,反复进行。目的和范围的确定与清单分析是生命周期评价中发展比较完善的两个部分。评价所确定的研究范围、假设、数据质量描述,在很大程度上决定了评价结果;评价方法和结果应是透明和灵活的,没有统一的模式,评价者可以根据具体的应用意图和需求进行操作。生命周期评价的每个过程都有其具体的理论要求和流程,需要分别对其进行阐述。

ISO 建立的生命周期评价框架如图 8.9 所示。

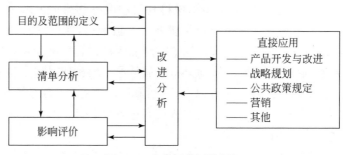

图 8.9　生命周期评价框架

1. 目标及范围定义

目标及范围定义是生命周期评价的首要环节,主要根据研究的应用方向对研究的目标及范围做出精确的定义,建立所研究产品的功能单元,设定生命周期评价的边界等。目标定义应明确生命周期评价的目的、原因及应用对象。在范围界定时必须明确产品体系的功能、边界、配置、环境影响类型、数据要求等多方面内容。目标和范围定义分为 3 个层次,即观念的、初步的或全面的。

2. 清单分析

清单分析是对产品体系生命周期各个阶段或过程的输入和输出进行数据收集、量化、分析并列出清单分析表的过程。输入包括能源、原材料、辅助材料及其他物理输入等;输出是指空气、土壤、水等的废物排放。清单分析的一般步骤包括过程描述、数据收集、预评价和产生清单等,如图 8.10 所示。

3. 影响评估

影响评估是运用定量/定性的方法对清单分析结果潜在的环境影响进行评价和描述的过程。生命周期影响评估通常包括分类、特征化、量化(加权计算)3 个过程。分类是将生命周期各个阶段所使用的能源、资源及所排放的污染物分类整理后,作为影响因子。特征化主要是利用量化的方法对不同影响因子造成的影响予以定量评价及综合。其方法是将清单分析所得到的数据以一般方式找出与"无显著影响浓度"或环境标准间的关系;或使用计算机模型计算各受体点的影响程度。量化主要是将不同的影响类别赋予权重,计算各自的贡献率[20]。

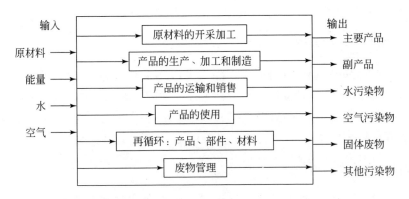

图 8.10　产品生命周期评价的要素

4. 改进分析

改进分析是将清单分析和影响评估结果进行综合评析,对产品设计和加工工艺进行改进分析,提出可能的实施方案,或将评析结果以结论和建议的形式向决策者提交生命周期评价报告[21]。

目前,各国的很多研究机构和公司都在从事有关生命周期评价研究和软件工具的开发,并推出了一些生命周期评价商业化软件。由于生命周期评价过程复杂,且经常出现数据缺少等问题,因此有学者也推出了一些简化的生命周期评价方法。

8.4.3　再制造环境影响类型

产品再制造环境友好性设计是指要尽量减少废旧产品再制造加工过程及再制造产品运用过程所产生的环境影响,增加再制造的环境效益。废旧产品环境影响评估中,可将环境影响因子划分为三大类。

1. 对人类自身的影响

对人类自身的影响主要是指对由环境条件变化引起的各种社会问题、疾病与这种疾病持续时间跨度进行描述,并对由此产生的对处于这一环境中人类的影响进行分析。具体来说主要包括以下几方面:待评估废旧产品再制造周期内各阶段产生的各种排放所导致的相应环境内致癌性或诱发某些疾病的物质浓度上升,对处于该环境中的人类健康所带来的影响;离子辐射,包括人们经常提到的核辐射的影响;再制造生产过程排放而导致的臭氧层损耗,进而对人类的健康所带来的影响;再制造所带来的气候变化对人类所产生的影响。举例来说,再制造生产周期内排放具有温室效应的气体,如 CO_2 等,将带来全球气温的上升,而气温的上升又将使北极的冰川融化,进而带来全球的海水上涨,从而对沿海人口密集的经济发达地区产生严重的威胁等[22]。

2. 对生物资源的影响

对生物资源的影响主要是考虑对除人类以外生命物种的影响,其主要通过再制造生产过程对生物物种多样性与物种生存环境的影响来描述。这一部分内容主要包括以下方面:对生物有毒的物质的排放、酸雨、富营养化(如现在经常提起的赤潮现象)和土地使用等。

3. 对非生物资源的影响

对非生物资源的影响主要考虑对地球上无生命的物质资源的影响,其中主要考虑地球上各种物质材料来源的消耗(如高蕴藏量的各种矿区的不断减少及低蕴藏量矿区开采提炼难度的加大),以及各种能源的枯竭(如石油、天然气等)。这部分主要以提取同等数量的材料或能源时所需能源数量的增加来描述。

分析这三类环境影响因素可以发现,这些影响中只有一小部分具有全球性,如温室效应、臭氧耗竭,增加紫外线,特别是紫外线-B 的照射量,易造成不耐紫外线的生物死亡,人类皮肤癌和免疫系统疾病增加;更多的影响主要表现为局域性,如酸化作用,发生酸化作用的临界负荷在不同地域是不同的,也就是说其具有很强的地域性;又如,再制造周期的各个过程都会或多或少排出一些有害物质,对再制造装备的生产者、操作者及处于该工作环境的人们产生健康影响,而这正是需要强调的环境性能评估过程中的一个重要因素,即环境影响局域性问题。

由上面的环境影响分类可知,产品所产生的废弃物导致的环境影响可以分为三大类,但对于单一的排放物质,其所产生的环境影响往往不一定仅限于一种,它可能会同时带来几方面的影响,举例来说,SO_2 产生的酸化作用会同时对人体健康和各种生物赖以生存的生态环境造成极大的危害。因此,要准确计算所有潜在影响产生的后果是十分困难的。

8.4.4　再制造环境性评价指标体系

在建立再制造环境性影响系统的评价指标体系时,要充分考虑资源、能源、环境和经济方面的指标,同时由于该评价指标体系将用于对装备再制造过程进行分析评估,因此也考虑了机电装备再制造的特征,如与再制造过程相关的输入输出数据的类型特征、再制造周期对环境影响的行为特征等。在此基础上,对指标进行选择和对体系类别进行划分,把一些操作性较差、对最后评价结果影响不大的指标排除在外,从而在保证评价可靠的前提下增强再制造周期环境影响评价的可行性。同环境、资源等指标相比,经济性指标评价方法有较大差异,因此将经济性评价单独划分为一个模块[23]。参考相关文献资料及并根据实际再制造情况,可最终制定如图 8.11 所示的再制造环境性评价指标体系。

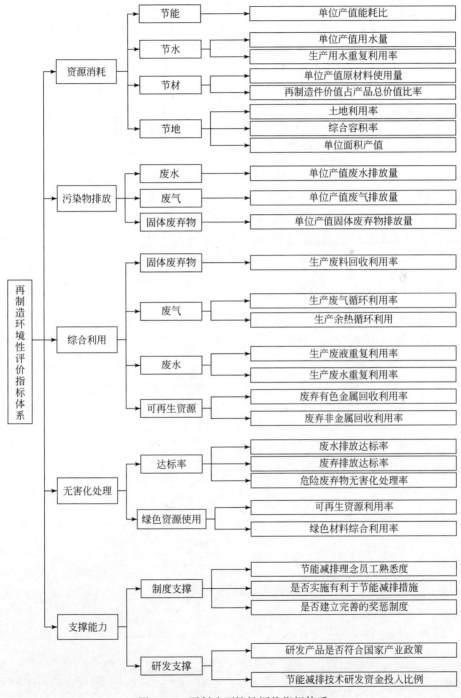

图 8.11　再制造环境性评价指标体系

我国再制造环境性评价指标体系主要由 5 大方面构成：①资源消耗，资源消耗是对节能方面的重要评价，资源消耗量是对企业节能减排的关键评价因素；②污染物排放，污染物排放量充分反映了企业在排放方面的效果状态；③综合利用，主要体现企业在生产中对生产资源利用方面的节约程度；④无害化处理，包括企业对有毒有害物质的处理及对绿色资源的使用，表明节能减排的理念及对环境的保护力度；⑤支撑能力，支撑能力展现了一个企业对节能减排的重视程度及对国家节能减排政策的履行力度。

8.4.5 再制造环境性评价方法

再制造环境性评价需要从资源消耗、污染物排放、综合利用、无害化处理、支撑能力等方面对再制造进行综合评判，是一个多指标评价过程。常用的多指标评价方法有 AHP、综合指数法、FCE 法和灰色系统评价等。由图 8.11 可以看到，再制造环境性评价指标体系是一个递阶层次结构，因此可利用 AHP 对再制造环境性影响进行评价。

1. 构造递阶层次结构模型

AHP 的递阶层次结构一般包括目标层、准则层、方案层，根据再制造周期系统的评价指标层次体系，构建递阶层次结构如图 8.12 所示。

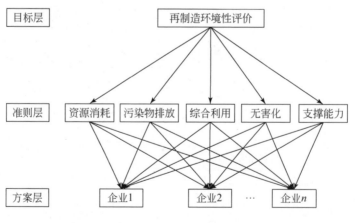

图 8.12 递阶层次结构图

2. 构造相对重要度判断矩阵

构造梯阶层次模型后，上下层之间的元素隶属关系就基本确定。对上一层的某个指标来讲，下一层与之关联的几个指标在向其合并的过程中，应当进行权重的分配。要确定权重,首先要构造相对重要度判断矩阵,以此来确定各因素之间的相对重要程度。AHP 通过因素间的两两对比来描述因素之间相对重要程度,即每次比较只有两个因素,而衡量相对重要程度的差别使用 1~9 比率标度法,具体含义见表 8.3。

根据评价指标,将得到的数据进行分析后构建再制造企业环境评价的判断矩阵,如表 8.7 所示。

表 8.7　判断矩阵

B	B_1	B_2	B_3	B_4	B_5
B_1	b_{11}	b_{12}	b_{13}	b_{14}	b_{15}
B_2	b_{21}	b_{22}	b_{23}	b_{24}	b_{25}
B_3	b_{31}	b_{32}	b_{33}	b_{34}	b_{35}
B_4	b_{41}	b_{42}	b_{43}	b_{44}	b_{45}
B_5	b_{51}	b_{52}	b_{53}	b_{54}	b_{55}

判断矩阵 B 具有如下特征:

$$b_{ij} = \frac{b_{ik}}{b_{jk}}, \quad i,j,k=1,2,\cdots,n \tag{8.49}$$

3. 确定权重

相对重要性判断矩阵实质上是将关于各因素重要程度差别的信息分散在矩阵的 $n \times n = n^2$ 个元素中。要将这些信息提取出来,以权重的方式给出,AHP 采用的是特征向量法。

首先计算出判断矩阵的特征向量,通过求解下面的方程可以得到特征向量 W:

$$BW = \lambda_{\max} W \tag{8.50}$$

式中,B 为相对重要性判断矩阵;$\lambda_{\max}$ 为矩阵 B 的最大特征值。可以利用如下公式求得特征向量 W 的分量 W_i:

$$W_i = (\prod_{j=1}^{n} b_{ij})^{\frac{1}{n}}, \quad i=1,2,\cdots,n \tag{8.51}$$

式中,b_{ij} 为矩阵 B 中的元素。对特征向量 W 进行归一化,从而得到权重向量 W^0。归一化的过程为首先得到

$$W_B = \sum_{i=1}^{n} W_i \tag{8.52}$$

然后求得权重向量 W^0 的各分量:

$$W_i^0 = \frac{W_i}{W_B} \tag{8.53}$$

4. 相容性检查

构造相对重要性判断矩阵时,评价者往往不可能精确确定各个指标之间的相对重要性,因此判断矩阵通常都具有偏差。虽然并不要求判断矩阵具有一致性,但如果偏差过大,利用 AHP 方法求得的权重将会出现某些问题。因此,需要进行相容性检查,这是保证结论可靠的必要条件。

首先求出判断矩阵的最大特征值 λ_{max}:

$$\lambda_{max} = \sum_{i=1}^{n} \frac{(\boldsymbol{BW}^0)_i}{n W_i^0} \qquad (8.54)$$

然后计算一致性指标 CI:

$$CI = \frac{\lambda_{max} - n}{n - 1}$$

式中,n 为判断矩阵的阶数。相对一致性指标 CR 为

$$CR = \frac{CI}{RI}$$

式中,RI 为平均随机一致性指标,是足够多个根据随机发生的判断矩阵计算的一致性指标的平均值。

一般而言,CR 越小,判断矩阵的一致性越好,通常认为 CR≤0.1 时,判断矩阵具有满意的一致性。

8.5 再制造社会效益评价

根据我国再制造的具体发展情况,再制造在体现经济效益和环境效益的同时,还体现出明显的社会效益。

8.5.1 生命周期社会性评价的定义和目标

再制造生命周期社会性评价是一种用于评估与再制造产品有关的社会性因素及其潜在影响的技术,主要考察再制造生命周期的各活动单位对人的潜在社会影响。再制造产品生命周期社会性评价的主要工作是收集和计算再制造产品系统在其生命周期中潜在社会性影响方面的输入和输出。生命周期社会性评价的主要目标是让企业在再制造生产和商业活动中承担评价内容所要求的社会责任[24,25]。

8.5.2 生命周期社会性评价要素的确定

社会性评价主要考察人类的生产活动和社会组织与监控作用。针对再制造生产的特点,从生产活动和社会组织与监控两方面筛选出有显著影响的评价

要素[26]。

1. 生产活动领域的评价要素

人类的生产活动必须由生产岗位上的人,在一定的劳动环境下,通过一定的生产组织形式来完成,并最终完成劳动收入分配,从而形成一个生产周期。由此形成组织生产活动过程的 4 个要素,即劳动岗位、劳动环境、生产组织及劳动收入[27]。

1)对增加劳动岗位的贡献

随着我国经济发展进入新常态,经济从高速增长转向中高质量发展阶段,经济发展方式从规模速度型粗放增长转向质量效率型集约增长;随着全球市场需求减弱,融资困难,资金链紧张,我国劳动力成本发生变化,就业压力增加。因此,再制造产品对劳动岗位增加的贡献成为十分关注的重要因素[28]。

再制造由于其显著的经济、环境和社会效益,得到了世界各国的重视。再制造在欧美发达国家已形成巨大的产业,2012 年,美国国际贸易委员会发布了《再制造商品:美国和全球工业,市场和贸易概述》研究报告,2009～2011 年,美国再制造产值以 15% 的速度增长,2011 年达到 430 亿美元,提供了 18 万个就业岗位。据欧洲再制造联盟(European Remanufacturing Network,ERN)统计,截至 2015 年底,欧洲再制造涵盖航空航天、汽车、电子电器、机械及医疗设备等,再制造产值约 300 亿欧元,预计到 2030 年将达到 1000 亿欧元,提供 45 万～60 万个就业岗位,再制造成为欧盟未来制造业发展的重要组成部分[29~31]。

2)劳动环境文明程度

劳动者的体力劳动繁重程度、生理承受力、心理承受力、劳动保护和安全性是反映社会生产文明与进步的重要标志。现代化生产的重要标志就是使劳动者不断摆脱繁重的体力劳动和艰苦的劳动环境,降低对劳动者的体力要求,不断提升智力要求,使劳动者处于现代文明的环境中工作。目前,我国再制造生产基本实现了半自动化、自动化操作,劳动文明程度较高,但部分再制造产品的生产仍需要耗费一定的人力成本。

3)生产组织管理的科学性

劳动者的文化素质和受培训程度是推行现代化组织管理的关键要素。劳动者素质低下直接影响产业结构的优化和经济增长方式的转变,且产品难以推广。劳动者的文化素质和受培训程度是推行现代化组织管理的关键要素。信息化在生产组织管理中的强化,使脑力劳动在生产中的比例不断提升,人类在生产活动中的相互配合不断从体力劳动配合上升为智力劳动配合。建立在高科技、高信息化程度基础上的生产模式,最终将促进新的生产关系演变,导致深刻的社会发展与变革。再制造对从业人员素质要求较高,工程技术人员需具有较强的专业技术能力,需进行专门的培训,生产管理者需具备较高的管理水平。

4）对劳动收入提高的贡献

人类从事有组织的生产活动，目的是获取劳动报酬、谋求自身的生存与发展。劳动收入的公平合理是社会稳定的重要因素，国民收入的增加是社会发展的重要标志，这种增长可以通过资本与劳动投入获得，同时可以通过技术投入产业。使国民收入增加的产品一般都具有良好的社会效益。再制造产业属于国家战略性新兴产业，具有较高的技术性，从业人员多为专业的科研人员、技术人员，文化层次较高，劳动收入也较高。

2. 生产活动领域的评价要素

国家制定一系列政策、法律和法规，对社会予以监控，并通过宏观调控保持社会的平衡发展，任何技术的存在与发展都离不开国家需求的推动、国家行政的控制和影响，任何产业的发展必须与国家行为协调一致。按照这种协调一致的观点，确定以下评价要素。

1）与国家政策、法规的一致性

国家意志主要通过制定政策、法规来贯彻，任何产业的发展都必须在国家政策、法规规定的范围内发展。我国再制造产业的持续稳定发展，离不开国家政策的支撑与法律法规的有效规范。我国再制造政策法规经历了一个从无到有、不断完善的过程。从 2005 年国务院颁发的《国务院关于做好建设节约型社会近期重点工作的通知》（国发〔2005〕21 号）和《国务院关于加快发展循环经济的若干意见》（国发〔2005〕22 号）文件中首次提出支持废旧机电产品再制造，到 2017 年 11 月工业和信息化部印发《高端智能再制造行动计划（2018—2020 年）》（工信部节〔2017〕265 号），国家层面上制定了近 60 项再制造方面的法律法规，其中国家再制造专项政策法规 20 余项[32]。

2）与国家发展需求的一致性

凡符合国家产业需求的产业都具有很好的社会性。再制造是循环经济"再利用"的高级形式，是绿色制造的重要环节，是绿色制造全生命周期管理的发展和延伸，是实现资源高效循环利用的重要途径。再制造产业符合"科技含量高、经济效益好、资源消耗低、环境污染少"的新型工业化特征，发展再制造有利于形成新的经济增长点，将成为中国制造转型升级的重要突破[33]。

8.5.3　生命周期社会性评价方法的建立

1. 生产活动评价指数 S_1

1）劳动岗位增加贡献指数 S_{11}

对再制造产业所能提供的劳动岗位数进行统计，以此作为该产业从业人员数 J。根据 J 由式（8.55）确定该项目的 S_{11}，评价依据如下：

（1）若 J 达到或超过评价地区优势行业的平均从业人数 J_0，则 $S_{11}=1$。

（2）若 J 与所处行业的平均从业人数 J_1 持平，则 $S_{11}=0.6$。

（3）若 J 等于或低于较差行业所能提供的平均从业人数 J_2，则 $S_{11}=0$。

$$S_{11}=\begin{cases} 1, & J>J_0 \\ \dfrac{0.4}{J_0-J_1}(J-J_0)+1, & J_1<J\leqslant J_0 \\ \dfrac{0.6}{J_0-J_2}-(J-J_2), & J_2<J\leqslant J_1 \\ 0, & 0<J\leqslant J_2 \end{cases} \tag{8.55}$$

2）劳动环境文明程度指数 S_{12}

反映劳动文明程度最鲜明的指标是劳动过程中脑力劳动量占总体劳动量的比例 L 其表达式为

$$L=\frac{脑力劳动}{脑力劳动+体力劳动} \tag{8.56}$$

脑力劳动与体力劳动在工作时间上可能是相同的，如汽车驾驶，驾驶属于脑力劳动为主，体力劳动为辅，两者的时间是相同的，但对工作的贡献不同。因此，以整个劳动过程中对劳动的相对贡献作为对比依据，如表 8.8 所示。

表 8.8　劳动过程中的脑力劳动比例

劳动类型	脑力劳动比例 $L/\%$
直接手工劳动	10
大型机械设备操作	30
职业技术工种	60
数控设备操作	80
管理层工作	90
科研、设计	100

按表 8.8 统计出项目各劳动岗位的 L_i 值，然后按式（8.59）计算项目的 S_{12}。

$$S_{12}=\frac{\displaystyle\sum_{i=1}^{k} n_i \cdot L_i}{\displaystyle\sum_{i=1}^{k} n_i} \tag{8.57}$$

式中，n_i 为每一劳动岗位的人数；L_i 为每一劳动岗位的脑力劳动比例值；k 为整个项目的劳动岗位种类数[33]。

3）生产组织管理科学性指数 S_{13}

生产组织管理的科学性、严密性是一项综合性社会评价指标，其最鲜明的表征是从事这一项目人员的文化程度和培训级别。以人员文化层次与培训要求为评价依据,人员素质指数如表8.9所示。

表 8.9　人员素质指数

分类	素质指数 Q
无文化要求	0.5
小学文化,一般操作培训	0.6
初中文化,初等职业培训	0.7
高中或职业技术学校文化,专业培训	0.8
高等专科文化,具备良好专业基础与技能	0.9
大学本科以上文化,具备较高的理论基础与系统专业知识	1.0

利用各个劳动岗位人数 n_i 与各个人员素质指数 Q_i,按式(8.58)计算项目的 S_{13}。

$$S_{13} = \frac{\sum_{i=1}^{k} n_i \cdot Q_i}{\sum_{i=1}^{k} n_i} \tag{8.58}$$

式中,k 为整个项目的劳动岗位种类数。

4) 劳动收入提高贡献指数 S_{14}

按被评定的各个劳动岗位劳动者人均收入 I_2,按式(8.59)计算 S_{14}。评价依据如下:

(1) 若人均收入 I 达到本地区的人均收入 I_0,则 $S_{14}=0.6$。

(2) 若人均收入 I 达到或超过本地区行业中的最高人均收入 I_0,则 $S_{14}=1$。

(3) 若人均收入 I 低于本地区行业中的最低人均收入 I_2,则 $S_{14}=0$。

可根据 I 按式(8.59)计算 S_{14}:

$$S_{14} = \begin{cases} 1, & I > I_0 \\ \dfrac{0.4}{I_0 - I_1}(I - I_0) + 1, & I_1 < I \leqslant I_0 \\ \dfrac{0.6}{I_0 - I_2} - (I - I_2), & I_2 < I \leqslant I_1 \\ 0, & 0 < I \leqslant I_2 \end{cases} \tag{8.59}$$

2. 社会组织与监控评价指数 S_2

1) 国家政策、法规一致性指数 S_{21}

一个产业的发展必须符合本国的国家政策、法规。凡不符合国家政策、法规,或与政治制度相抵触的项目都将被一票否决。该类产业若经改进预期可以达到国家政策、法规要求,则可回到研究阶段继续进行。

检查项目与国家政策、法规的一致性,若被评项目符合国家政策、法规要求,则 $S_{21}=1$,不符合则 $S_{21}=0$。此项评价指标值非 0 即 1。

2）国家需求一致性指数 S_{22}

按照国家发展需求,制定指数 S_{22} 的评定表 8.10。

表 8.10 国家需求一致性指数

国家需求程度	S_{22}	举例
地方经济与社会发展规划需求	0.7	省、市规划
国家经济与社会发展规划需求	0.8	国家发展规划,中、长期发展规划
国家重大发展战略需求	0.9	可持续发展战略,循环经济战略
国家安全需求	1	国防、能源安全

3. 社会性评价指数

综合考察生产活动评价指数 S_1 和社会组织与监控评价指标 S_2 的效用,并进行权重设计,定义出再制造产业的社会性评价指数（social assessment indicator,SAI）,其表达式为

$$SAI = W_1 S_1 + W_2 S_2 = W_1 \left(\sum_{j=1}^{4} W_{1j} S_{1j} \right) + W_2 (W_{21} S_{21} + W_{22} S_{22}) \quad (8.60)$$

式中,$W_1 + W_2 = 1$;$\sum_{j=1}^{4} W_{1j} = 1$;$W_{21} + W_{22} = 1$;$S_1$ 为生产活动评价指数;S_2 为社会组织与监控评价指数;S_{1j} 为生产活动评价指数中包含的各项指数;S_{21}、S_{22} 为社会组织与监控评价指数中包含的两项指数;W_1、W_2、W_{1j}、W_{21}、W_{22} 为对应评价指数的权重[34]。

参 考 文 献

[1] 徐滨士,等. 装备再制造工程[M]. 北京:国防工业出版社,2013.
[2] 徐滨士,等,再制造技术与应用[M].北京:国防工业出版社,2015.
[3] 刘渤海,徐滨士,史佩京. 再制造综合评价指标体系的设计研究[J]. 检验检疫学刊,2010,20(2):53-56.
[4] 冯志军. 水利水电工程施工场地布置决策理论方法与应用研究[D]. 天津:天津大学,2003.
[5] Saaty T L, Vargas L G. Estimating technological coefficients by the analytic hierarchy process [J]. Socio-Economic Planning Sciences,1979,13(6):333-336.
[6] 李恩重,史佩京,徐滨士,等. 基于 TOPSIS 的汽车发动机再制造方案综合评价[J]. 汽车零部件,2015,(11):4-7.

[7] 朱胜,徐滨士,姚巨坤. 再制造设计基础及方法[J]. 中国表面工程,2003,16(3):27-31.

[8] 姚巨坤,朱胜. 再制造升级[M]. 北京:机械工业出版社,2017.

[9] 付允,林翎,王秀腾,等. 再制造产品评价指标体系与评价方法研究[J]. 中国环境管理,2012,
(3):12-15.

[10] 刘渤海. 再制造产业发展过程中的若干运营管理问题研究[D]. 合肥:合肥工业大学,2012.

[11] 徐滨士,董世运,史佩京. 中国特色的再制造零件质量保证技术体系现状及展望[J]. 机械工
程学报,2013,49(20):84-90.

[12] Xu B S. The remanufacturing engineering and automatic surface engineering technology[J].
Key Engineering Materials,2008,(373):1-10.

[13] Zhang J H,Chen M. Assessing the impact of China's vehicle emission standards on diesel
engine remanufacturing[J]. Journal of Cleaner Production,2015,107:177-184.

[14] 《徐滨士文集》编委会. 徐滨士文集[M]. 北京:冶金工业出版社,2014.

[15] 桑凡,郑汉东,李恩重,等. 装备再制造成本分析模型构建及应用[J]. 装甲兵工程学院学报,
2017,31(4):111-115.

[16] 桑凡,郑汉东,李恩重,等. 绿色再制造产品经济性研究[J]. 标准科学,2016,(s1):16-21.

[17] 刘光复,刘涛,柯庆镝,等. 基于博弈论及神经网络的主动再制造时间区域抉择方法研究
[J]. 机械工程学报,2013,49(7):29-35.

[18] 葛冰. 纤维板制造过程能耗评价及模型建立研究[D]. 哈尔滨:东北林业大学,2014.

[19] 叶芳. 瑞士消费的环境影响模式及启示[J]. 标准生活,2016,(12):48,49.

[20] 桑凡. 装备发动机再制造寿命周期成本分析方法研究及应用[D]. 北京:陆军装甲兵学
院,2017.

[21] 钟东阶,王家青. 产品生命周期理论在汽车制造业中的应用[J]. 机床与液压,2007,35(5):
51-52.

[22] 刘钢. 机电产品全生命周期环境经济性能评估理论与方法研究[D]. 北京:清华大学,2003.

[23] 毛伟. 机电产品生命周期评价系统的研究与开发[D]. 北京:清华大学,2002.

[24] 史佩京,徐滨士,刘世参,等. 基于装备多寿命周期理论的发动机再制造工程及其效益分析
[J]. 装甲兵工程学院学报,2006,20(6):70-74.

[25] 李恩重,史佩京,徐滨士,等. 我国汽车零部件再制造产业现状及发展对策研究[J]. 现代制
造工程,2016,(3):151-156.

[26] 冷如波. 产品生命周期3E+S评价与决策分析方法研究[D]. 上海:上海交通大学,2007.

[27] Vasanthakumar C,Vinodh S,Ramesh K. Application of interpretive structural modelling for
analysis of factors influencing lean remanufacturing practices[J]. International Journal of
Production Research,2016,54(24):7439-7452.

[28] 么新. 经济新常态背景下的我国再制造产业发展[J]. 科学管理研究,2017,2(35):50-53.

[29] United States International Trade Commission. Remanufactured goods:An overview of the
USA and global industries,markets,and trade[R]. Washington:USITC Publication,2012.

[30] 李恩重,张伟,郑汉东,等. 我国再制造标准化发展现状及对策研究[J]. 标准科学,2017,
(8):29-34.

[31] European Remanufacturing Network. Remanufacturing market study[R]. London,2015.

[32] 李恩重,史佩京,徐滨士,等. 我国再制造政策法规分析与思考[J]. 机械工程学报,2015,51(19):117-123.

[33] 滨士,李恩重,郑汉东,等. 我国再制造产业及其发展战略[J]. 中国工程科学,2017,19(3):61-65.

[34] 苏慧超,吴水波,潘春佑,等. 海水淡化项目生命周期社会性影响评价方法研究[J]. 海洋开发与管理,2015,32(8):24-28.

第 9 章　再制造工程实践

再制造工程实践是产业发展的原动力,我国再制造工程实践稳步发展,走过了从概念提出到技术研发再到企业试点的发展阶段。再制造试点已取得初步成效,形成汽车零部件、工程机械、机床、高端装备、办公设备等多个领域再制造发展能力,并在探索废旧产品回收、再制造生产、再制造产品流通体系及监管措施等方面取得积极进展。本章重点介绍汽车发动机、航空发动机、重载车辆发动机、机床、复印机再制造实践的基本内容及我国再制造示范园区(基地)的实践现状。

9.1　汽车发动机再制造

汽车发动机再制造是再制造工程中最典型的应用实例。汽车发动机再制造从社会的需求性、技术的先进性、效益的明显性等方面为废旧机电产品的再制造树立了榜样。

9.1.1　汽车发动机再制造过程

1. 再制造拆解

发动机再制造的主要工序包括拆解、分类清洗、再制造加工和组装。拆解是指采用一定的工具和手段,解除对零部件造成约束的各种连接,将产品零部件逐个分离的过程。高效、无损与低成本的拆解是发展目标。拆解过程中直接淘汰发动机中的活塞总成、主轴瓦、油封、橡胶管、气缸垫等易损零件,一般这些零件因磨损、老化等原因不可再制造或者没有再制造价值,装配时直接用新品替换。拆解后的发动机主要零件如图 9.1 所示,无修复价值的发动机易损零件如图 9.2 所示。

2. 再制造清洗

再制造清洗是指借助于清洗设备将清洗液作用于废旧零部件表面,采用机械、物理、化学或电化学方法,去除废旧零部件表面附着的油脂、锈蚀、泥垢、水垢、积碳等污物,并使废旧零部件表面达到所要求清洁度的过程。废旧产品拆解后的零件根据形状、材料、类别、损坏情况等分类后应采用相应的方法进行清洗。良好的产品清洁度,除能提高再制造产品质量外,还能提高消费者对再制造产品质量的信心。

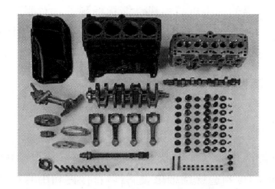

图 9.1 　拆解后的发动机主要零件

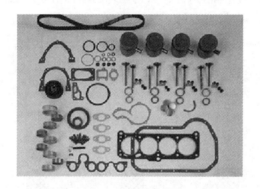

图 9.2 　无修复价值的发动机易损零件

3. 再制造检测

再制造检测主要包括两个方面:一是再制造毛坯的损伤检测,主要目的是检测毛坯在上一轮服役周期结束后的损伤情况,为评估毛坯是否具有再制造的价值提供关键数据支撑;二是再制造产品的残余应力检测,残余应力是指构件在制造过程中,将受到来自各种工艺等因素的作用与影响,准确评估再制造产品的残余应力状态可以为预测再制造零件服役寿命提供关键数据支撑。

4. 再制造加工、装配、测试与包装

对失效零件的再制造加工可以采用多种方法和技术,如利用先进表面技术进行表面尺寸恢复,使表面性能优于原始零件;或者采用机械加工重新将零件加工到装配要求的尺寸,使再制造发动机达到标准的配合公差范围。将全部检验合格的零件与加入的新零件,严格按照新发动机技术标准装配成再制造发动机。对再制造发动机按照新发动机的标准进行整机性能指标测试。对测试合格的再制造发动机外表喷漆并包装，入库或发送至用户处。根据和用户签订的协议，如果需要对发动机改装或者技术升级，可以在再制造工序中更换零件或部件。

9.1.2 汽车发动机再制造的效益分析

1. 斯太尔发动机三种资源化形式所占的比例

废旧机电产品资源化的基本途径是再利用、再制造和再循环。对 3000 台斯太尔 615.67 型发动机的再制造统计结果表明：可直接再利用的零件数量占零件总数的 23.7%，零件价值占价值总额的 12.3%；经再制造后可使用的零件数占零件总数的 62%，价值占价值总额的 79.8%；再循环的零件占零件总数的 14.3%，价值占价值总额的 9.9%。其对比关系如图 9.3 所示，由图可见，无论从零件的数量、重量还是从价值方面考虑，再制造都是废旧发动机三种资源化形式中最佳的选择。具体零件名称见表 9.1～表 9.3。

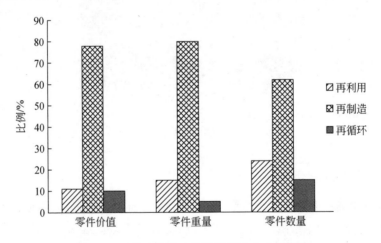

图 9.3 退役发动机三种资源化形式对比关系

表 9.1 经清洗后可直接使用的主要零件

序号	名称	材料	质量/kg	判断标准	可直接使用率/%
1	进气管总成	铸铝	10	原厂标准	95
2	前排气歧管	铸铁	15	原厂标准	95
3	后排气歧管	铸铁	15	原厂标准	95
4	油底壳	钢板	10	原厂标准	90
5	机油冷却器芯	铜	5	原厂标准	90

续表

序号	名称	材料	质量/kg	判断标准	可直接使用率/%
6	机油冷却器盖	铸铝	5	原厂标准	80
7	集滤器	钢板	1	原厂标准	95
8	正时齿轮室	钢板	30	原厂标准	80
9	飞轮壳	铸铁	40	原厂标准	80

表 9.2　再制造加工后可使用的主要零件

序号	名称	材料	质量/kg	常见失效形式	再制造时间/h	可再制造率/%
1	缸体总成	铸铁	300	磨损、裂纹、碰伤	15	95
2	缸盖总成	铸铁	100	裂纹、碰伤	8	95
3	连杆总成	合金钢	30	磨损、抱瓦	6	90
4	曲轴总成	合金钢	200	磨损、抱轴	16	80
5	喷油泵总成	铸铝	30	渗漏	10	90
6	气门	合金钢	2	磨损	1	60
7	挺柱	合金钢	2	端面磨损	1	80
8	喷油器总成	合金钢	2	偶件失效	1	70
9	空压机总成	合金钢	30	连杆损坏	4	70
10	增压器总成	铸铁	20	密封环失效	4	70

表 9.3　需要用新品替换的发动机主要零件

序号	名称	材料	质量/kg	常见失效形式	判断标准	替换原因
1	活塞总成	硅铝合金	18	磨损	原厂标准	无再制造价值
2	活塞环	合金钢	1	磨损	原厂标准	无法再制造
3	主轴瓦	巴氏合金	0.5	磨损	原厂标准	无再制造价值
4	连杆瓦	巴氏合金	0.5	磨损	原厂标准	无再制造价值
5	油封	橡胶	0.5	磨损	原厂标准	老化
6	气缸垫	复合材料	0.5	损坏	原厂标准	无法再制造
7	橡胶管	橡胶	4	老化	原厂标准	老化
8	密封垫片	纸	0.5	损坏	原厂标准	无再制造价值
9	气缸套	铸铁	14	磨损	原厂标准	无再制造价值
10	螺栓	合金钢	10	价值低	原厂标准	无再制造价值

2.经济效益分析

与新发动机的制造过程相比,再制造发动机生产周期短、成本低,两者对比见表 9.4 和表 9.5。

表 9.4　再制造发动机与新发动机制造过程的周期对比（单位:天/台）

项目	生产周期	拆解时间	清洗时间	加工时间	装配时间
再制造发动机	7	0.5	1	4	1.5
新发动机	15	0	0.5	14	0.5

表 9.5　再制造发动机与新发动机制造过程的基本成本对比（单位:元/台）

项目	设备费用	材料费用	能源费用	新加零件费用	人力费用	管理费用	合计
再制造发动机	400	300	300	10000	1600	400	13000
新发动机	1000	18000	1500	12000	3000	2000	37500

3.环保效益分析

再制造发动机能够有效回收原发动机在第一次制造过程中注入的各种附加值。据统计,每再制造 1 台斯太尔发动机,仅需要新发动机生产的 20% 能源,按质量能够回收继续使用原产品中 94.5% 的材料,减少了资源浪费,也避免了产品因为采用再循环处理造成的二次污染,也节省了垃圾存放空间。据估计,每再制造 1 万台斯太尔发动机,可以节电 1450 万 kW·h,减少 CO_2 排放量(11.3~15.3)kt。

4.社会效益分析

每销售 1 台再制造斯太尔发动机,购买者在获取与新发动机同样性能前提下,可以减少投资 2900 元;在提供就业岗位方面,若每年再制造 1 万台斯太尔发动机,可提供就业人数 500 人[2]。

5.综合效益

表 9.6 对以上各项效益进行了综合。可以看出,若每年再制造 1 万台斯太尔发动机,则可以回收附加值 3.23 亿元,提供就业人数 500 人,并可节电 1450 万 kW·h,增加利税 0.29 亿元,减少 CO_2 排放量(11.3~15.3)kt。

表 9.6　每年再制造 1 万台斯太尔发动机的经济环境效益分析

效益	消费者节约投入/亿元	回收附加值/亿元	直接再用金属/kt	提供就业人数/人	增加利税/亿元	节电/万 kW·h	减少 CO_2 排放/kt
再制造	2.9	3.23	9.65	500	0.29	1450	11.3~15.3

9.2　航空发动机再制造

航空发动机是为航空器提供飞行所需动力的发动机。作为飞机的心脏，被誉为"工业之花"，它直接影响飞机的性能、可靠性及经济性，是一个国家科技、工业和国防实力的重要体现。

9.2.1　航空发动机再制造概述

在我国现役航空发动机寿命管理中，采用总工作寿命和翻修寿命对发动机寿命实施控制，保证飞行安全。发动机总工作寿命是指发动机在规定条件下，从开始使用到最终报废所规定的总工作时数。翻修寿命是指在规定条件下，发动机两次翻修之间的工作时间。发动机翻修寿命是基于发动机在外场使用的安全性和可靠性要求而给定的，主要取决于航空发动机关键部件的使用寿命，如承受 1000℃ 以上高温的热端部件（涡轮叶片、涡轮盘和燃烧室部件）。发动机工作到了规定的翻修期限必须从飞机上拆下：送到维修厂对其进行分解、检查、更换磨损或损伤的零件，对转子进行平衡，然后重新装配，在经过性能调整试车，交付使用方检验后重新出厂[3]。

航空发动机再制造是指对已经达到设计使用寿命或大修时限的发动机进行完全分解，剔除易损件、保留基础件，对基础件进行彻底清洗、检测，遴选出符合要求的零部件，采用新材料表面处理技术，加工至完全符合新发动机零部件的关键核心技术体系。通过技术升级，再制造的航空发动机在性能和质量上可以达到甚至超过正常生产的新发动机。而且在零部件再制造方面，再制造技术比制造技术难度还要高。

9.2.2　航空发动机再制造过程

在对航空发动机进行完全拆解清洗后，检测各部件的技术状态，将部件分成直接利用件、可再制造件和报废件三类。直接利用件不做处理；报废件由更新件或再制造加工件更换；可再制造部件进行再制造加工，最后按新品的标准进行检测、装配并进行测试。再制造实施需要经过拆解、清洗、检测、再制造加工、检测、装配、整机测试等多个步骤，其中关键技术包括部件清洗、无损检测和部件再制造。

1.部件清洗

发动机由于长期工作，灰尘、油污及磨损物填充在各部件之间。首先要对发动机机体进行表面清洗，防止外来物对内部件的二次污染，应根据部件污染的不同使用不同的清洁方法，如用汽油等有机溶剂清洗发动机部件表面的杂质、油脂和污垢,用化学和高压水射流清洗部件表面的锈蚀和涂层,用化学清洗液与喷丸相结合的方法去除积炭等。

压气机由压气机叶片和压气机匣等组成,压气机叶片长期高速旋转,有各种外来物(主要是昆虫)进入的痕迹,必须清除干净,可以采用汽油清洗。压气机匣因为接触大量水汽,经常发生锈蚀。去锈的主要方法有机械法、化学酸洗法和电化学酸蚀法等。

燃烧室主要由燃油喷嘴和燃烧室主体组成,该机件是燃油燃烧的腔体,积炭非常严重。清除积炭常使用机械法、化学法和电解法等。化学法指将零件浸入氢氧化钠、碳酸钠等清洗液中,以 80~95℃ 的温度,使油脂溶解或乳化、积炭变软后,再用毛刷刷去并清洗干净。这里采用化学法较为合适,不损害零件本身的性能。

涡轮主要由涡轮叶片和涡轮机匣组成。涡轮叶片和涡轮机匣主要受高温灼烧和积炭污染,对于可以看见灼烧痕迹的叶片和机匣不再使用,只有积炭的叶片和机匣采用上述化学法方法清洗。

部件清洗后,应借助先进的检测设备对部件的完整性和内部结构进行检测,以掌握部件的准确信息。使用较多的各种无损检测技术,如超声波检测、渗透检测、磁粉检测、涡流检测、射线检测和光学检测等,这些先进的技术不仅能发现部件表面的裂纹、烧伤,还能检测出部件内部的损伤。

2.关键部件再制造

涡扇发动机核心部件的再制造包括压气机叶片再制造和涡轮盘再制造。

1) 压气机叶片再制造

航空燃气涡轮发动机的压气机及风扇工作叶片均用其叶身下的燕尾形榫头装于轮盘轮缘的榫槽中,再用锁紧装置将叶片锁定于轮盘中。20 世纪 80 年代中期,在航空发动机结构设计方面,出现了一种称为整体叶盘或简称叶盘的结构。它是将工作叶片和轮盘做成一体,省去了连接用的榫头、榫槽,使零件数目大大减少、结构简化、质量减轻,而且还可消除空气在榫头与榫槽间的窜流,对压气机或风扇的性能带来一定好处。因此,目前在一些新研制的发动机中整体叶盘得到广泛采用。整体叶盘的关键技术就是焊接工艺一定要达到能让两个部件完全融为一体的技术水平。一般要采用电子束焊、线性摩擦焊或者等离子焊。利用自动微弧等离子焊接技术将已报废发动机的风扇或者压气机叶片的受损部位清洗并且切割整齐,进行内部结构无损检测之后就可以利用等离子焊将部分新叶片焊接在老叶片上,即可重新制造出全新的风扇和压气机叶片。针对压气机整流叶片易磨损及叶片易受外来物磨损的特点,采用纳米复合电刷镀技术,对压气机叶片进行纳米颗粒复合镀,提高其强度和耐磨性,延长叶片的使用寿命。

2) 涡轮盘再制造

涡轮盘是燃气涡轮发动机关键部件之一。其工作条件十分苛刻,在高温、高转速、高应力、高速气流下工作,承受着高的离心负荷、热负荷、气动负荷、振动负荷和环境介质的腐蚀及氧化作用,每次飞行还要经受启动、加速、巡航、减速、停车等循环的机械应力和温差引起的热应力的联合作用。涡轮盘各部位承受不同的交变负荷,其工作状况直接影响发动机的使用性能、可靠性、安全性和耐久性。涡轮叶片是安装在涡轮盘上的,叶片上的巨大离心力载荷最终还是由涡轮盘来承受。另外,涡轮盘外缘和叶片一样直接接触燃烧室冲出的高温燃气,内缘却连接在主轴,工作温度较低。涡轮盘内外缘的温差高达数百摄氏度,这就导致整体涡轮盘的内外缘受热程度不同,变形程度也不同,这种变形一般称为蠕变。如果涡轮盘的抗蠕变性能不足就很容易出现裂纹并且可能在巨大离心力的作用下碎裂,这不仅会限制发动机的寿命,也会极大影响发动机的使用安全。为了增强涡轮盘的抗蠕变特性,典型三代涡扇发动机都采用了大直径粉末冶金涡轮盘。粉末冶金就是将金属原料用超声波制备成极细腻的金属粉末,然后在模具里注入粉末进行高温锻造,通过强压高温将粉末压成一个极为致密的部件。采用粉末冶金涡轮盘再制造技术,可以使航空发动机总寿命延长近一倍。

9.3　重载车辆发动机再制造

发动机作为重载车辆的动力源,对重载车辆的机动性起着关键作用。发动机的可靠性,直接关系到重载车辆的使用性能。重载车辆工作条件恶劣,因此发动机的使用寿命较短。

目前重载车辆发动机大修主要采用传统的维修模式,工艺技术水平相对滞后。长期以来,重载车辆车体的大修与发动机大修的不同步,给保障工作带来很多困难。再制造理念及系统技术的出现,为重载车辆发动机的维修改革提供了一次大飞跃的机遇,通过对重载车辆发动机进行高科技的再制造,延长重载车辆发动机的服役寿命,将具有重要的综合效益[4]。

9.3.1　重载车辆发动机再制造技术方案

重载车辆发动机再制造技术可行性的立论基础有三方面。一是认为该发动机的强度设计仍有一定裕度。疲劳断裂、变形等失效形式不是该发动机失效的主体。二是到大修期的发动机使用性能劣化主要表现为功率下降、燃油比油耗和机油比油耗上升。这些现象主要是由发动机内关键摩擦副的磨损造成的。三是出现了大量的新技术、新材料和新工艺,特别是 20 世纪 80 年代以来快速发展起来的表面工程技术,能够使零件表面得到充分的强化,获得整体材料无法达到的耐磨损、耐腐蚀和耐高温性能,为材料表面强化和改性提供了有效的技术手段。这些就为重载车辆发动机的再制造奠定了可靠的技术基础。

目前,民用发动机由于广泛采用新技术、新材料和新的表面处理方法,其使用寿命已经达到了 8000～10000h。例如,德国出产的道依茨发动机,其使用寿命已经超过 10000h,其摩擦副的使用寿命与发动机机体实现了等寿命设计。现代的装备再制造工程理念、先进的表面工程技术及润滑油纳米自修复添加剂技术,为重载车辆发动机大修寿命从 500h 到 1000h 的提升提供了良好的机遇。因此,对重载车辆发动机进行再制造延伸在理论、技术和实践上是可行的。

重载车辆发动机再制造总体技术方案是:以系统的观点综合考虑发动机的全部零部件,并分成直接利用件、再制造件、新品件、新品强化件四类,综合采用不同表面工程技术对关键零部件进行修复和强化处理。采用的再制造关键技术包括激光淬火、离子注入、低温离子渗硫、磁控溅射、超声速等离子喷涂、纳米电刷镀、渗氮、渗硼、纳米添加剂、智能化渗油润滑处理、等离子浸没注入等技术。

发动机再制造的思路是:抓住影响发动机寿命的主要零件(如缸套与活塞环、曲轴与轴瓦、凸轮与气门调整盘、气门导管与气门杆、三大精密偶件等),同时对发动机附属配件(水泵、电机、机油泵、低压柴油泵和涡轮增压器等)进行强化处理,并兼顾延长寿命后可能出现的其他情况(如水垢、积炭、老化及疲劳等现象)。

重载车辆发动机的失效主要表现为:功率下降、燃油比油耗增加、机油比油耗增大和故障率上升等。

通过调研重载车辆发动机零部件失效原因及表现形式发现,磨损、腐蚀、变形、断裂是发动机失效的主要原因,但磨损是其中最主要的因素。表 9.7 为发动机典型零部件失效形式。可以看出,这些部件的失效主要是由磨损引起的。对重载车辆发动机大修厂多年积累的数据进行故障概率统计分析表明,由磨损影响发动机寿命的零件主要有 47 项,其中严重影响发动机性能的零部件有十几项,对这些关键零部件进行再制造强化,是提高重载车辆发动机使用寿命的关键。下面以几个重载车辆发动机关键零部件的再制造实例来介绍重载车辆发动机的再制造过程。

表 9.7　发动机典型零部件失效形式

序号	名称	材料及处理工艺	失效形式
1	曲轴箱	铝合金铸件	各轴承孔磨损、瓦座孔烧伤变形
2	气缸盖	铝合金铸件	气门座圈、气门导管内孔磨损、变形
3	连杆	18Cr2Ni4W	上衬套孔磨损变形,疲劳断裂
4	气缸套	42MnCr52,中频淬火	内孔磨损、外壁穴蚀
5	活塞	锻铝	外径、环槽、销孔磨损
6	活塞环	65Mn,镀 Cr	外径磨损、厚度磨损

续表

序号	名称	材料及处理工艺	失效形式
7	曲轴	18Cr2Ni4W	轴颈磨损、弯曲变形
8	进气门、排气门	4Cr10Si2Mo,堆焊	密封面磨损、杆部磨损、气门调整盘磨损
9	活塞销、副连杆销	12CrNi3A,渗碳	外径磨损
10	柱塞、出油阀偶件	GCr15,淬火	外径磨损
11	凸轮轴	45 钢	轴颈凸轮磨损,弯曲变形

1. 曲轴轴颈及轴瓦再制造

根据曲轴轴颈与轴瓦的失效特点和性能要求,选择对曲轴主轴颈与轴瓦进行尺寸恢复＋减摩强化的技术方案。

由于曲轴轴颈经过了强化处理,在修复时不允许磨削加工,加上曲轴轴颈的尺寸恢复量小,修复过程中的变形要求高,从工艺的可行性来看,电刷镀是一项较为适合的技术方法。但是,就常规电刷镀工艺而言,很难获得高硬度的刷镀层,以达到曲轴轴颈的硬度要求。为此选用脉冲换向电刷镀纳米复合镀层的技术来恢复曲轴磨损尺寸,以期接近或达到曲轴轴颈的技术要求。

再制造的曲轴与轴瓦通过 1000h 台架考核试验结果表明,采用纳米电刷镀对曲轴轴颈进行尺寸恢复和对轴瓦进行减摩是发动机曲轴与轴瓦再制造的一条有效技术途径。通过采用脉冲换向纳米电刷镀方法制备的纳米复合镀层,镀层晶粒尺寸细小、抗磨损能力强、结合强度高,提高了曲轴表面纳米复合镀层的耐磨损性能。对应的摩擦副轴瓦沉积一层超润滑镀层,超润滑镀层在与曲轴轴径纳米复合镀层表面对磨过程中,能够提高摩擦副的抗载能力,有效地防止黏着磨损的发生。

2. 活塞再制造

针对活塞裙部磨损严重、无法修复、大量报废的问题,采用等离子喷涂方法对活塞裙部进行再制造。通过活塞基体预处理、喷涂材料筛选、工艺优化、后续加工等过程,实现了活塞的再制造。等离子喷涂再制造前后的活塞裙部磨损表面沉积了一层铝合金涂层,使活塞裙部尺寸加大,然后通过专用数控加工中心对活塞外表面双曲线形状进行加工,使活塞裙部尺寸达到工艺规范的要求。

再制造活塞通过 1000h 台架考核试验结果表明,在活塞裙部表面制备的镍铝复合涂层耐磨性好,涂层多孔含油的特点改善了活塞裙部与缸套的润滑条件,发动机工作 1100h 后有涂层的活塞裙部磨损量均小于无涂层的活塞裙部,且涂层与基体的结合良好。因此,采用超声速等离子喷涂技术在活塞裙部制备镍铝复合涂层可以达到有效恢复活塞裙部尺寸和加大尺寸的目的,为重载车辆发动机大修获取加大尺寸活塞探索出一条新路。

3.发动机气缸套再制造

1）气缸套外壁再制造

重载车辆发动机工作一个大修期后气缸套外壁腐蚀非常严重,容易出现很多腐蚀坑和孔洞;采用超声速等离子喷涂技术对气缸套外壁进行再制造修复。选用具有防腐性能的镍基合金涂层,对气缸套外壁进行再制造修复,使再制造后的气缸套外壁尺寸达到标准缸套外径的尺寸要求,同时气缸套外壁涂层具有良好的防腐效果,能解决气缸套外壁穴蚀的问题。

台架考核试验表明,采用超声速等离子喷涂镍基合金涂层能够有效解决气缸套外壁及支撑面穴蚀问题。镍基合金涂层的抗穴蚀能力是镀铬层的两倍以上,是镀锌层的 4 倍以上,减少了由穴蚀造成的气缸套报废,延长了使用寿命;对原来气缸套支撑面严重穴蚀只能报废的气缸套成功地进行修复与再制造尚属首次,将具有显著的综合效益。

2）气缸套内壁再制造强化

针对气缸套内壁运行工况恶劣、磨损严重的问题,在对气缸套/活塞环摩擦副大量匹配优化的基础上,获得了一种适用于重载车辆发动机气缸套内壁再制造强化的激光渗硫复合处理技术。处理后的气缸套内壁由淬火带的耐磨骨架和含油沟槽组成,外层均匀形成疏松多孔鳞片状的超润滑固体 FeS 相,该覆层抗高温黏着磨损能力强,能阻断在重载条件下可能产生的拉缸,从而抑制黏着磨损;同时具有自润滑效果,能防止发动机启动时机油润滑不良导致的异常磨损,使发动机气缸套与活塞环的磨合阶段缩短。

台架考核试验结果表明,经过激光渗硫复合处理的发动机气缸套,气缸气套内壁磨损轻微,显著提高了气缸套内壁的抗高温磨损能力,有效解决了气缸套内壁磨损严重的问题,使气缸套的使用寿命明显延长。

4.进气门、排气门再制造

气门锥面由于受到高温燃气的冲刷,工作条件非常恶劣,易产生高温冲击磨损,使气门密封效果降低,从而影响发动机的动力性能。在激光熔覆工艺优化、材料筛选的基础上,通过采用镍基或钴基自熔合金粉末,使用激光束,在大气条件下,对尺寸超差的发动机气门锥面进行再制造,再制造后的气门锥面基体与激光熔覆层的结合强度高;热影响区窄,不对基体产生热损伤;熔覆层及其界面组织致密,晶粒细小,没有孔洞、夹渣、裂纹等缺陷;修复层表面有较高的抗热冲蚀性能和耐高温磨损性能。

气门锥面激光熔覆后,使原先磨损的深坑得到尺寸恢复,对激光熔覆层进一步机械加工至合格尺寸,便完成了气门的再制造。

气门激光熔覆层组织的观察在 Olympus 金相显微镜下进行,进气门激光熔覆镍基合金的组织熔覆层与基体结合良好,熔覆层组织均匀,按一定的方向呈柱状和树枝状生长。

台架考核 1000h 后,进气门和排气门的沉降量均在气门大修标准的规范内,表明研究的气门激光熔覆技术工艺达到发动机再制造的技术要求,可使大量报废的气门重新获得利用,节约了大量资源和维修费用。

5. 重载车辆发动机整机再制造实例

再制造后重载车辆发动机达到了新机的状态。在以上发动机再制造关键技术的研究开发基础上,运用综合集成创新的再制造技术,对某型号重载车辆发动机 16 类关键零部件进行了再制造,实现了发动机零部件的表面强化、改性和运行中的自修复,显著提高了发动机零部件的使用寿命,为重载车辆再制造发动机使用寿命延长到 1000h 奠定了技术基础。

9.3.2　重载车辆发动机再制造的效益分析

区别于国际通行的以尺寸修理和换件修理为技术手段的发动机再制造,装备再制造技术国防科技重点实验室运用综合集成创新的先进表面工程技术对重载车辆发动机零件进行了再制造,使大量废旧的高附加值发动机零件得到重新利用。可见,再制造可使废旧资源中蕴涵的价值得到最大限度的开发和利用,是废旧发动机零部件资源化的最佳形式和首选途径,是实现资源节约和节能减排的重要手段。

重载车辆发动机的主要材料为钢铁、铝材和铜材。当重载车辆发动机整机或个别零部件达到报废标准后,传统的资源化方式是将发动机拆解、分类回炉,冶炼、轧制成型材后进一步加工利用。经过这些工序,原始制造的能源消耗、劳动力消耗和材料消耗等各种附加值绝大部分被浪费,同时又要重新消耗大量能源,造成了严重的二次污染。而通过对废旧发动机及其零部件进行再制造,一是免去了原始制造中金属材料生产和毛坯生产过程的资源、能源消耗和废弃物的排放;二是免去了大部分后续切削加工和材料处理中相应的消耗及排放。零件再制造过程中虽然要使用各种表面技术,进行必要的机械加工和处理,但因所处理的是局部失效表面,相对整个零件原始制造过程来讲,其投入的资源(如焊条、喷涂粉末、化学药品)、能源(电能、热能等)和废弃物排放要少得多,比原始制造低 1,2 个数量级。

按照上述数据测算,回炉 1 台发动机共耗能 2066kW·h,排放 CO_2 137kg,再制造 1 台发动机耗能为回炉冶炼后制造成新机的 1/15。资料表明,每回炉 1t 金属

的耗能数据和 CO_2 排放数据如表 9.8 所示。1 台重载车辆发动机约 1100kg,其中含钢 607kg、铝合金 482kg、铜合金 11kg。按照年再制造 1000 台重载车辆发动机统计,可节能 193 万 kW·h,节约金属 770t,减少 CO_2 排放 137t。

表 9.8　回炉冶炼 1t 金属耗能与排放数据

耗能与排放	钢材	铜材	铝材
耗能/(kW·h)	1784	1726	2000
CO_2排放/t	0.086	0.25	0.17

由此可见,重载车辆发动机实施绿色再制造对于促进循环经济发展、节能、节材和环境保护等方面具有重要意义。通过重载车辆发动机再制造,可以优化装备的保障过程,显著降低装备全寿命周期的保障费用,节约经费开支。同时,发动机再制造关键技术在大功率柴油机的制造领域也具有广阔的应用前景。在国家大力提倡加快建设资源节约型、环境友好型社会,大力发展循环经济,和中央军委建设节约型军队号召的背景下,进行重载车辆发动机再制造,符合国家加快建设资源节约型、环境友好型社会,实现节能减排战略,推动我国社会全面协调可持续发展的需要。

9.4　机床再制造

目前,我国机床保有量达 800 万台左右,是世界上机床保有量和需求量最大的国家,其中废旧机床数量大,机床技术水平相对落后,大量机床面临技术性或功能性淘汰。机床是一种极具再制造价值的典型机电产品。机床再制造可实现设备材料资源循环利用率为 80% 左右,机床能效提升平均为 20% 左右,可降低噪声 10%以上,油雾、油污、粉尘等现场环境污染排放减少 90% 以上;机床功能、性能、精度均超过原新机床技术指标,可以满足新的生产能力需求。机床再制造是一种基于废旧资源循环利用的机床制造新模式,机床再制造不仅是突破废旧机床资源循环再利用的关键技术,也是实现我国机床装备能力综合提升的重要支撑技术,对其产业化技术进行研究及推广应用、形成新兴战略性产业具有重要意义[5]。机床再制造是解决我国量大面广的退役机床处理过程存在问题最有效的途径,符合当前我国发展循环经济、实施节能减排、应对气候变化的战略需要。

机床再制造的原则是,在保证再制造机床工作精度及性能提升的同时兼顾一定的经济性。具体来讲,就是先从技术角度对老旧机床进行分析,考察其能否进行再制造,其次要看这些老旧机床能否值得再制造,再制造的成本有多高,如果再制造成本太高,就不宜进行。例如,机床床身发生严重破坏,就不具备再制造的价值,必须回炉冶炼。再如,机床主轴若发生严重变形、床头箱无法继续使用,则不具备再制造价值。虽然这类机床可通过现有的技术手段进行恢复,但再制造的成本较高,一般不宜再制造。

9.4.1　机床再制造过程

首先要对机床进行再制造评价,先从技术角度对机床再制造可行性进行评价,再从经济角度进行评价。

1. 再制造可行性评价

机床属于一种极具回收再利用价值的机电产品,对其进行再制造具有显著的经济效益及社会效益,而对其实施再制造首先需要考虑退役机床是否适合再制造,要对其可再制造性进行综合分析。退役机床产品的可再制造性评价是一个综合的系统工程。不同类型的退役机床可再制造性一般不同,即使是同一种型号的退役机床也会由于其退役前的服役工况、车间环境、操作者、报废原因(报废方式多种多样,有些机床是达到了其使用寿命,部分机床可能由于技术进步而不能满足客户需求而进行技术性淘汰,也有可能是各类偶然原因导致机床报废)等的不同而使得可再制造性千差万别。对退役机床可再制造性的评定需要采集大量影响机床再制造的技术性、经济性、资源环境性等方面的信息,并采用定性与定量相结合的方法确定退役机床再制造的技术、经济、资源环境的评价指标,建立完善的退役机床可再制造性评价。退役机床可再制造性评价的指标体系见表 9.9,准则层主要由技术可行性、经济可行性、资源环境效益组成,各个准则又可细分为各个指标。退役机床可再制造性评价总体流程如图 9.4 所示。

表 9.9　退役机床可再制造性评价指标体系

准则层	指标层
	拆解简易性
	清洗可行性
技术可行性	检测与分类可行性
	零部件再加工可行性
	整机性能升级可行性
	再装配简易性
经济可行性	经济可行性
	材料节约
资源环境效益	能源节约
	排放减少

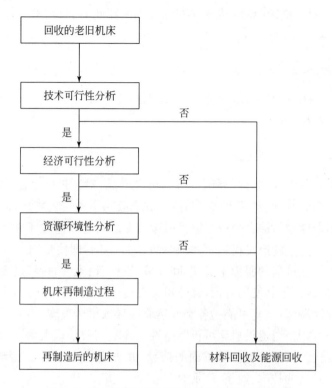

图 9.4　退役机床可再制造性评价总体框架流程

2.再制造目标的确定

在可行性分析的基础上,根据企业的需要确定再制造的目标,主要从经济角度进行分析,实现退役机床资源的循环再利用及原有传统机床技术能力的跨越式提升,实现经济效益与社会效益的协调极大化。机床再制造目标主要包括以下方面。

1) 资源重用目标

再制造最显著的效益及首要目标是实现废旧资源的循环重用,减少原材料开采、制备及零部件加工等过程的资源消耗、环境污染排放,并避免废旧资源回炉处理等过程的资源消耗等。机床再制造可实现机床主要功能部件(如床身、立柱等铸造件,主轴、涡轮副等关键部件)的再制造重用,零部件再制造循环利用率达 80% 以上(按重量计),可实现退役机床资源的高效、绿色循环再利用。

2) 技术性目标

再制造机床功能、质量、技术性能及可靠性均达到或超过原机床出厂标准,通过机床再制造可低成本地实现机床技术能力的跨越式提升,满足客户企业的加工

要求。而且,再制造机床产品在能量效率、环境友好性、安全防护等技术性能方面
也相比原机床进行了改进,能效更高,具有更好的环境友好性能,安全操作性更好。

3) 经济目标

由于大量废旧零部件的重用,机床再制造成本一般只是同种性能新机床的
50%左右,可为机床使用方节省大量的设备购置资金。而对机床再制造商来说,再
制造并不一定是有所收益的,因为机床再制造过程存在较大的不确定性,而每台机
床再制造成本具有个性化和不确定性,这使得机床再制造过程要追求综合成本极
小化,使得单台再制造机床产品销售利润不小于新制造机床。

(1) 再制造技术设计。根据再制造的目标,确定具体采用的技术手段,即采用
何种技术手段恢复机床工作精度,采用什么技术提高机床传动精度,以及选用哪一
类型的数控技术等,确定具体的技术指标,使得再制造产品在技术性能上有所
提升。

(2) 再制造工艺设计。制定再制造工艺流程、工艺规程,包括对原有设备的拆
解、零件清洗、技术测量、鉴定、分类;对需修复件进行零件再制造,包括再制造技术
的选用、工艺参数的确定、修复后的技术指标确定等。对由技术提升引起零件性能
变化的零部件进行更换、设计,加工新零件对应的连接件等。

(3) 再制造质量控制与检验。采用先进的技术手段对再制造零部件进行再制
造。严格遵守相应技术的操作规范,先对再制造零部件进行尺寸、形状、性能检验;
然后再进行组装,对整机进行检验,检验时按国家标准执行;最后还要进行实际加
工检验。

(4) 技术培训,配套服务。机床用户在购置机床时,购买的不仅是机床本身,
还包括人员培训、机床质量保证、备件供应及长期技术支持等各种配套服务,因为
这些配套服务直接影响机床的利用率。

9.4.2　机床再制造的效益分析

机床再制造经济效益和社会效益明显,机床再制造技术是一种绿色环保的技
术,它赋予了老旧机床新的生命,在提升机床品质的同时,节约大量的能源,同时节
省了人力和物力,缩短了生产周期,快速实现了老旧机床的升级换代。机床再制造
经济效益显著。以秦川机床集团有限公司为例,该公司于 2008 年开始开展再制造
业务,至 2012 年累计完成了再制造机床设备 120 台,其中金切类设备 20 台,磨削
类设备 100 台,共计完成销售收入 1 亿元,实现净利润 1000 万元,缴纳税金 500 万
元,平均毛利率为 40%以上。企业再制造业务涉及东风汽车集团有限公司、沈阳
机床集团、大连机床集团、中国第二重型机械集团有限公司、上海电气核电设备有
限公司、中国第一汽集团有限公司、中国船舶重工集团公司等国内知名企业,以及
德国霍夫勒机床制造有限公司、德国尼尔斯股份公司、德国施耐德电气有限公司等

国外机床再制造企业。这里以 YX3120 滚齿机再制造为例对机床再制造效益进行分析。YX3120 滚齿机的床身、大立柱箱体、小立柱箱体、工作台箱体等铸件部件及其他附加值较高的零部件得到了重用,资源循环利用率按重量计达 80% 以上,比制造新机床节能 80% 以上,并大量减少了环境污染物排放(如表 9.10 为涡轮再制造与新制造的对比情况),而且由于机床机械部分具有耐久性,性能稳定,特别是床身、立柱等铸件,时效越长,性能越好,再制造后的机床性能更加稳定,可靠性更好。

表 9.10 涡轮再制造与新制造对比

指标	生产工序(步数)	加工时间/h	材料消耗/kg	电能消耗/(kW·h)	成本/元
新制造	13	22.2	30	2500	3053
再制造	1	5	0	300	300

9.5 复印机再制造

复印机集机械、光学、电子和计算机等方面的先进技术于一体,是现代社会普遍使用的一种办公设备。目前发达国家复印机每年增加 800 万台,其中新用户占 15%,老用户增加使用占 45%,老用户更新淘汰占 40%,市场保有量高达 3000 万台。在我国,复印机行业平均以每年 10% 以上的速度增长,同时需求量将超过 10% 的年平均增长速度。在未来的几年里,中国的复印机需求量将达到每年 100 万台的规模,市场新增容量每年超过 600 亿元。办公设备使用频率较高,使得办公设备的第一次使用寿命大大缩短,大量优质可再生的旧设备有待合理处理和利用,保守估计全球复印机更新每年超过 320 万台,大量废弃的复印机不仅浪费了资源,同时粗放式回收方式收购的废弃复印机硒鼓等部件,被回收再重新灌粉后以次充好、假冒品牌在市场上销售,不利于复印机市场的健康稳定发展。

在全球产业分工体系中,我国的复印机企业多为在中国组装生产的外资企业,处于产业链的下游,高技术含量和高附加值环节均由发达国家掌握。国内还没有技术能力生产新的数码复印机,复印机进口成本相当高,限制了数码印刷在国内的普及。而再制造复印机的生产和推广,将以优质的产品和极具吸引力的价格,推动数码印刷在我国的快速发展。

9.5.1 复印机再制造过程

复印机再制造工艺流程包括以下步骤[6]:
(1) 回收。

　　(2) 选型,在回收的复印机和多功能机中选择适合再制造的模型。

　　(3) 进货检验,检查外观和功能,确定可用于再制造的机器并进行详细记录。

　　(4) 拆解,把机器拆解到只剩下金属框架的状态,拆解下来的零件按规定依次放置,以便于清洗和再装配。

　　(5) 清洗,对拆解下的零部件进行清洗。

　　(6) 零部件的再制造,利用再制造技术对零部件进行相应的再制造,恢复并提高相应的性能。

　　(7) 组装,在清洗复印机外壳墙板和框架后,按顺序安装再制造零件和新零件。

　　(8) 测试,检查全部功能并进行调试,使其达到与新机一样的状态。

　　(9) 包装出厂,再制造复印机同新品一样包装后出厂,运往市场进行销售。

　　复印机再制造主要包括以下内容。

　　1) 墨盒组件

　　墨盒组件作为耗材是复印机最主要的再制造项目之一,需要从复印机中分离之后做单独处理。墨盒及墨水都可以经过再制造后继续使用。对于不能再利用的废旧墨盒一般做资源回收处理,主要技术包括手工拆解和机械破碎分选。

　　2) 鼓组件

　　鼓组件由感光鼓、电极丝、清洁刮板等组成,主要作用是将光学系统传递到感光鼓上的影像着墨后转印到复印纸上。鼓组件中再制造的部分主要是感光鼓和电极丝。电极丝有两根,一根在感光鼓的上方,一根在下方,作用是给感光鼓充电和转印分离。由于所处的位置,电极丝容易受到墨粉的污染。电极丝受污染后容易造成感光鼓充电不均和转印不良,影响复印效果。

　　3) 定影系统

　　定影系统由上、下定影辊和定影灯等组成,作用是将墨粉通过加热压固定在复印纸上。复印机(尤其是双面复印机)使用一段时间后,在定影辊处卡纸时,定影辊就会被墨粉污染,墨粉就会变成黑色颗粒固定在定影辊上,不仅影响复印效果,还会使定影辊受到磨损而降低寿命。再制造定影系统时,需要对定影辊上的墨粉污染进行有效清除。

　　4) 机械装置的减摩自修复

　　复印机中机械装置所占的比例很大,一些转动、传动、滑动部件虽然在出厂时已加注普通的润滑油或润滑脂,但随着机器使用时间的延长,这些油脂会因为灰尘等原因而失去作用,致使复印机在运转时噪声变大甚至损坏复印机。复印机的这类零部件有开关支点、离合器、齿轮、辊轴等,对这类零件一般可以使用纳米自修复润滑油,以减少这些零部件的磨损。

9.5.2　复印机再制造的效益分析

复印机再制造的实践表明,该行业的利润是十分可观的。如依据型号不同,生产一个新的激光复印管需 50～100 美元,但再制造这样一支激光管成本却小得多,为 25～50 美元。由于实施了复印机再制造策略,复印机生产厂商节约了大量的成本,如复印机生产巨头富士施乐有限公司每年通过开展复印机再制造而节省的成本就达到十几亿美元。复印机再制造可创造出巨大的经济效益与社会效益。例如,国内专业从事废旧办公设备再制造的南京环星再制造复印设备有限公司,2011 年再制造高速数码复印机年销售量已达 4 万台,以此测算,年均可为国家节省外汇支出 4 亿美元,实现利税 2000 万元人民币,节约材料 1 万 t,节电 1 亿 kW·h,减少 CO_2 排放 0.8 万 t。以现有 10 万台市场保有量计算,由于客户主要为租赁公司、各地大小图文公司,间接拉动上下游就业人数约 7 万人,拉动相关耗材、部件等消耗市场等约 50 亿产值。

复印机再制造属劳动密集型行业,可以创造大量的就业机会。再制造业市场潜力非常巨大,能够带动提高相关材料的配套能力。例如,一些墨水、碳粉、充电辊、刮刀、精密的易损耗配件,价格较高,如果通过大规模的再制造业发展,带动零配件的发展,不但有助于降低零配件的成本,而且整个复印机再制造耗材成本也会相应降低,从而为消费者提供物美价廉的产品,其社会效益也是十分显著的。

9.6　再制造示范园区(基地)

加快发展再制造产业,必须在思想观念、政策措施和工作推进方面下工夫,开展再制造园区建设是解决上述困难的重要抓手[7]。通过规划建设再制造产业示范园区(基地),建立严格的监管措施,完善功能配套服务设施,为再制造企业提供优质服务,才能满足政策探索与监管需求和企业发展需求。

9.6.1　发展再制造示范园区(基地)的意义

1.有利于进行政策试验,探索中国特色再制造产业发展模式

我国制定的循环经济发展战略提出要发展再制造产业以促进循环经济向产业化、集群化方向发展。从国内外制造及再制造产业的发展历程来看,技术产业化是一个普遍的发展模式,我国的再制造产业在这一环节上采取的是企业试点模式,其总体上是分散化运作,产业集群能力明显不足。鉴于再制造产业有其独特的技术和相应的政策法规环境,因此可以通过建设再制造产业示范园区(基地),探索再制造企业税收、废旧产品进口、企业准入及监管、再制造贸易政策等,探索中国特色再

制造产业发展模式,为推动再制造产业发展提供可复制、可推广的经验,促进我国再制造产业健康持续发展。

2.有利于培育完善的再制造产业链

再制造示范园区(基地)可依托各项政策、管理优势,根据再制造上下游企业需求,以市场为导向,综合考虑再制造产业发展基础与空间布局,围绕"废旧产品回收－分选拆解－再制造产品加工－质量检测－市场销售"培育完善的再制造产业链,为园区(基地)内的再制造企业提供专业化的再制造检测、认证、技术、标准、创新孵化、保险、人才培训等多种服务,同时还可以与再制造国家重点实验室、工程研究中心等科研院所合作为企业提供全方位支持。

3.有利于对再制造企业进行有效监管

由于再制造产品是以废旧产品作为原材料进行生产,业务模式比较特殊,如果监管不到位,容易使废旧产品或零部件直接流入消费者手中,造成不良影响。特别是对于利用国外进口废旧产品或零部件进行再制造的企业,如果监管不严,很有可能出现企业进口"洋垃圾"的违法行为,给我国的环境带来恶劣影响。因此,对再制造企业进行有效监管极其重要。再制造示范园区(基地)能够与各级政府监管部门充分配合,加强对再制造企业的监管,从原材料、再制造生产环节、产品销售、质量保障等方面进行有效控制,为消费者提供合格的再制造产品。

4.有利于构建再制造原料回收体系

目前,我国再制造产业发展存在的最大瓶颈是原材料来源不足,再制造企业无法通过正常渠道从国内市场获得足够的原料。而且,再制造企业从国外直接进口的部分零部件也受到严格限制。再制造示范园区(基地)能够通过提供优惠的政策与优质的服务,充分利用企业聚集的优势,集中废旧机电产品回收渠道,与海关、质量检验等部门合作探索工程机械、医疗器械、精密机床等高端设备及关键零部件的进口政策,充分利用国外再制造废旧产品资源,为再制造企业开展再制造业务提供原料来源。

5.有利于为再制造企业提供充足人才

再制造产业是劳动密集型、技术密集型产业,需要大量拥有较高技术水平的技术工人。以现在再制造产业的发展趋势来看,要支撑我国再制造产业做大做强,需要一批懂再制造管理、技术、工程等方面的人才。再制造示范园区(基地)可与再制造相关行业协会、学会和高校合作建设再制造人才培训中心,围绕循环经济与再制造的学科建设和产业需求,开辟并建设针对不同层次、不同类型再制造人才培养的学科和专业课程,加快各类再制造专业技术与管理人才的培养,推动再制造技术创新和产业发展。

9.6.2　再制造示范园区(基在)的发展实践

近年来,在国家政策支撑及有效规范下,我国再制造产业获得了持续稳定的发展。国家发展改革委自 2011 年启动再制造产业示范基地建设工作以来,目前已批复四家国家再制造产业示范基地。分别是 2013 年获批的张家港国家再制造产业示范基地和长沙(浏阳、宁乡)国家再制造产业示范基地、2015 年获批的上海临港再制造产业示范基地、2017 年获批的河间再制造产业示范基地。

1.张家港国家再制造产业示范基地

1) 发展概况

张家港国家再制造产业示范基地位于张家港经济技术开发区北区,基地规划面积 $4.3km^2$,重点打造汽车零部件再制造、冶金及工程机械再制造、机床和模具及切削工具再制造、电子办公设备再制造、再制造设备生产五大再制造产品门类。

示范基地成功引进和培育了一批再制造骨干企业,如西马克技术(苏州)有限公司、张家港富瑞特种装备股份有限公司、那智不二越(江苏)精密机械有限公司、张家港太平洋泵业制造有限公司、江苏正大富通汽配连锁有限公司、安固(张家港)橡胶工业有限公司、江苏和昊激光科技有限公司和苏州柯莱得激光科技有限公司等再制造骨干企业。基地形成了以汽车零部件再制造为主、冶金设备、精密切削工具、水泵再制造和激光修复等为辅的产品体系,以及以张家港首创再制造产业投资管理公司、苏州米苏诺文化传媒有限公司为配套的产业体系,再制造骨干企业在全国、全行业具有一定的引领和示范性。

2) 发展条件

张家港市发展再制造产业基础优势主要集中在以下方面:一是张家港市地处装备制造业发达的长三角地区,拥有雄厚的汽车零部件、工程机械、各类工业装备等装备制造业发展基础。二是周边的苏州、常州和无锡形成了各具特色的装备制造业。苏州市是长三角地区的重要制造业基地,尤其以发展数控机床、新型纺织机械、新型医疗设备、智能化装备及技术为重点;常州市以输变电设备、工程机械与车辆、农用机械、轨道交通车辆等为重点;无锡市主要集中在机床工具、汽车及汽车零部件、内燃机、环保机械、工程机械、基础件等领域。三是装备制造产业作为张家港市的六大支柱产业之一,拥有一批在国内具有优势的企业。通江达海的区位优势和良好的制造业基础,为发展再制造产业奠定了雄厚的产业基础。

张家港市为了更好地推进再制造示范基地的建设,在张家港经济技术开发区专门建设了一些再制造公共研发平台。例如,张家港再制造创业孵化中心等,制定了一系列吸引高科技人才入驻的优惠政策；与全国著名的装备再制造技术国防科技重点实验室、大连理工大学等高等院校、科研团队已相继签约；并与苏州大学张家港工业技术研究院、东南大学张家港工业技术研究院建立了长期合作关系。这为本地再制造产业的科技创新提供了智力和技术保障，能够很大程度上有效支撑张家港再制造产业的率先发展、创新发展和引领发展，为全国发展再制造产业提供示范、积累经验。

目前，张家港再制造产业示范基地内基础设施配套较为完备，已投入6.2亿元用于启动区基础设施建设，基本实现主干道路网络及给排水管网、电、气、污水处理厂、网络、绿化等公共基础设施全覆盖。张家港市内港口运输码头为再制造企业项目快速落地和生产、运输提供了相对便利的条件。

张家港市已建和在建的再制造生产企业，均按照再制造生产工艺流程要求，配备建设了相应的基础设施。虽然张家港市目前再制造产业发展的规模还很小，但是具有再制造生产能力的规模企业，如张家港金鸿顺机械工业有限公司、江苏贝尔机械集团、江苏永钢集团有限公司等，都有很好的再制造基础，随着国家产业发展规划和鼓励政策的逐步出台，将能迅速释放再制造产能。

2. 长沙（浏阳、宁乡）再制造产业示范基地

长沙市已经成为中国乃至全球最为重要的工程机械产业聚集区，正致力于打造"世界工程机械之都"。2009年，工业和信息化部将长沙（浏阳、宁乡）再制造产业示范基地确定为"国家再制造产业示范基地"。长沙再制造产业起步较早，是国内最早发展再制造产业的集聚区。

以浏阳、宁乡为代表的长沙再制造产业基地培育了29家再制造企业，再制造产值已经达到22亿元。长沙（浏阳、宁乡）再制造产业示范基地以长沙为主体，以浏阳再制造专区和宁乡再制造专区为两翼。东翼浏阳再制造产业专区主要发展工程机械零部件和汽车零部件再制造产业，专区规划面积4.5km²。西翼宁乡再制造产业专区着力发展机床零部件和医药设备零部件再制造，规划面积6.2km²。东西两翼共享拆解与清洗中心、检测与鉴定中心、表面处理中心、产业孵化中心等一系列公共服务平台。

3. 上海临港再制造产业示范基地

1）发展概况

上海临港再制造产业示范基地是上海临港产业区专门规划建设的国家级再制造产业示范基地，承担着探索建立具有中国特色的再制造产业体系、推动我国再制造产业又好又快发展的示范重任。目前，临港再制造产业示范基地已获得国家发展改革委"国家再制造产业示范基地"、工业和信息化部"国家机电产品再制造产业

示范园"、国家质检总局"全国入境再利用产业检验检疫示范区"、生态环境部"国家进口废汽车压件集中拆解利用示范园区"的批复。2015年,示范基地还获批"国家循环化改造示范试点园区"、上海市"四新"经济创新基地建设设点单位。示范基地总规划面积 $2km^2$,主要进行汽车零部件、工程机械、医疗器械、燃气轮机再制造等业务,积极引进国际国内领先的再制造企业,实现再制造产业的聚焦化、规模化发展。目前,示范基地已招商引进卡特彼勒再制造(工业)上海有限公司、戴姆勒奔驰汽车公司、上海临港天物高盛环保企业发展有限公司、上海大陆激光技术有限公司、上海临仕激光技术有限公司、上海四惠示辉汽车零部件再制造有限公司、上海亚有港口机械再制造科技发展有限公司、上海宜达胜临港打印耗材有限公司和上海凌业汽车零部件再制造有限公司等国内外知名再制造企业。

2)发展条件

示范基地所在的上海临港产业区位于上海东南角,占地 $241km^2$,拥有13km的海岸线,紧邻洋山深水港和浦东国际机场,距上海市中心城区50km。目前,临港产业区已建成了新能源装备、汽车整车及零部件、大型船用相关键件、海洋工程装备、大型工程机械、民用航空产业和其他战略性新兴产业等"6+1"的产业研制基地。以上海为龙头的长江三角洲汽车零部件的铸锻毛坯件、大型结构件和一般小件的产业集群发展已形成规模,成为我国汽车和汽车零部件制造的集中地;江苏装备制造业的经济总量已连续24年位居全国前列。浙江省装备制造业规模以上企业总产值占全国的 10% 以上。很多产品已成为大型发电设备和石化装备、集中控制系统、数控加工设备、特种远洋船舶制造、仪器仪表和关键零部件等领域国家重大项目的配套产品,并具有国内领先优势。

临港产业区已经取得国家质检总局授权"全国入境再利用产业检验检疫示范区",能够为示范基地内的再制造产业提供优的检测服务与技术支持。此外,上海出入境检验检疫局已经与临港集团签署合同,正在建设再制造检测国家重点实验室及相关检测服务平台。再制造检测实验室及相关检测平台将引进先进的试验设备、检测手段和工艺,以旧汽车零部件原料、汽车零部件再制造件检测为主体,逐步向装备再制造、再制造技术检测发展,为示范基地内再制造企业提供质量检测服务,协助再制造企业全面建设质量管理体系(包括拆解质量保证体系、清洗质量保证体系、表面处理质量保证体系、再制造零件质量保证体系、再制造外协件质量保证体系、再制造发动机质量保证体系等),推动示范基地内再制造企业质量水平提升。

4.河间再制造产业示范基地

1)发展概况

河间距北京、天津、石家庄均在200km以内,距保定、沧州在80km以内。河间国家再制造产业示范基地的主要业务是汽车配件和石油钻采设备再制造。目前,河间再制造产业经过不断发展壮大,已有汽车配件和石油钻采再制造企业 350 余家。其中,汽车启动机、发电机再制造产品占全国市场份额的 80% 以上,年产量 400 多万台,并出口到欧美、中东等国家和地区,成为国内最大的汽车发电机、启动机再制造基地;聚晶金刚石复合片钻头、金刚石钻头等再制造产品占国内市场份额近 10%,年产值达 6 亿元。《"十三五"时期京津冀国民经济和社会发展规划》指出要强化河间再制造基地等的引领作用。2017 年 3 月 28 日,基地项目正式启动,广州欧瑞德汽车发动机科技有限公司、河北物流集团、上海利曼汽车零部件有限公司、河间手拉手国际汽配城等 6 个再制造项目正式入驻。

2) 发展条件

河间再制造产业始于 20 世纪 80 年代,现已形成以汽车配件和石油钻采设备为主的再制造产业体系,已发展成为以汽车配件和石油钻采产业为主,享誉国内外的再制造产业基地。现有汽车配件和石油钻采再制造企业 350 余家,产业集群效应明显。一方面,政府致力于强化链群,组团集聚。根据规划,河间以支柱产业为重点,引导企业延伸产业链、完善分工协作关系,强调以加强产业园区建设为载体,以推进河北河间经济开发区西区和东区建设为重点,引导企业实现组团集聚,积极培育产业关联度高、配套能力强、区域特色鲜明、竞争优势显著的产业集群,引导产业优化空间布局。另一方面,河间不仅有较大规模的汽配再制造产业集群,而且已形成多渠道、大规模、低成本的汽配流通中心,辐射全国各地,形成流通市场与再制造产业相互促进、共同发展的局面,组成了较为完善的汽车零部件再制造产业体系。规划引导和完善产业组织体系,有利于吸引相关人流、物流和信息流集聚,为再制造产业的进一步集聚创造了条件。

河间发展再制造目前已拥有自发形成的辐射全国乃至全球的废旧产品回收网络,已经形成了废旧产品收购→分类处理→精细加工→质量检测→产品销售的运营模式。目前形成的以发电机、启动机等小机电产品为主的再制造产业,是在旧件回收体系充分发展的基础上建立起来的。河间回收网络遍布全国大部分省市,河间回收的废旧产品以全国的汽车维修企业的更换件为主要货源,汽车维修更换件占废旧产品货源的 70% 以上,废旧产品的可再制造性强。

河间凭借优越的区位、交通、运输条件,并作为本区域内先行的再制造产业发展基地,可以充分发挥基地的区域联动、示范带动的辐射作用,先行先试,创新发展模式,为再制造产业发展创造更多的市场机遇,有效带动辐射京津冀、环渤海地区乃至全国再制造产业的集聚化、规模化发展。

参 考 文 献

[1] 梁秀兵,陈永雄,史佩京,等. 汽车零部件再制造设计与工程[M]. 北京:科学出版社,2016.

[2] 史佩京,徐滨士,刘世参,等. 基于装备多寿命周期理论的发动机再制造工程及其效益分析[J]. 装甲兵工程学院学报,2006,20(6):70-74.

［3］向巧.航空发动机维修工程管理［M］.北京:机械工业出版社,2013.

［4］梁志杰,徐滨士,张平,等.军用装甲装备发动机再制造技术初探与可行性分析［J］.中国表面工程,2006,19(s1):89-91.

［5］曹华军,杜彦斌,张明智,等.机床再制造与综合提升内涵及技术框架［J］.中国表面工程,2010,23(6):75-79.

［6］向永华,徐滨士.再制造典型案例研究——复印机再制造［J］.新技术新工艺,2004,(9):23,24.

［7］田富钛.中国再制造产业园区化道路的探索［J］.经济研究导刊,2014,(29):74 76.